L'Encyclo de l'équitation et du cheval

ANTOINETTE DELYLLE

CATEL

L'Encyclo de l'équitation et du cheval

CONSEILLÉ PAR LA FFE

FEDERATION FRANÇAISE D'EQUITATION

Couleurs
Nathalie Plée

Maquette de couverture
Karine Dubuc

Maquette intérieure
Graphicat

Gründ

Table des entrées

Table des entrées

Aborder un cheval

Du calme, de l'assurance, de la douceur… et te voilà bien accepté·e dans son box !

Premier contact

Aborder un cheval que tu ne connais pas est un moment très important, un peu comme une première rencontre. Entre dans son box tranquillement en le prévenant de ton arrivée. Tu peux par exemple l'appeler par son nom. Attends pour ouvrir la porte de son box qu'il tourne la tête vers toi. S'il te montre ses fesses, appelle-le et essaie d'attirer son attention avec un signe, un petit bruit avec tes mains, ou une carotte. Sois patient·e. Sa curiosité va prendre le dessus et il va certainement se tourner vers toi.

En confiance

Ne l'aborde jamais de face, et encore moins par-derrière mais par le côté, à la hauteur de son épaule, en le regardant franchement avec un visage souriant. Le cheval doit tout de suite comprendre que tu viens lui rendre visite en ami·e. Lui aussi t'observe. S'il te voit avec un visage fermé, il se méfiera. Si tu lui parles doucement, avec le sourire, il s'intéressera à toi.

Ami-Ami

Te voilà près de lui. Il tourne la tête vers toi. Tu peux le laisser renifler ta main. Il est rassuré sur tes intentions. Tente une caresse, d'abord sur l'encolure. Cela lui plaît ? Aventure-toi sur son chanfrein, gratte-lui le garrot…

CITATION

« Les hommes n'ont plus le temps de rien connaître. Ils achètent des choses toutes faites chez les marchands. Mais comme il n'existe pas de marchands d'amis, les hommes n'ont plus d'amis. Si tu veux un ami, apprivoise-moi… Tu deviens responsable pour toujours de ce que tu as apprivoisé. »

Antoine de Saint-Exupéry, *Le Petit Prince*.

Aborder un cheval

Respect !

Si les chevaux veulent te mordre, te marcher sur les pieds, te bousculer, tourner en rond dans leur box au moment où tu veux leur passer le licol... La plupart du temps, ils ne cherchent qu'à t'intimider. Un « non » lancé d'une voix ferme avec un regard noir suffit à les remettre à leur place. Si un cheval tente de te mordre, tu peux donner une petite tape mais agis très vite. Inutile de frapper fort. C'est le geste qui est important. La tape doit être simultanée. Quelques secondes de retard, et le cheval ne fera pas la relation entre sa mauvaise action et la punition. Être gentil n'implique pas de se faire marcher sur les pieds ! Plus on se fait respecter et plus le cheval nous apprécie.

Pas d'hésitation !

Face à un cheval difficile ou mal luné, si tu ne te sens pas sûr·e de toi, va chercher de l'aide. Les chevaux et les poneys savent très bien à qui ils ont affaire ! Ils sentent ta peur.

Du temps

Monter à cheval nécessite du temps, beaucoup de temps. Nous sommes toujours trop pressés avec les chevaux ! Lorsque le temps nous manque, nous négligeons les préliminaires. Nous allons à l'essentiel ! Nous le montons comme une Mobylette, nous démarrons directement, nous rentrons et nous posons la « mob » dans un coin. Prends le temps de l'aborder gentiment, de le brosser, de lui chasser les mouches, de l'emmener brouter des brins d'herbe, ne serait-ce que quelques minutes !

Avec un poulain

Commence toujours par aborder sa mère en la flattant. Puis approche-toi du poulain très lentement, sans gestes brusques. Laisse-le te renifler. Deux ou trois jours après sa naissance, tu peux le caresser. Commence par lui toucher l'épaule, puis l'encolure. Progressivement, touche tout son corps. S'il a peur au début, accroupis-toi. Tu seras moins menaçant·e pour lui. Une fois qu'il acceptera d'être caressé sur la tête, tu pourras lui mettre, puis lui enlever, un licol.

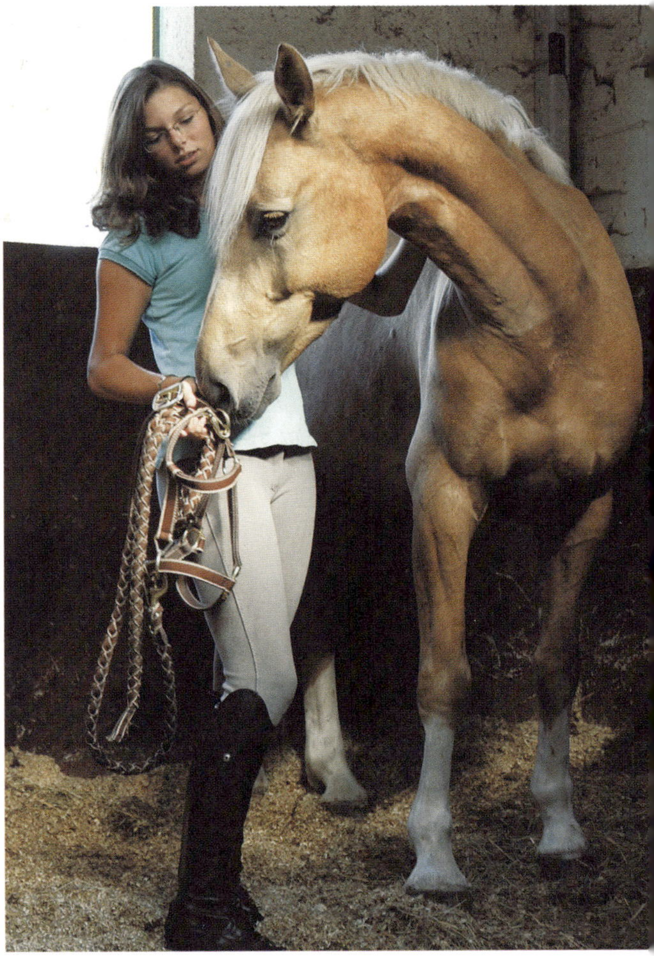

Le sais-tu ? Les chevaux sont très sensibles à la voix. On ne leur parle jamais assez !

Achat

VOIR AUSSI
Choix, Papiers, Aborder

Tu vas réaliser ton rêve et acheter un cheval ou un poney. Mais à qui t'adresser ?

Avant de te lancer dans l'aventure, cerne tes objectifs et détermine un budget. Réfléchis au mode de vie que tu vas proposer à ton futur compagnon. Certains chevaux peuvent passer toute la semaine au pré et être montés le dimanche pour une balade. Les chevaux de sport ont besoin de travailler tous les jours sur un sol de qualité. Une fois que tu as déterminé son profil (cheval calme pour la randonnée, cheval à fort potentiel pour le CSO, maître d'école...), il ne te reste plus qu'à localiser l'oiseau rare et à l'essayer. Prends ton temps. Choisir un cheval, c'est un peu comme se marier. On s'engage pour longtemps.

Quel prix ?

Les prix varient en fonction des origines du cheval ou du poney, de ses aptitudes, de son âge, de son niveau de dressage et, éventuellement, de ses résultats en concours. À titre indicatif, le prix d'achat moyen se situe entre 2300 et 3000 € pour un cheval de race et entre 1300 et 1700 € pour un poney. Les montures de compétition se négocient bien plus cher (15000 €). Quant aux cracks, ils n'ont pas de prix !

Le bouche-à-oreille

Comme tu connais bien les chevaux de ton club, tu sauras si l'un d'eux est à vendre. De même, parles-en à ton enseignant ou à des propriétaires de ton entourage.

Les petites annonces

Elles se multiplient sur Internet ou dans les magazines équestres. Avant de te déplacer, pose des questions. Pourquoi le cheval est-il à vendre ? Quel sont ses origines, son âge, son passé, son caractère...

Le marchand de chevaux

Choisis un marchand qui a pignon sur rue (pas un maquignon douteux !).
Explique précisément ce que tu recherches. Il te proposera plusieurs chevaux à essayer. À noter que si tu ne t'entends pas avec le cheval que tu viens d'acheter, il te le reprendra et t'en proposera un autre (souvent un peu plus cher).

L'éleveur

Une solution est d'acheter un poulain de trois ou quatre ans et de le faire éduquer par un professionnel. Attention : si tu as un niveau Galop® 4, 5, 6 ou même 7, tu n'es pas pour autant capable de travailler un jeune cheval.

Les préalables

Par téléphone, demande le nom du cheval, sa race, son âge, son utilisation, pourquoi il est vendu, sa taille, son histoire... Si c'est un cheval de concours, va voir ses résultats sur le site de la FFE (FFE Compet). Une fois sur place,

Le sais-tu ? Un vice rédhibitoire est un défaut ou une affection grave annulant la vente d'un cheval.

fais connaissance avec le cheval, caresse-le, prends-lui les pieds. Regarde son modèle, ses sabots, ses membres, ses aplombs, sa ferrure. Vérifie que ses tendons sont bien secs. A-t-il un « bon œil » ? Un bon œil reflète la gentillesse et la confiance. Comment se comporte-t-il à l'attache, lors du sanglage de la prise du mors ? Parfois, la première rencontre n'est pas concluante. Le cheval ne séduit pas. Sa tête, la couleur de sa robe, sa taille, son comportement... rien ne te plaît ! Inutile d'insister.

L'essai

S'il porte une embouchure simple, c'est mieux. Si tu possèdes une selle, apporte-la. Après une détente normale, poursuis l'essai si tu te sens bien avec le cheval, qu'il ne tousse pas, ne semble pas essoufflé. Si tu achètes un cheval pour aller en extérieur, demande à faire une balade. A-t-il peur des voitures ? Peut-il sortir seul ? Si tu le destines au CSO, teste-le avec toutes sortes d'obstacles (oxers, bidets, combinaisons). Il doit être franc, sauter bien au milieu et être capable d'enchaîner.

Pour juger du caractère du cheval, fie-toi à ton intuition et à tes goûts. Certains préfèrent les chevaux un peu froids mais francs. D'autres s'entendent bien avec les grands sensibles et savent obtenir leur confiance. Ne te complique pas la vie avec un cheval difficile, peureux ou perturbé. Prends un cheval qui correspond à ton niveau et avec lequel tu vas pouvoir progresser. Demande à faire un second essai.

Jamais sans ton coach

N'hésite pas à venir accompagné·e de ton enseignant qui peut filmer l'essai et monter le cheval convoité.

Merci cheval !

Pas facile d'être un cheval de commerce. Monté par des cavaliers très différents qui vont se livrer à des indélicatesses voulues ou non, il n'a plus de repères. Même si tu ne le choisis pas, sois délicat·e avec sa bouche et remercie-le. Une carotte, une marque d'affection lui rendront la vie plus belle.

La visite d'achat

Une fois ta décision prise, demande à un vétérinaire une visite d'achat. Elle n'est pas obligatoire mais fortement conseillée. En fonction de la valeur du cheval et de l'utilisation projetée (concours, promenade...), le praticien va te proposer un certain nombre d'examens et de radios.

Les papiers

Trois documents vont t'être remis à l'achat de ton cheval :

1. Le document d'accompagnement, un livret qui identifie l'animal et certifie son origine ;
2. La carte d'immatriculation que tu dois renvoyer au SIRE (service d'informations relatif aux équidés) et qui dépend de l'IFCE (Institut Français du Cheval et de l'Équitation) ;
3. Le certificat de vente, qui fixe par écrit les conditions dans lesquelles tu veux acheter le cheval. Par exemple, après une période d'essai ou sous réserve de la visite d'achat du vétérinaire.

Aides

Pour communiquer avec ton cheval et lui transmettre tes indications, tu disposes d'un certain nombre de moyens : les aides. Elles peuvent être naturelles ou artificielles.

Les aides naturelles

Ce sont les mains, les jambes, le poids de ton corps et la voix. En serrant un peu tes jambes, tu donnes de l'impulsion. En maintenant la jambe intérieure à la sangle, tu sollicites une incurvation. En reculant une jambe, tu déplaces les hanches. Tu peux aussi demander un départ au galop. Quant aux mains, elles permettent de ralentir et d'indiquer la direction. Si tu te sers de tes jambes, tu ne te sers pas de tes mains en même temps. Tu te contentes de garder le contact ! Les écuyers disent toujours : « Mains sans jambes et jambes sans mains. »

En revanche, tu peux toujours utiliser ta voix pour prévenir le cheval, maintenir son attention ou éviter des actions de main trop brutales. Tous les chevaux sont sensibles à la voix, et surtout aux intonations. Le poids du corps est également très important ; avec un cheval à l'écoute, il suffit de regarder où l'on va et... on y va !

Les aides artificielles

Elles renforcent l'action des jambes. Ce sont la cravache et les éperons. À utiliser avec modération !

La cravache n'est pas conçue pour faire mal au cheval. Lui infliger une douleur est parfaitement inutile et même dangereux. Elle peut toutefois servir à mettre le cheval en avant. Elle stimule le cheval. Le simple fait de tenir une cravache à la main permet généralement de réveiller un cheval de club ! Si tu dois l'utiliser, un seul coup suffit. Pour ne pas sanctionner le cheval dans sa bouche, pense à mollir tes doigts. En dressage, par exemple, on se sert d'une longue badine (gaule ou stick) pour toucher les hanches.

Les éperons servent à renforcer l'action des jambes. Ils ne doivent être portés que par des cavaliers qui ont les jambes parfaitement fixes !

La préparation

Tout mouvement se prépare. Avant de partir au galop, par exemple, tu places tes aides du galop. Pour alerter ton cheval que tu vas lui demander quelque chose, tu peux dire « Attention... ». Prévenu et disponible, ce dernier sera prêt à obéir à la moindre de tes sollicitations.

CÈDE !

Pour obtenir beaucoup, il faut savoir dire merci ! Cède (arrête d'agir) dès que ton cheval commence à obéir.

La légèreté

Si tu rêves d'avoir une main de velours et un cheval qui réponde promptement aux aides, tu tends vers la fameuse « légèreté » recherchée depuis des siècles par les plus grands écuyers. Pour cela, tu dois d'abord décontracter ta monture en lui faisant céder la mâchoire. Joue avec tes rênes comme si c'était de la pâte à modeler mais sans bouger tes mains. Mets ton cheval en équilibre et donne de l'impulsion, avec tes jambes et, si besoin, avec un claquement de langue. Puis tu travailles sur des courbes, des cercles, des huit de chiffres, des serpentines... Prends des points de repère et réalise de beaux tracés. Si ton cheval résiste ou se met sur les épaules, repasse au pas. Remets-le en place et repars. La légèreté est un travail de longue haleine mais lorsqu'on l'a connue, ne serait-ce que quelques instants, on n'a plus qu'une idée en tête : la retrouver !

La bonne dose

Une juste utilisation des aides permet une équitation agréable aussi bien pour le cheval que pour le cavalier. Elle exige d'être à la fois tonique et décontracté. « Les aides délicates et bien accordées forment des chevaux fins et justes, les aides brutales ou imprécises des chevaux rigides et hésitants », écrit Michel Henriquet, un de nos grands écuyers, spécialiste de dressage.

Le sais-tu ? « La position précède l'action. » (Baucher)

Akhal-téké

Avec sa robe dorée et sa silhouette longiligne, c'est l'un des plus beaux chevaux du monde. Rapide comme l'éclair, il est né au Turkménistan. Un seigneur du désert !

Il ressemble à quoi ?

Racé et élégant, il est reconnaissable à sa robe dorée. Mais il peut être également gris, alezan, isabelle ou bai. Sa peau est fine et il porte sa tête haut, avec fierté. Son physique évoque un peu celui des lévriers : une encolure délicate, longue et souple, des narines et des lèvres minces, de grands yeux bien ouverts, un garrot haut, un poitrail étroit, une croupe longue et basse, des jambes sèches et solides, les antérieurs rapprochés l'un de l'autre et… des petits pieds !

Il vient d'où ?

L'akhal-téké est élevé depuis plus de 3 000 ans dans le désert du Karakoum, au Turkménistan, un État d'Asie centrale situé au bord de la mer Caspienne, au sud de la Russie. C'est l'une des plus vieilles races du monde. Il tire son nom de la tribu Téké, vivant dans la grande vallée Akhal. Les Tékés détenaient les chevaux les plus beaux, les plus rapides et les plus résistants de la région. Les caravanes qui passaient sur leurs terres priaient Dieu de ne pas les croiser en chemin !

Il a été importé en Angleterre dès le XVIIe siècle et a contribué à fonder le pur-sang. À l'époque, il était connu en Europe sous le nom de cheval turc. Fierté des Turkmènes, il est l'objet d'une véritable dévotion au sein de la population. Les plus grands princes turkmènes se faisaient enterrer avec leur cheval préféré.

Confisqué, nationalisé, il a bien failli disparaître sous le régime soviétique. Mais une poignée de passionnés ont réussi à convaincre l'administration que la race faisait partie du patrimoine génétique équin mondial. Il est vrai que son sang coule dans les veines de tous les pur-sang du monde (anglais, arabes, Orlov…) Aujourd'hui, l'akhal-téké est élevé au Turkménistan et en Russie dans des haras privés.

Il fait quoi ?

Rapide, il est également particulièrement endurant. Habitué à vivre dans des conditions climatiques difficiles, il résiste à la chaleur et se contente de peu. On dit même que, faute d'herbe, il peut manger un œuf, du beurre ou de la viande ! C'est un cheval parfait pour les courses d'endurance mais aussi le concours complet. Réputé pour ses allures, il est également doué pour le dressage. On le retrouve dans des spectacles équestres comme ceux du cirque à l'ancienne Alexis Grüss.

Quel est son caractère ?

Impétueux, vif et sensible, il exige d'être monté avec tact et délicatesse. Il est courageux, indépendant et sérieux au

travail. Mais ce n'est pas un cheval de débutant !

Célébrités

En 1960, aux jeux Olympiques de Rome, l'akhal-téké Absinthe remporta la médaille d'or de dressage. Dans les années 1990, Maskat, étalon akhal-téké, concourut sous la selle d'Hubert Bourdy en CSO. Un akhal-téké nommé Gend Jim a été offert au président de la République François Mitterrand par le Turkménistan.

Recherche isabelle

La robe la plus recherchée est isabelle avec des reflets dorés, et le plus souvent une liste en tête et des balzanes. Selon la légende, avec le soleil, les reflets métalliques éblouissaient l'ennemi pendant les attaques. Quant aux yeux bleus, ils étaient censés repousser « l'œil du diable » !

Le sais-tu ? Au Turkménistan, les jockeys professionnels commencent souvent leur carrière à l'âge de douze ans.

Alimentation

VOIR AUSSI
Litière

Dans la nature, le cheval se nourrit exclusivement d'herbe. Mais il ne travaille pas et la faim le tenaille, parfois, en hiver. En captivité, le cheval a besoin de menus équilibrés. Gourmand, il raffole des friandises.

À la carte !

Chaque cheval est singulier. Selon sa race, son caractère, le travail qu'il fournit, la saison, ses besoins sont différents. Il faut être particulièrement attentif car le point faible des chevaux, ce sont les intestins. Quand le cheval souffre de coliques, il peut mourir !

Des repas fractionnés

Dans la nature, le cheval passe l'essentiel de son temps à brouter. En box, il est préférable de fractionner le plus possible ses repas : trois repas et deux distributions de foin par jour par exemple.

Le lest

Le lest désigne le fourrage : foin, paille, herbe. Il constitue le volume alimentaire indispensable au cheval. Si le cheval ne travaille pas, il peut lui suffire.

Les compléments énergétiques

Ce sont les grains (avoine, orge, maïs) ou les granulés qui sont des aliments industriels comprenant un peu d'avoine, d'orge…

Les friandises

Presque tous les cavaliers s'en servent. Ils donnent au cheval l'envie d'apprendre et de bien faire. Cela s'appelle un « renforcement positif ». Mais si tu ne veux pas que ton cheval devienne obsédé par les gourmandises, mordeur ou fouilleur de poches, apprends-lui à bien les recevoir. Ne donne pas de friandise pour rien. Elle doit être offerte uniquement pour le récompenser. Tu la donnes, main grande ouverte, pour ne pas te faire attraper les doigts. Tu peux donner une carotte quand ton poney a bien travaillé, s'il vient quand tu

Le sais-tu ? À la carotte, au miel, aux herbes, à la vanille et même à la menthe, il existe des bonbons pour chevaux, pour tous les goûts !

l'appelles. Tu peux profiter de sa gourmandise pour lui apprendre un petit tour, comme donner son antérieur. Et, avant de la lui offrir, pense à lui dire : « Tiens ! » De cette façon, ton cheval ne va pas réclamer sans cesse, il attendra le « Tiens ».

Ce qu'il aime

Il adore les carottes, l'avoine, les pommes coupées en quartier, l'orge, les granulés, le maïs, le foin et… les bonbons pour poneys. Évite le pain même sec et encore moins du chocolat ou ton goûter. Ce n'est pas bon pour sa digestion ! Il raffole de l'herbe fraîche. À l'état sauvage, il ne se nourrit que d'herbe et… il passe l'essentiel de son temps à brouter. Aussi, après une bonne séance de travail, n'hésite pas à l'emmener brouter. Ce sera sa meilleure récompense.

À lécher

Dans le pré comme au box, tu peux laisser une pierre à sel que ton cheval va lécher et qui lui apportera des minéraux.

À SAVOIR

Le floconnage est une cuisson des céréales à la vapeur qui améliore l'assimilation et la digestion de cette céréale. L'orge floconnée, par exemple, est particulièrement recommandée aux chevaux de concours, ceux qui fournissent un effort intense ou qui ont des problèmes digestifs.

Mémento

- Le cheval doit disposer d'une eau propre et saine à volonté.
- Le foin doit être distribué avant les repas.
- S'il tousse, il faut mouiller son foin.
- Il faut diminuer les quantités de nourriture si le cheval est au repos.
- Plusieurs repas valent mieux qu'un seul !
- Si l'on veut changer la nourriture, il faut le faire progressivement.
- La nourriture doit être stockée dans un endroit propre et sec. Les bacs doivent être vidés et nettoyés toutes les six semaines environ.
- Au pré, il faut séparer les chevaux ou déposer l'aliment de chaque cheval à bonne distance les uns des autres pour qu'ils mangent tranquillement.
- Le mieux est de nourrir à des horaires réguliers. (Pas de grasse matinée le dimanche !)

Le sais-tu ? 40 000, c'est le nombre de mastications qu'exécute un cheval dans la nature en 24 heures.

Tu adores les chevaux mais à leur contact, tu tousses, tu pleures, tu rougis, tu éternues ! Et cela peut même te déclencher une crise d'asthme.

Plus de onze millions de Français sont sujets à des allergies. Or, les poils de chevaux et la poussière de foin sont des allergènes. Eczéma, yeux rouges, larmes, éternuements, rhume et même crise d'asthme… l'allergie peut se manifester de différentes façons. Seul un médecin peut déterminer s'il s'agit vraiment d'une allergie ou d'une irritation passagère. Il va chercher son origine et prescrire un traitement. Attention : les médicaments ne sont disponibles que sur prescription médicale et il ne faut pas en abuser. Le médecin peut aussi te proposer une désensibilisation par un allergologue pour éviter de nouvelles crises. Malheureusement, certaines personnes devront se résoudre à ne plus approcher les chevaux. Pour d'autres, les manifestations de l'allergie ne vont se produire que dans des lieux confinés. Elles pourront pratiquer une équitation d'extérieur en évitant de faire elles-mêmes les pansages. Une bonne nouvelle quand même : l'importance des réactions allergiques et des crises d'asthme peut diminuer avec le temps.

Les chevaux aussi !

Nos compagnons peuvent être, comme nous, sujets à des allergies. La plus fréquente est la dermite estivale. Il s'agit d'une démangeaison de la peau au niveau du garrot et surtout de la queue. Elle est causée par un moucheron qui attaque les chevaux dans l'heure qui précède ou qui suit le coucher du soleil. Le mieux est de garder le cheval à l'écurie à partir du milieu de l'après-midi et de le libérer soit le matin, soit la nuit venue. Il existe des chemises qui protègent le cheval des insectes.

Un cas particulier

Des crises d'« asthme d'effort » peuvent survenir lors d'efforts intenses. On arrive souvent à les gérer grâce à un échauffement progressif et un entraînement régulier.

VOIR AUSSI
Galop (allure), Pas, Trot

Allures

Attention ! Concentre-toi ! Tu dois absolument comprendre le mécanisme des allures pour progresser. C'est simple. Il suffit d'ouvrir les yeux !

Le pas : 1-2-3-4, 1-2-3-4...

Allure marchée à quatre temps. Les pieds du cheval se lèvent et se posent l'un après l'autre. Trois membres restent toujours en appui sur le sol. Sa vitesse est de 6 à 7 km/h.

Regarde les traces laissées par les pieds de ton cheval sur la piste. Si l'empreinte du membre postérieur recouvre exactement celle de l'antérieur correspondant, ton cheval « se juge ». Il engage bien ses postérieurs sous sa masse.

Le cheval peut allonger ou raccourcir son pas. Pour allonger, il a besoin d'augmenter le mouvement de son encolure. En contrôlant l'amplitude des mouvements de l'encolure, tu peux régler la vitesse de ta monture.

Le trot : tac-tic-tac-tic

Allure sautée à deux temps égaux. Le cheval lève successivement ses deux diagonaux. Un diagonal, c'est l'association d'un antérieur et du postérieur opposé. Lorsque le cheval avance son diagonal droit, il lève en même temps son antérieur droit et son postérieur gauche. Sa vitesse est de 14 km/h.

Le trot allongé, ou trot en extension, peut atteindre, en course, plus de 45 km/h ! À l'inverse, au trot rassemblé ou trot ralenti, le cheval donne l'impression de rester presque sur place.

Le galop : ta-ga-dac, ta-ga-dac...

Allure sautée, dissymétrique, basculée à trois temps égaux suivis d'une période de projection. Entre chaque foulée de galop, se passe un temps de suspension où aucun pied ne vient toucher le sol. Le cheval peut prendre le galop à droite ou à gauche. Dans le galop à droite, il s'appuie sur :

1. son postérieur gauche ;
2. son diagonal gauche (antérieur gauche et postérieur droit) ;
3. son antérieur droit.

Pour le galop à gauche, c'est l'inverse. On dit qu'un cheval galope juste quand il galope sur l'antérieur droit pour tourner à droite, sur l'antérieur gauche pour tourner à gauche. Dans le cas contraire, il galope à faux. Il se désunit lorsque qu'il galope, par exemple, à droite des antérieurs et à gauche des postérieurs. Au galop moyen, la vitesse est de 20 à 30 km/h. Mais en course, la vitesse d'un pur-sang peut atteindre 60 km/h !

Au galop rassemblé, le cycle passe à quatre temps avec un fort engagement des postérieurs sous la masse. Ce galop peut servir à la préparation au saut d'un obstacle élevé. Il est également recherché en équitation académique.

Le sais-tu ? Le canter est un petit galop pratiqué pour échauffer un cheval avant un entraînement ou une course.

Amazone

VOIR AUSSI
Légendes

Monter en amazone, c'est chevaucher avec les deux jambes du même côté du cheval. Une manière de monter spectaculaire !

Les débuts de la monte en amazone sont prêtés à Catherine de Médicis, qui voulait surveiller son époux volage lors des chasses et laisser entrevoir ses jambes, qu'on disait longues et belles. À l'époque, il était inconcevable pour une femme de monter en pantalon et à califourchon ! La selle d'amazone comporte deux fourches du côté gauche, une, supérieure autour de laquelle se plie la jambe droite, l'autre, inférieure, calant la cuisse gauche.

À essayer

Mieux vaut monter un cheval au trot confortable, en impulsion, bien équilibré, avec un dos large et solide. Contrairement à ce que tu peux penser, tu vas connaître, en amazone, une sensation d'aisance et de confort surprenante. Avec les fourches, tu te sens en parfaite sécurité. Ta badine te sert de jambe droite. Tu peux même sauter !
Il ne te reste plus qu'à farfouiller dans les greniers, les braderies et les brocantes à la recherche de gants, de costumes et de chapeaux... Succès garanti !

Sur la trace des femmes guerrières

Les Amazones étaient des femmes cavalières et guerrières (qui montaient à califourchon) dont l'existence est mentionnée par les poètes et les historiens de l'Antiquité. La légende dit qu'elles se coupaient le sein droit pour mieux tirer à l'arc. De récentes découvertes archéologiques montrent que ce mythe repose sur des faits réels, l'histoire du sein coupé exceptée ! Plus de cent tombes féminines, munies d'armes et de harnachements de chevaux, ont été mises au jour au nord-est de la mer Noire et en Ukraine, preuve de l'existence de femmes guerrières.

Jupe ou pantalon ?

À la fin du XIXe siècle, les Américaines, puis les Anglaises commencent à monter à califourchon. En 1890, le magazine *L'Illustration* crée une polémique et invite ses lecteurs à répondre à la question suivante : « Les femmes doivent-elles monter à califourchon, avec le pantalon bouffant et les bottes montantes, ou assises sur la selle avec la jupe longue ? » Pour de nombreux lecteurs, monter à califourchon est tout simplement indécent pour une femme !

Le sais-tu ? 78 % des licenciés en équitation sont des femmes.

Appuyers, pirouettes, passages... L'amazone peut réaliser toutes les figures de dressage.

Amble et autres allures bizarres

En plus du pas, du trot et du galop, certains chevaux possèdent une quatrième allure très confortable pour leurs cavaliers.

Une allure recherchée par ceux qui se déplacent longtemps à cheval.

Façon chameau

Le cheval déplace simultanément les deux membres d'un même côté ! Il fait comme les chameaux et les lamas, animaux vivant dans des territoires sablonneux. Cette allure se rencontre surtout sur le continent américain et chez le poney islandais.

Le tölt

C'est une variante rapide de l'amble exécutée par le poney islandais. Le poney semble tricoter. Une allure particulièrement confortable pour son cavalier qui ne ressent pas les à-coups du trot.

Drôle de garçon de café !

Le cheval de Paso Péruvien lève et lance haut ses antérieurs. Cette allure s'appelle le paso llano. Pour prouver combien elle est confortable, les Péruviens se mettent en selle en tenant dans la main un verre plein d'eau... et ils se promènent sans en renverser une goutte !

VOIR AUSSI
Grégaire (instinct), Sentiments, Tics

Amitié

Comme nous, les chevaux ont des affinités. Souvent, ils ont un meilleur ami, dont ils sont inséparables.

Tellement sociable

Le cheval est vraiment fait pour vivre en société. Tout seul, il s'ennuie. Il peut même faire une dépression ou développer des tics – comme de balancer sans arrêt la tête. Il peut se lier d'amitié avec un cheval du même sexe ou du sexe opposé. Peu importe !

Ami-Ami

Deux chevaux amis aiment, avant tout, être ensemble. Au pré, par exemple, ils broutent à quelques mètres l'un de l'autre. Parfois, ils se mettent tête-bêche pour se chasser mutuellement les mouches avec leur queue. D'autres fois, ils se font du grooming, en se mordillant le garrot ou le bas du dos. Lorsqu'on les sépare, ils hennissent pour s'appeler.

En reprise

Ton moniteur donne souvent un ordre de reprise. Mieux vaut le respecter car il connaît les affinités de chacun. Cacahuète, par exemple, ne supporte pas Câline. Elle est capable de la botter si celle-ci est derrière.

Copain de box

Il est très important de bien choisir les voisins de box de son cheval. Celui-ci doit avoir pour voisin un ami. Sinon, cela peut lui gâcher la vie. Certains chevaux redeviennent joyeux et dynamiques uniquement après avoir changé de box !

Et toi ?

Si tu veux devenir l'ami·e d'un cheval, passe beaucoup de temps avec lui. Respecte sa personnalité sans pour autant te laisser marcher sur les pieds ! Offre-lui de bons moments comme une petite sortie au pré, une balade en longe, quelques carottes, un pansage-massage...

Avec les autres animaux

Les chevaux et les poneys s'entendent bien avec les autres animaux. Ils partagent volontiers leur pré avec les vaches et font copains avec les chiens, les chats et même les chèvres de leur entourage. Chiens et chevaux jouent parfois ensemble. Mais gare aux coups de pied ! Si ton cheval est ferré à l'arrière, il peut blesser ton chien. Au box, il n'y a pas de règles. Certains chevaux laissent entrer un chien dans leur box, le lèchent et même jouent avec (à attraper son collier par exemple). D'autres refusent absolument l'entrée de leur box à tout autre animal. Les chats sont souvent mieux tolérés par les chevaux, sans doute parce qu'ils sont plus calmes. Évite de laisser un chien prendre l'habitude de jouer dans une carrière ou un manège. Cela peut devenir très dangereux.

Le sais-tu ? Quand deux chevaux se rencontrent, ils se flairent. Les chevaux s'identifient grâce à leurs odeurs.

Anthropomorphisme

Quand tu appelles ton poney « Bébé » ou « Gamin », tu fais de l'anthropomorphisme sans le savoir. Cette façon de prêter des sentiments humains à des animaux est fréquente. Mais peut-on traiter un cheval ou un poney comme un être humain ?

Le dico à la rescousse

Pas question de se laisser impressionner par ce grand mot ! Il vient du grec *anthrôpos*, qui veut dire humain, et de *morphê*, qui signifie la forme. Pour le Larousse, il désigne la « tendance à attribuer les sentiments, les passions, les actes et les traits de l'homme à ce qui n'est pas l'homme ». Jean de La Fontaine était donc un maître du genre !

De telles ressemblances !

Comme nous, le cheval a d'incroyables facultés d'adaptation. Lui qui est fait pour manger et marcher les trois quarts de son temps est capable de vivre enfermé vingt-trois heures sur vingt-quatre et d'avaler trois repas (seulement) composés de nourriture concentrée. Lui qui vit en groupe parvient (non sans frustration) à rester tout seul dans son box. Comme nous, il ressent des émotions. Il est sujet à la peur, la tristesse, l'ennui, la colère... Il connaît également la joie, le plaisir, l'amour ou l'affection. Il a des goûts et des affinités. Il est sensible aux caresses, il adore le sucré. Il est capable de distinguer différents sons, et même d'apprécier certaines musiques. Bref, il nous ressemble tellement qu'on a parfois tendance à le traiter comme un être humain à qui il ne manquerait que la parole !

Le bon anthropomorphisme

Tu se sens si proche de ton cheval que tu as tendance à l'humaniser. Tu lui parles pendant des heures. Tu lui confies tes joies, tes peines, tes secrets... Cette forme d'anthropomorphisme est naturelle. Elle n'a aucune incidence négative sur le comportement du cheval. Au contraire, elle ne fait que renforcer cette complicité que tu ressens avec lui. Alors pourquoi t'en priver ? Attentif·ve à son bien-être, tu achètes des couvertures de toutes les couleurs. Tu poses des bandes de repos même s'il n'en a pas besoin. Peu importe ! Le cheval adore être chouchouté. Mais n'oublie pas que c'est... un cheval ! Donc, un animal rustique fait pour vivre dehors et qui a des besoins qui lui sont propres. Non, il n'a pas froid — si tu lui as laissé son poil d'hiver ! Oui, il peut marcher pendant des heures s'il est suffisamment entraîné. Non, il n'a pas mal quand le maréchal lui pose ses fers !

Le moins bon

Considérer ton poney comme un membre de ta famille qui a les mêmes droits, les mêmes activités, les mêmes sensations que toi peut entraîner des catastrophes. Les poneys trop gâtés se transforment en... monstres ! Ils te bousculent en sortant de leur box, ils fouillent dans tes poches, mordent et n'hésitent pas à intimider toute personne qu'ils ne sentent pas suffisamment sûre d'elle. Ils n'ont plus ni barrière ni limite et considèrent l'homme comme l'un de leurs congénères.

Respecter sa nature

Le mieux est de respecter la nature du cheval. Nous ne sommes pas à Disneyland ! Les chevaux ne parlent pas homme, ne vivent pas homme, ne pensent pas homme. Ce ne sont pas des copains, ni des peluches, mais des herbivores pacifiques qui ne demandent qu'à collaborer avec nous. Plutôt que de leur attribuer des sentiments humains, tu peux essayer de te mettre à leur place et de ressentir leurs sentiments et leurs émotions. Cela t'évitera bien des malentendus. Si par exemple un cheval « pète le feu » en sortant de son box, inutile de le punir. Il en a juste assez d'être enfermé. S'il mordille ta manche, il veut seulement se lier d'amitié avec toi.

Ce n'est plus de l'anthropomorphisme. C'est de l'empathie, c'est-à-dire « la capacité de se mettre à la place de l'autre et de ressentir ses sentiments et ses émotions ». La nuance est importante ! Il ne s'agit plus d'aimer les chevaux comme des humains, mais de les aimer parce qu'ils sont des chevaux !

Apprentissage

VOIR AUSSI
Éthologie, Intelligence

Le cheval ne demande qu'à apprendre. Il est même particulièrement doué pourvu qu'il ait de bons professeurs.

La théorie de l'apprentissage a été établie à partir des travaux de grands comportementalistes comme Pavlov (1849-1936). Ce médecin russe a travaillé sur la salivation des chiens. Il a observé que si l'on accoutume un chien à entendre un bruit (un son de cloche par exemple) au moment du repas, à la longue, ce son peut déclencher une salivation de l'animal sans qu'il soit accompagné de nourriture. C'est ce que l'on appelle le réflexe de Pavlov. Ces expériences ont été complétées par des recherches en éthologie et dans le domaine des sciences cognitives (qui étudient les mécanismes de la pensée et de l'intelligence). On sait maintenant qu'un cheval apprend avec différentes techniques.

L'habituation

Lorsqu'un stimulus se répète fréquemment et régulièrement, le cheval s'habitue. Par exemple, à l'état naturel, la plupart des chevaux ont peur des chiens. Une fois qu'ils les connaissent, ils n'éprouvent plus aucune crainte. C'est pourquoi, il est important de montrer beaucoup de choses à un jeune cheval, l'emmener explorer son environnement.

La désensibilisation

Il s'agit de faire accepter au cheval des objets nouveaux ou des situations insolites : un sac en plastique, un foulard qui s'agite, un parapluie, un spray... Le mieux c'est de lui montrer calmement l'objet en le laissant le renifler. Puis, on bouge l'objet, toujours en gardant le sourire. On le touche avec, d'abord doucement, puis de n'importe quelle façon. Voyant l'humain souriant et bienveillant, il prend confiance. Mais s'il continue à avoir peur, il s'agite, tire sur sa longe pour se mettre hors de portée. Il faut continuer jusqu'à ce qu'il s'immobilise. Dès qu'il s'immobilise, on arrête. Très vite, il comprend qu'il ne doit pas s'agiter.

Plusieurs manières d'apprendre

Le cheval apprend à associer un ordre et une action. Par exemple, une pression de jambes lui demande d'avancer. Pour lui faire comprendre, le cavalier peut utiliser deux techniques. Le renforcement positif (on ajoute quelque chose) consiste à donner une récompense dès que le cheval donne la bonne réponse. La récompense (une rondelle de carotte par exemple) doit intervenir immédiatement après que le cheval a donné la bonne réponse. Le cheval fait le lien entre la bonne réponse et la récompense. Le renforcement négatif (on enlève quelque chose) consiste à arrêter la pression exercée quand le cheval donne la bonne réponse. Exemple : on met des jambes, le cheval avance, on arrête de mettre des jambes.

L'ambiance de travail

Chaque cheval, chaque poney évolue à son propre rythme. Ce qui est important, c'est de rester calme, en toutes circonstances ; Un cheval ne peut pas apprendre dans le stress. Il a besoin d'être mis en confiance et encouragé.

Dans la nature

Le poulain apprend avec sa mère, avec les autres poulains et avec les adultes du groupe.

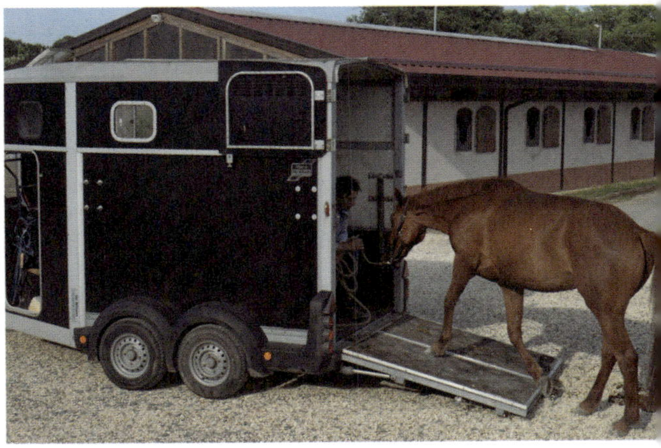

Le sais-tu ? Des expériences montrent que le cheval peut apprendre à dire s'il veut ou non une couverture en mettant son nez sur la pancarte adéquate.

Assiette

Elle permet au cavalier de rester maître de son équilibre en toute circonstance !

Quel rapport ?

Non, on ne mange pas dans cette assiette-là ! Elle désigne simplement la manière d'être assis sur le cheval. L'assiette sert à te tenir en selle et à accompagner le cheval. Bien assis·e, souple et en équilibre, tu es capable d'amortir les mouvements du cheval sans te raccrocher aux rênes ou te tenir à la force de tes jambes.

La bonne assiette

Elle s'obtient en... montant ! Il faut des heures et des heures d'équitation pour devenir un bon cavalier. Autrefois, on imposait aux cavaliers et aux chevaux des séances de « tape-cul » sans étriers. Aujourd'hui, on se met en équilibre avant de s'asseoir. C'est meilleur pour le dos du cavalier et du cheval. Progressivement, le cavalier est capable de s'asseoir et de suivre le mouvement du cheval.

Petits conseils

Décontracte-toi. Si tu te raidis, tu ne pourras pas accompagner les mouvements de ta monture. Tu te feras secouer comme un prunier ! L'assiette ne dépend pas de la force des jambes mais de la flexibilité de tes reins qui vont amortir les mouvements du cheval et de l'adhérence des fesses sur la selle. Surtout, ne te raccroche pas aux rênes. Si tu es déséquilibré·e, tu peux toujours te rétablir en prenant la crinière dans la main. Grandis-toi en redressant ton buste et en rentrant le ventre. Tu passes ainsi d'une position avachie à une attitude dynamique. N'oublie pas de faire fonctionner ton bassin et tes reins. Plus tu seras souple et plus tu feras corps avec ton cheval. Une bonne raison de te motiver à suivre assidûment les cours de gym à l'école !

En balade, fais l'effort de te tenir droit·e et de garder une bonne position. Au pas, accompagne bien le mouvement du cheval. Le horse-ball ou les pony games te permettront d'acquérir une assiette incroyable tout en t'amusant.

Position assise

Ta position dépend en grande partie de ta selle. Tu feras des progrès en utilisant une selle de bonne qualité ! Assieds-toi à l'avant de la selle, d'aplomb sur tes deux fesses. Chausse tes étriers au tiers du pied, les pointes des pieds vers l'avant et non sur les côtés. Laisse bien tomber tes jambes, talon bas. Lorsque ton cheval est en mouvement, suis-le souplement. Accompagne-le avec ton bassin. Tiens ton dos et regarde où tu vas. Lorsque tu montes sans étriers, tes jambes tombent naturellement, les pointes de tes pieds vers le bas.

« En équilibre »

Pour adopter la position dite « en équilibre », recule un peu les jambes pour être « au-dessus de tes pieds ». Incline aussi légèrement ton buste en avant tout en conservant ton dos plat. Regarde où tu vas et avance ta ceinture. Tu peux te rapprocher plus ou moins de ta selle. Cette position te permet de trotter enlevé, de galoper en suspension et de sauter. Pour le bien-être de ta monture, ne retombe pas lourdement sur ta selle et ne te retiens pas aux rênes. Si tu es en déséquilibre, encore une fois : attrape la crinière !

Des exercices pour améliorer ton assiette

Détends-toi et touche la croupe de ta monture. Tiens le pommeau de ta selle et lève tes genoux. Claque les bottes au-dessus de l'encolure ou... de la croupe ! Fais des moulinets avec tes bras ! Tu peux même trotter enlevé et en suspension sans « les pédales ». À l'obstacle, même topo. Tu vas t'entraîner à passer des cavalettis au trot et sans étrier. Certains moniteurs peuvent même te demander de fermer les yeux. Ce qui va te permettre de mieux sentir la locomotion de ton cheval et de t'y adapter sans appréhension.

Le lendemain

Après une séance intense, essaye d'éviter les courbatures en t'étirant lentement. Les ischio-jambiers, c'est-à-dire les muscles situés derrière la cuisse, s'étirent debout, une jambe tendue, le pied reposant sur un tabouret, une table ou un obstacle bien en face de toi. Les adducteurs, muscles situés à l'intérieur de la cuisse et qui servent à serrer les genoux (très importants chez le cavalier) s'étirent de la même façon mais la jambe tendue sur le côté. Pour le quadriceps situé en avant de la cuisse, fais le flamant rose ! Sur un pied, tu ramènes le talon à la fesse en le tenant à deux mains.

Tu peux aussi prendre un bon bain chaud et t'hydrater convenablement en buvant de l'eau. Puis, rien de tel qu'une bonne séance de natation ou de marche à pied pour éliminer les toxines accumulées dans les muscles. L'essentiel est de... bouger !

Le sais-tu ? Le liant désigne la qualité d'un cavalier souple et en parfaite harmonie avec sa monture.

Après avoir été un moyen de locomotion, l'attelage est devenu un sport de compétition précis et passionnant.

Transports et voyages

Le cheval a longtemps été notre moyen de transport principal avant d'être détrôné par le train et l'automobile. À la fin du XIXe siècle à Paris, circulaient plus de 80 000 chevaux et 44 000 véhicules ! Ce sont des chevaux qui tiraient les omnibus et les tramways. Ils tractaient également les fiacres qui sont les ancêtres de nos taxis.

Un sport équestre

L'attelage est devenu un sport de compétition avec une épreuve de dressage, de maniabilité et un marathon. Le dressage note le style, la présentation, la qualité des allures. L'épreuve de maniabilité consiste à passer dans un circuit jalonné par des portes balisées. Le marathon est particulièrement spectaculaire, avec un vrai cross à travers la forêt, le passage des gués et des obstacles composés de portes à franchir le plus vite possible. Un attelage est composé d'une voiture avec un, deux ou quatre chevaux et d'un meneur aidé par des grooms. Ces derniers se servent de leur poids pour équilibrer la voiture dans les pentes et les virages. Parfois, ils vont se mettre à la tête des chevaux pour maintenir un arrêt dans le calme.

De véritables pilotes

Pour conduire son attelage, le meneur ou la meneuse n'a que ses guides, sa voix et le claquement du fouet. L'apprentissage et l'entraînement doivent être particulièrement soignés. L'éducation d'un cheval à l'attelage se fait à terre, aux longues rênes. Il faut que le cheval accepte les bruits qui viennent de derrière, s'habitue aux harnais sur le dos et le long des jambes. Puis il apprend la traction, avec quelqu'un qui met plus ou moins de poids derrière lui et qui relâche. On passe alors aux faux brancards. Le cheval n'a pas les contraintes de poids mais il a les contraintes latérales. Puis on cumule tout.

La classe !

Les concours d'attelage de tradition sont réservés aux voitures hippomobiles anciennes. La présentation (chevaux, harnais, voiture, habillement des passagers) est primordiale.

Les doués de l'attelage

Tous les chevaux peuvent être attelés mais certaines races sont plus disposées que d'autres. On distingue les attelages de chevaux de trait (Comtois, Percherons, Boulonnais...) et les attelages de chevaux de sport (Lipizzans,Trakehner, Hanovriens, Franches-Montagnes...).

Le sais-tu ? L'équipement du cheval s'appelle le harnais.

Bartabas

Il est toujours là où on ne l'attend pas. On le quitte au cirque, il revient à Versailles. On le suit chez les moines tibétains, on le retrouve chez les Tziganes. On le dit colérique, c'est un hypersensible. Inventeur de style, chorégraphe de chevaux et cavalier hors pair, il a révolutionné le spectacle équestre.

Son histoire

Depuis 30 ans, il est connu sous le nom de Bartabas. Il est le premier à avoir fait un spectacle total avec les chevaux. Il ne montre pas un numéro, il crée un univers. Il raconte une histoire. Les chevaux, les cavaliers, les maquillages, les couleurs, les musiques, la lumière, la scénographie... tout est choisi avec un soin méticuleux. Et il ose ! Il invente.

Son théâtre équestre

Bartabas a créé une troupe composée d'hommes et de chevaux, le théâtre équestre Zingaro.

Il vit dans une roulotte située à l'entrée du théâtre, à Aubervilliers, près de Paris. Zingaro (qui veut dire Tzigane), c'était le nom de son cheval fétiche, son frison adoré.

Ses spectacles

Des premiers cabarets équestres en passant par *Chimère*, *Éclipse*, *Triptyk*, *Loungta*, *Batutta*, *Darshan* ou encore *Calacas*, les spectacles de Zingaro font le tour du monde, de New-York à Hong-Kong, de Mexico à Tokyo. Ils mêlent chevaux, danse, musiques du monde, poésie et de nombreuses disciplines artistiques.

Son académie

Bartabas a créé l'Académie du spectacle équestre à Versailles. Cette école forme des écuyers et surtout des écuyères à sensibilité artistique. Pendant deux ans, ils se perfectionnent dans l'art équestre et s'initient à d'autres activités artistiques comme le chant, le théâtre, l'escrime, la danse. Pour Bartabas, le chant

Photographie tirée du spectacle *Golgota*.

aide à prendre confiance en soi, sentiment indispensable pour que le cheval ait confiance en nous. La danse donne le maintien pour mieux se tenir à cheval. Elle fait prendre conscience aux élèves de l'intérêt d'un bon échauffement pour le « cheval danseur ». L'escrime fait travailler les réflexes... Les écuyers s'entraînent tous les matins en public et proposent des spectacles le week-end. Ils sont salariés.

Son livre

Bartabas vient de publier *D'un cheval l'autre* aux éditions Gallimard, un livre dans lequel il dresse le portrait des chevaux qui l'ont accompagné. Magnifique !

POUR DEVENIR ÉCUYER·ÈRE, TU DOIS :

- être âgé·e de 18 à 26 ans ;
- avoir un très bon niveau de dressage (niveau Saint-Georges, première reprise de dressage de niveau international) ;
- avoir une sensibilité artistique ;
- être motivé·e pour le spectacle ;
- t'intéresser aux disciplines comme la danse, le chant, l'escrime artistique ou les arts plastiques ;
- envoyer une lettre de motivation, un CV et une vidéo sur laquelle on te voit monter à cheval.

La « Bartabas académie » forme des écuyers accomplis.

Les chevaux sont génétiquement programmés pour marcher, manger toute la journée et avoir des contacts sociaux.

Bouger

Le cheval est un animal de mouvement. Qu'il pleuve, qu'il vente ou que le soleil brille, il a besoin de se déplacer. S'il vit au pré avec d'autres, il va parcourir plus de sept kilomètres par jour ! Un cheval retourné à la vie sauvage couvre près de dix-huit kilomètres par jour. Même s'il vit en box, donne-lui un maximum de liberté. L'idéal est de mettre ton cheval tous les jours au pré ou dans un paddock, si possible avec un ou plusieurs compagnons.

Manger

Dans la nature, il passe entre 12 et 18 heures par jour à s'alimenter, y compris la nuit. S'il vit à l'écurie, il a besoin de disposer d'une bonne quantité de foin qui va l'occuper et lui apporter les fibres dont il a besoin.

Communiquer

Le cheval est un animal grégaire. Il trouve sa sécurité à l'intérieur du groupe. Il vit dans un groupe avec une hiérarchie qui donne au dominant la priorité pour boire, par exemple. Il développe des affinités et parfois une véritable amitié avec un autre cheval. Les deux amis deviennent inséparables et se font une toilette mutuelle.

Une bonne idée

Les écuries actives permettent aux chevaux de bouger et de manger toute la journée grâce à une distribution de nourriture par puce électronique et des trajets obligatoires pour accéder à l'eau, à l'aire de repos ou à la distribution de foin.

Prise de conscience

La loi suisse a de l'avance sur la nôtre puisqu'elle exige une sortie journalière de deux heures et préconise pour les chevaux adultes utilisés par l'homme la liberté de se mouvoir au moins pendant treize jours par mois.

Le sais-tu ? Le cheval a besoin d'air et de lumière. L'exercice physique est indispensable à la solidité des os et augmente la résistance aux blessures.

L'équitation n'est pas un sport comme les autres. Mais, comme tous les sports, elle procure un bien-être physique, source de bien-être psychologique.

Un dos bien musclé

L'équitation est une véritable école de maintien. Les cavaliers ont plutôt moins de problèmes que les piétons parce que l'équitation entretient la musculature de la colonne vertébrale. Certains cavaliers commencent d'ailleurs à souffrir dès qu'ils arrêtent de monter à cheval !

Les points forts

L'équitation renforce également les abdominaux et développe les qualités d'équilibre. Elle aiguise la proprioception, c'est-à-dire la capacité d'apprécier la position de son corps et d'adapter les contractions musculaires au moindre changement. Elle permet de développer les muscles des membres inférieurs. Enfin, elle entretient le système cardio-vasculaire. Un effort régulier (trois séances par semaine) apporte un effet bénéfique pour le cœur.

Un sport de plein air

L'équitation te permet d'avoir un contact avec la nature. Tu es plus sensible à la météo, aux changements de saison. Les cavaliers n'ont pas peur de la pluie ! La plupart des concours hippiques se disputent dehors. La bonne fatigue que l'on éprouve après une heure d'équitation permet d'évacuer le stress et de se sentir mieux.

Les sports complémentaires

Pour progresser en CSO et en concours complet tu peux pratiquer le tennis, le basket et le ski qui travaillent ta résistance et tes réflexes, mais aussi le VTT pour l'équilibre et le sens de la trajectoire. Pour le dressage, le stretching permet de mieux préparer tes muscles à l'effort, puis de récupérer. La natation est bénéfique pour le maintien du dos et l'allongement des muscles. Pour te préparer à la voltige, tu peux pratiquer la gym ou la danse, mais aussi le roller, qui développe l'équilibre et l'endurance. Enfin, le cavalier d'endurance peut pratiquer la course, la natation ou le cyclisme pour développer son cœur, sans oublier le stretching pour s'assouplir.

Bienfaits psychologiques

Tu manques de confiance en toi ? Monte à cheval ! Tu ne parviens pas à te concentrer ? Monte à cheval ! Tu ressens trop d'émotions ? Tu as du mal à communiquer avec les autres ? Monte, te dis-je ! Quand on l'aime, le meilleur des psys, c'est le cheval !

Une école de vie

L'équitation t'oblige à surmonter tes peurs, combattre ta paresse et t'imposer une discipline. Elle te structure, te donne des repères et t'aide dans la vie. Tu apprends à te battre pour atteindre des objectifs.

Que tu montes en club, dans une ferme ou dans une écurie de concours, l'équitation développe la sociabilité. C'est une activité individuelle mais elle se pratique en groupe. Pour seller un cheval difficile ou tenir un agité, il faut être solidaires !

La relation avec le moniteur est très importante. Il fait office d'entraîneur. C'est à la fois un modèle, un guide, un repère adulte, voire un substitut parental. D'où l'intérêt de bien choisir ton club !

Mais un jeu aussi

Comme tous les sports, l'équitation a une dimension ludique. Le jeu permet l'apprentissage de la vie. La personne qui va vers un cheval s'en approche avec son âme d'enfant... Or, le cheval reste un enfant toute sa vie.

L'équitation renforce le contrôle de soi, le goût de l'effort, l'envie de réussir... À cheval, on oublie ses soucis. On devrait d'ailleurs monter tous les jours !

Monter à cheval développe la concentration... Car le cheval profite du moindre moment de distraction ! La concentration est encore plus exigée lorsque l'on fait des concours. Une seconde d'inattention sur un parcours de saut d'obstacles et... c'est la faute !

La relation affective

La relation psychologique avec le cheval est primordiale. Certains adolescents entretiennent même une relation passionnelle avec un cheval. Lorsqu'elle entraîne une situation de dépendance, cette relation peut devenir une source de conflits avec les parents.

Cette relation est intense parce qu'elle est « gratuite ». Le cheval est neutre. Il t'accepte tel·le que tu es, du moment que tu le respectes. Il ne te juge pas. Il te prend dans l'instant, sans connaître ton passé. Avec lui, impossible de tricher. Tu peux être toi-même !

Grâce à la chaleur dégagée par le cheval et au balancement du pas, tu ressens du bien-être. Porté·e, tu retrouves la sensation du bébé bercé dans les bras de sa mère. Le contact est la clé même du rapport avec le cheval. Tu peux passer du temps à le panser, à le caresser. C'est un anti-stress du tonnerre !

Des émotions reconnues et contrôlées

Inutile de crier, de t'énerver ou de faire des gestes brusques quand tu montes à cheval. Il faut absolument dominer tes affects, sous peine d'effrayer ta monture ou de la rendre dangereuse. Toute agressivité est proscrite.
Aujourd'hui, le cheval n'est plus considéré comme un être à qui l'homme impose sa volonté coûte que coûte, mais comme un partenaire. L'équitation devient une conversation entre un cavalier et son cheval. Il essaie de se faire comprendre par son cheval et de le comprendre. Or, pour écouter son cheval, il faut être à l'écoute de soi-même.
Le cheval est à la fois professeur et élève. Il sait très bien indiquer à son cavalier s'il agit bien ou mal. Soit il obéit, soit il se rebelle, soit il ne comprend pas. À nous de savoir l'écouter.

La confiance

Pour arriver à contrôler un animal aussi fort, il faut du courage, de la patience et de la persévérance. Tu te mets en position de guide ; le cheval te permet de t'affirmer. C'est l'une des raisons pour lesquelles les adolescents sont tellement attirés par cette activité. L'équitation renforce la confiance en soi, ce qui est particulièrement important.
De plus, monter à cheval est valorisant. Assis·e bien droit·e, tu te déplaces souplement, rapidement, avec élégance. Bref... un vrai bonheur qui renforce l'image que tu as de toi-même.

La responsabilisation

L'équitation développe également le sens des responsabilités. Le cavalier fait passer son cheval avant lui-même. Il le nourrit, le soigne, s'occupe de son bien-être... On demande de tels efforts aux chevaux qu'il faut être aux petits soins !
Dès que tu commences à savoir monter à cheval, tu peux pratiquer la compétition à n'importe quel niveau. Elle va te faire réaliser que tu es responsable de ce que tu fais. Ce n'est pas de la faute des autres si tu perds ! Elle permet de prendre confiance en toi, d'apprendre à gérer ton stress et à accepter l'échec. Là encore, le cheval est un partenaire très intéressant ; car tu n'es pas seul·e pour affronter le stress et le gérer au mieux. Vous êtes deux !

Le sais-tu ? L'équithérapie propose une équitation adaptée pour les personnes présentant un handicap physique ou mental.

Bobos

VOIR AUSSI
Allergies, Chutes, Pieds et jambes, Sécurité

L'équitation n'est pas sans risque. Courbatures, morsures, irritations… peuvent te pourrir ta leçon ou ton stage. Comment les éviter et y remédier ?

Tête dure

Pour amortir le choc dû à une branche que tu n'auras pas vue venir ou protéger ton crâne en cas de chute, le casque est indispensable… à condition d'être parfaitement ajusté. Sinon, tu risques de te prendre la visière sur le nez. Si tu hésites entre deux tailles à l'achat, choisis le plus petit : le rembourrage va se tasser.

Courbatures

Elles s'installent le lendemain d'un effort intense ou inhabituel. Leur localisation de prédilection : jambes, dos, abdominaux. Un bain chaud suivi d'un massage représente le meilleur des remèdes. Elles disparaîtront de toute façon au bout de deux ou trois jours. Pour les éviter, entraîne-toi et monte régulièrement. Tu peux aussi t'étirer juste après ton effort.

Pauvres adducteurs

Les tendinites apparaissent lors de stages intensifs avec de longues séances de mise en selle sans étriers. Pour les éviter, échauffe-toi, étire-toi et hydrate-toi bien.

Les morsures

Elles sont rares et plutôt localisées à l'épaule. Lave la plaie à l'eau, ou mieux, au sérum physiologique. Désinfecte-la à l'eau oxygénée puis pose une compresse stérile. Vérifie que tu es à jour de ta vaccination antitétanique. Pour éviter de te faire mordre, garde toujours le cheval à l'œil. En général, il prévient en baissant ses oreilles vers l'arrière.

Les fesses

Contre les irritations, choisis un pantalon avec un fond renforcé et une bonne selle. Pas toujours évident quand on est cavalier de club !

Voir aussi
Pansage, Toilettage, Tresses

Boîte à pansage

Brosses, cure-pied, éponge, friandises… la boîte à pansage contient tout ce qu'il faut pour t'occuper de ton cheval. De quoi le rendre beau, propre et… heureux !

Indispensable !

Pas question de courir aux quatre coins de l'écurie pour chercher une vieille brosse qui traîne et qui va coller une maladie de peau à ton cheval ! Il est bien plus intéressant d'avoir une boîte de pansage complète et organisée.

Sac ou boîte ?

Tu trouveras dans les selleries des boîtes en plastique pratiques et qui ferment bien. Si tu en choisis une suffisamment solide, tu pourras même t'asseoir dessus ou t'en servir comme montoir. Un panier, un sac en tissu, une caisse à jouets ou un simple seau peuvent également faire l'affaire.

Son contenu

Au minimum : une brosse dure, une brosse douce, une étrille, un cure-pied, une brosse pour les crins, de la graisse pour les pieds, un pinceau, une éponge et un peigne.
Pour les prévoyants : des lingettes, un désinfectant, des protections, des bandes, un shampoing, une lotion démêlante, un couteau de chaleur, un produit anti-mouches, un chiffon, un gant de mouton pour lustrer la robe, des élastiques pour tresser sa queue, des gants et… des friandises.

Entretien

Nettoie régulièrement tes brosses en les faisant tremper dans un seau d'eau javellisée. Tu peux customiser ta boîte en la décorant d'une jolie tête de poney, en mettant ton nom et/ou celui de ton club…

Le sais-tu ? « Pansage » vient du latin *pensare* qui veut dire « prendre soin de ».

Bonheur

VOIR AUSSI
Besoins

Bien sûr, tu as envie de rendre ton cheval heureux. Mais comment faire ?

De bonnes conditions de vie

Le cheval est un animal sociable fait pour vivre dehors et en groupe. Dans la nature, il marche beaucoup et mange presque toute la journée. Ses facultés d'adaptation sont cependant immenses et il peut rester enfermé dans un box et se contenter de trois repas concentrés. Mais, pour qu'il supporte cet enfermement, il a besoin :

- d'un bon box bien paillé dans lequel il peut s'allonger ;
- d'une vue sur la cour, sur l'écurie ou sur la carrière pour qu'il puisse se distraire ;
- de contacts avec d'autres chevaux. L'idéal est de le lâcher tous les jours au pré ou au paddock avec un de ses copains. Si ce n'est pas possible, veille au moins à ce qu'il soit copain avec ses voisins d'écurie ;
- d'un apport en foin suffisant. Le foin fait partie de son alimentation et en mâchonner l'occupe.

Ce que tu peux faire

Pour rendre un cheval heureux, tu peux :

- le laisser s'exprimer. Chaque cheval a sa personnalité. L'un est timide, l'autre joueur, câlin… Si ton cheval ou ton poney te prend ta brosse au moment du pansage, c'est une invitation à jouer. S'il a besoin de hennir, laisse-le faire. S'il te mordille l'épaule gentiment, il te fait du grooming ! C'est sa façon de se lier d'amitié avec toi. Si tu grondes un cheval qui cherche la communication, tu le déçois. Et même, tu trahis sa confiance.
- le sortir de son box. Et pas uniquement pour travailler ! Une petite promenade en main, quelques minutes de liberté dans le manège, une balade

dans les champs rênes longues... voilà qui lui fera très plaisir.

• le récompenser souvent. Le cheval est très sensible. Il sera heureux de travailler si tu lui fais savoir qu'il le fait bien. Une petite caresse, un compliment, une friandise... cela change tout !

Un travail varié

Tous les chevaux n'ont pas les mêmes aptitudes. Vouloir à tout prix faire sauter tel cheval ou tel poney n'est pas forcément une bonne idée. Il est préférable de l'employer pour ce dont il est doué. Lucien Grüss, le dresseur, ne dit pas autre chose : « Au départ, c'est à nous de discerner ce qu'un cheval peut faire. Il ne fera bien que ce qu'il prend plaisir à faire ! »

La plupart des chevaux ne demandent qu'à faire, et à bien faire. Il suffit d'établir avec eux une vraie complicité. Il faut, si possible, s'en occuper tous les jours, les caresser, les promener, leur parler. Pas question de faire tous les jours la même chose au même endroit ! Des exercices routiniers finissent par ennuyer les chevaux. Comme des élèves en classe, ils dorment ou chahutent si la matière ou le prof ne les intéresse pas. Sois un bon prof et n'hésite pas à sortir du manège ou de la carrière, aborder une nouvelle discipline, respecter le rythme de ta monture et l'encourager. La fin de la séance doit le laisser sur une bonne impression. Il faut terminer par quelque chose que le cheval sait bien faire et le récompenser.

Aux petits soins

Un cheval peut être malheureux parce qu'il a mal au dos, aux dents ou ailleurs. C'est le tapis qui fait un pli, la selle mal dégarrottée, une digestion difficile, la muserolle trop serrée... Quand on sent que le cheval n'est pas bien, qu'il est tracassé ou lassé, le mieux est de le laisser tranquille. Il faudra s'assurer qu'il est en bonne santé, le regarder trotter, contrôler ses pieds, vérifier qu'il a bien été vermifugé, etc. Même s'il ne présente pas de blessure apparente, n'hésite pas à appeler un vétérinaire. La jument en chaleur peut se révéler chatouilleuse. Pas la peine de s'en offusquer. Ça lui passera ! De même, l'été, le cheval assailli par les mouches ou les taons peut être de mauvaise humeur. Une bonne dose de produit anti-mouches suffira à lui rendre sa joie de vivre.

Le bonheur, c'est contagieux !

N'hésite pas à afficher ton bonheur d'être à cheval. Si tu es décontracté·e, souriant·e, relâché·e, ta monture aura plus de plaisir à te porter. N'oublie pas qu'elle ressent tout ! C'est une incroyable éponge à émotions !

COMMENT SAVOIR S'IL EST HEUREUX ?

• Il est en bonne santé avec un beau poil.
• Il s'intéresse à tout.

Booth (Andy)

L'Australien est l'un des ambassadeurs de l'équitation éthologique en France. Pendant plus de dix ans, il a incarné la méthode du Haras de la Cense. Sa complicité avec la zorse Stormy l'a rendu célèbre dans le monde entier.

Parcours

Il est né Australie en 1970. Ses parents étaient fermiers et, très tôt, il a formé des chevaux de travail. À 19 ans, il décroche une bourse pour les États-Unis et va parfaire sa formation auprès de « chuchoteurs » comme Pat Parelli. En 2000, il vient en France débourrer des chevaux, puis devient responsable pédagogique du Haras de la Cense et met au point la méthode La Cense. En 2012, il part s'installer à son compte en région bordelaise avec sa femme Catherine.

Son but

Il faut amener le cheval à comprendre ce qu'il fait. Il peut ainsi répondre aux aides de base sans se stresser. Il devient disponible, calme, courageux et concentré.

Sa méthode

Le travail commence à pied. Le cheval apprend à faire confiance à l'homme, répondre aux demandes des aides et à se connecter à lui. Des exercices progressifs renforcent les liens. Le cheval

STORMY, SA ZORSE

Moitié zèbre, moitié cheval, Stormy est vraiment « le cheval de sa vie ». Andy Booth a eu un mal fou à l'apprivoiser. « Jamais je n'aurai imaginé un animal aussi sauvage. Elle était terrifiée et constamment sur ses gardes, prête à détaler ou à s'opposer. » Pendant dix jours, Andy a campé dans son enclos 24 heures sur 24 pour qu'elle s'habitue à sa présence. Au début, elle était si terrifiée qu'elle courait dans tous les sens sans manger ni boire. Mais petit à petit, il a réussi à gagner sa confiance et tout a changé. Stormy se calmait quand Andy était avec elle et s'énervait quand il s'éloignait. « On a tous un cheval dans la vie qui nous sert de maître. Pour moi, c'est Stormy ! Elle m'a fait comprendre qu'il fallait traiter les chevaux comme les zèbres, en leur parlant poliment et en n'oubliant jamais leur côté sauvage.»

s'initie à répondre à un certain nombre de codes. Puis, les exercices se poursuivent en selle. Le principe est de récompenser le cheval (en arrêtant toute pression) dès qu'il fait un pas dans la bonne direction.

Sa philosophie

« On a trop tendance à vouloir "faire faire" et pas assez à "apprendre à faire" au cheval. Beaucoup de cavaliers veulent à tout prix contrôler leur cheval. Ils ne lui laissent aucune initiative. Il faut laisser au cheval faire des erreurs pour qu'il apprenne. 60 % des chevaux sont gâchés parce qu'ils n'ont pas eu la possibilité d'apprendre. S'il se trompe, il est dans l'inconfort. S'il donne la bonne réponse, il trouve son confort. Je rends les choses bien, faciles. Le cheval apprend en faisant des associations positives ».

Sa citation

« L'objectif est que notre idée devienne celle du cheval. »

Le sais-tu ? Monty Roberts, Ray Hunt, John Lyons, Tom Dorrance, Pat Parelli... sont les pionniers du « Horsemanship », traduit en France par équitation éthologique, les études sur le comportement des chevaux dans un milieu équestre.

Tout de noir vêtus, les écuyers du Cadre Noir présentent des reprises dans le monde entier. Ils sont les gardiens de l'équitation française de tradition.

Une équitation de spectacle

Le Cadre Noir comprend à la fois des écuyers civils et militaires. Composant le corps enseignant de l'IFCE (Institut français du cheval et de l'équitation), les écuyers cherchent à « rendre au cheval monté la grâce des attitudes et des mouvements qu'il a naturellement en liberté ». Ils se produisent en spectacle mais assurent également une mission de formation. Ils montent en moyenne six chevaux par jour !

L'ENE

Créée en mai 1972, l'École nationale d'équitation est située à Saumur. Elle abrite 500 chevaux dans des écuries modernes et dispose de 7 manèges de dimension olympique, de 50 kilomètres de pistes et de plusieurs centaines d'obstacles naturels.

Panoplie

La sobre tunique noire des écuyers fait ressortir la beauté des chevaux et le raffinement des harnachements de gala amarante et or.

Des femmes au Cadre Noir

Aujourd'hui, les femmes ont autant leur place que les hommes et apportent une touche féminine au spectacle.

Les airs relevés

Apparus à la Renaissance italienne, les airs relevés, ou sauts d'école, permettaient de prouver la valeur et la solidité des cavaliers. Il s'agissait d'obtenir du cheval de guerre une soumission parfaite et une très grande maniabilité tout en préparant les cavaliers aux secousses des combats.
La courbette : le cheval se dresse vers le ciel, antérieurs ployés.
La croupade : le cheval exécute une ruade énergique en étendant complètement ses postérieurs.
La cabriole : résulte de la combinaison presque simultanée d'une courbette et d'une croupade. À l'indication du cavalier, le cheval élève l'avant-main, quitte le sol et détache avec force une ruade, postérieurs tendus.

Patrimoine

En 2011, l'UNESCO a inscrit l'équitation française au patrimoine culturel immatériel de l'humanité.

Métier

Pour entrer au Cadre Noir, il faut être instructeur ou équivalent, présenter un dossier de candidature et passer des tests pratiques. Le recrutement est très fermé (six écuyers recrutés en cinq ans) et dépend des départs.

Très jolie croupade exécutée par un écuyer du Cadre Noir.

Le sais-tu ? On appelle « Grand Dieu » l'écuyer en chef du Cadre Noir de Saumur.

« Calme, en avant et droit », la devise du général L'Hotte est affichée dans le grand manège de Saumur. Pas si facile d'obtenir un cheval calme mais à l'écoute. Pas un gros paresseux qui roupille !

Le calme se transmet

Si tu es de nature excitée, nerveuse, si tu ne tiens pas en place, à toi les chevaux calmes ! Ils vont profiter de ton énergie, et toi, tu vas savourer leur calme. En revanche, si tu es d'une nature calme, si tu maîtrises tes nerfs, tu peux monter un cheval plus « speed » ou plus nerveux. Tu vas lui transmettre ton calme. L'attitude d'un cheval dépend donc en partie de son cavalier. Tel cheval très agité entre les mains de Raphaël sera parfaitement tranquille avec Judith !

Zen

Visualise exactement ce que tu vas lui demander. Impossible d'improviser avec un cheval stressé ! Respire calmement. Tu peux aussi parler doucement à ton cheval. Cela va l'apaiser, et te décontracter par la même occasion.

Calme, pas éteint !

Calme ne veut pas dire endormi. Ton cheval doit être à ton écoute. Pour cela, tu peux lui parler, changer sans cesse d'exercice, faire des transitions, des arrêts... Pas question de le laisser aller à sa routine. Motive-le !

Confiance !

Un cheval calme a confiance en toi. Il se sent protégé quand il est avec toi. Il n'a pas peur d'un sac en plastique qui vole, d'un chien qui aboie ou d'un tracteur qui passe. Obtenir la confiance d'un cheval exige du temps, de la fermeté et de la patience. Ensuite, il ne faut surtout pas trahir ton cheval. Prenons un exemple : tu lui demandes de traverser un gué. Il hésite mais il te fait confiance et il s'engage. Si le gué se révèle être un bourbier, ton cheval va se trouver en difficulté et il n'aura plus confiance en toi ! Idem si tu le tapes quand il a peur.

L'échauffement

Il est primordial pour préparer le cheval à l'effort. Il doit être encore plus soigné lorsque le cheval est énervé. Inutile de vouloir monter un cheval excité ou qui est resté enfermé deux jours dans son box. Il ne faut surtout pas entrer dans le cercle vicieux : mon cheval s'énerve, donc je ne le sors pas. Moins je le sors et plus il s'énerve !

Pour le calmer, le mieux est de commencer par le tourner à la longe sans enrênement au pas et au trot. Si ton cheval fait des sauts de gaieté, laisse-le faire puis remets-le en ordre. Tu dois suivre sa bouche avec ta main, céder, prendre, relâcher. Ce travail développe le tact, la patience, la douceur et la concentration. Il faut être avec son cheval à chaque instant.

Détendu, le cheval peut être monté au pas, puis au trot, sur de grands huit de chiffres. Alterne les transitions : pas, trot, pas, arrêt, pas... Puis, tu peux faire des transitions dans l'allure et commencer à incurver un peu ton cheval. Enfin, termine ton échauffement par le galop aux deux mains avec des transitions trot-galop puis des transitions dans l'allure. Laisse souffler ton cheval au pas, rênes longues.

Le fait de changer souvent d'exercice et d'alterner les transitions a un effet calmant sur le cheval.

Ce qui calme les chevaux

- Une musique douce.
- Manger de l'herbe.
- Un travail très varié.
- La présence d'un chat ou d'autres animaux de compagnie paisibles.
- Retrouver leurs repères : par exemple, avant un concours, un cheval se calmera s'il est échauffé toujours de la même façon.
- La voix. Entendre parler les rassure et les apaise.
- Un cavalier serein et sûr de lui.
- Une main « de velours ».
- Des petits sifflements mélodieux.

Ce qui les énerve

- Être séparé des autres chevaux.
- Attendre leur repas.
- Les insectes.
- Le temps orageux.
- Des objets nouveaux dans leur environnement habituel.
- Les cris, les hurlements.
- Une main trop dure, qui bouge ou qui cisaille leur bouche.
- Une assiette qui ne suit pas leurs mouvements.
- L'injustice.
- Se sentir bloqué, par un enrênement mal ajusté par exemple.
- Un cavalier paniqué, peureux ou hésitant.
- Être placé à côté d'un cheval qu'ils n'aiment pas.
- Le vent.
- Certaines odeurs.
- Un échauffement bâclé.

Caractère

VOIR AUSSI
Choix

Des bagarreurs, des peureux, des timides, des paresseux, des appliqués… les chevaux ont tous des caractères différents. C'est ce qui fait le charme de l'équitation !

Merci papa, merci maman !

En l'état actuel des connaissances, on ne sait pas encore distinguer ce qui est purement génétique de ce qui est induit par l'éducation et par l'environnement. On sait seulement que les chevaux ayant le même père ont tendance à reproduire le même type de comportement. Ils sont peureux, agressifs ou tranquilles comme papa ! Mais la mère est tout aussi importante, d'autant qu'elle passe au moins six mois avec son poulain qui la suit partout et l'imite. Selon les chercheurs, la mère joue un rôle de médiateur entre le poulain et l'homme. Si la mère est confiante, le poulain sera confiant.

L'éducation

L'éducation du poulain par l'éleveur conditionne son caractère. Mis en confiance dès les premiers jours, les poulains seront plus faciles à débourrer et plus coopératifs. Mais l'éducation se poursuit tous les jours pendant toute la vie du cheval. Celui-ci doit toujours connaître les limites à ne pas dépasser. Apprends-lui à te respecter comme toi tu le respectes.

Le bon mariage

Chaque cavalier a ses préférences et une façon de monter qui s'accorde plus ou moins bien au caractère du cheval. L'équitation est avant tout une affaire de couple.

Joueur·se et décontracté·e, tu t'accorderas avec un cheval coquin et malin.

Serein·e, tu peux monter un cheval peureux.

Si tu as beaucoup de caractère, tu t'entendras avec un cheval qui a lui aussi du caractère.

Si tu es « cool » mais que tu as de l'expérience, tu peux monter un cheval vif.

Timide et peu sûr·e de toi, prends plutôt un cheval généreux et facile.

Compétiteur·rice, tu peux monter un cheval guerrier et courageux.

Attentif·ve et expérimenté·e, tu vas t'entendre avec un cheval susceptible.

Comment connaître son caractère ?

Au box, tu peux déjà voir si le cheval est curieux, s'il s'intéresse à toi ou bien s'il est timide, voire ronchon. Puis il faut le préparer, le seller toi-même, le monter, le promener en main… Un cheval a le droit d'avoir peur de quelque chose, mais il doit se calmer rapidement. Pour améliorer le caractère d'un cheval, il faut s'en occuper beaucoup, respecter son rythme, l'encourager, varier son travail…

Profils psychologiques en fonction des races

On retrouve souvent un caractère type dans chaque race. Mais attention, tous les chevaux sont différents et… les exceptions sont légion !

- Anglo-arabe : émotif, joueur, parfois distrait. Doté d'un fort influx nerveux, il doit être monté avec tact et finesse.
- Appaloosa : courageux et routinier. Convient à tous.
- Camargue : docile et courageux. Facile à monter.
- Fjord : doux, patient, malin, parfois têtu. Peut être monté par des débutants.
- Frison : docile, gentil. Convient à toute la famille.
- KWPN (Hollandais) : courageux, énergique, facile à monter. Convient à tous.
- Holstein : volontaire, calme et énergique. Pour tous si travail régulier.
- Lusitanien : sociable, équilibré, facile à dresser. Peut convenir aux cavaliers confirmés comme aux débutants.
- Mérens : docile et doux. Il convient parfaitement aux débutants.
- New forest : particulièrement gentil, il apprend facilement. Parfois un peu mou, convient aux débutants.
- Poney français de selle : équilibré, doux et affectueux. Peut, a priori, être monté par tous.
- Pur-sang anglais : vif et sensible, doux et généreux, il aime qu'on s'occupe de lui. Parfois peureux. Convient à des cavaliers qui vont lui demander un travail régulier.
- Pur-sang arabe : proche de l'homme, docile et obéissant. Il convient à tous.
- Pure race espagnole : courageux, il n'a peur de rien. Gai et gentil, il est plein de bonne volonté. Pour tous.
- Quarter horse : coopératif, intelligent et facile à dresser. Convient à tous.
- Shetland : malin, joueur, gentil mais parfois têtu. C'est le meilleur ami des enfants.
- Selle français : facile, régulier et appliqué. Certains sont près du sang. À réserver aux confirmés. La plupart peuvent être montés par tous.
- Trackhener : intelligent, volontaire, vif, sensible, parfois susceptible. À réserver à des cavaliers qui ont de l'expérience, du tact et de la patience.
- Trotteur français : courageux, volontaire, généreux, sociable. Convient à tous.
- Welsh : généreux, intelligent, tonique, sociable. Trop vif pour être confié à un cavalier peu expérimenté.
- Westphalien : doué d'un moral à toute épreuve et facile à monter. Pour tous.

Cascade

Voir aussi
Lorenzo

Tomber, sauter dans une barque, attaquer, traverser le feu… le cheval de cascade sait tout faire.

Le travail en liberté

Certains chevaux sont particulièrement doués pour jouer les méchants, se cabrer et attaquer l'homme. D'autres font des clowneries, se couchent, s'assoient à la demande, tirent la langue…

Les chutes

C'est la spécialité du cheval de cinéma. La plus difficile et la plus dangereuse, c'est le cabré retourné. Le cheval se met debout et tombe en arrière. Spectaculaire !

La haute école

Les chevaux de spectacle apprennent le pas espagnol, la courbette, le passage, la pirouette…

Le feu

Les chevaux prouvent leur confiance absolue dans leur dresseur en traversant le feu ou en se déplaçant au pas espagnol avec un feu aux flammes de plusieurs mètres… sur le dos !

La voltige cosaque

Lancés au grand galop, en ligne droite, les voltigeurs font le poirier, se mettent debout, virent, tournent, sautent à terre puis à cheval…

Sans peur et sans reproche !

« Yes-ta ! », c'est le cri de guerre des cascadeurs. Ce qui signifie : il faut le faire et il faut le réussir. Mais avant de pousser ce

Gros plan sur Mario Luraschi

C'est le cascadeur équestre et le dresseur le plus connu du cinéma. Il a participé à plus de quatre cent vingt tournages et réalisé, à l'automne 2006, la fantastique course de chars de *Ben Hur* au stade de France. Parmi ses derniers films, on peut citer *Les Cavaliers de l'orage*, *Les Brigades du Tigre*, *Les Frères Grimm*, *Jappeloup*… Son leitmotiv : ne rien laisser au hasard. Il ne délègue à personne le soin de tourner un poulain de quatre ans à la longe ! Perfectionniste, il vérifie tout, contrôle chaque action, fignole les détails. Les yeux rieurs, il prend un plaisir jubilatoire à aller au bout de ses rêves de gamin ! Ses chevaux de prédilection sont le pure race espagnole et le lusitanien. « Je les sélectionne pour leurs allures et leur mental. Je ne me bagarre jamais avec eux. Je m'adapte à eux et je travaille. Plus vous travaillez et plus vous rendez le cheval réceptif. » Mario Luraschi a eu quelques frayeurs, des fractures sans conséquence et beaucoup de bleus. A-t-il peur ? « Parfois, un peu. Mais c'est un mélange d'adrénaline et de plaisir. »

Rétablissement *in extremis* par Mario Luraschi et le char de Ben Hur.

cri pour tomber avec son cheval au grand galop, passer sous son ventre ou sauter d'un cheval à l'autre, mieux vaut apprendre les rudiments de la technique !

De nouveaux espaces

Les cascadeurs et les artistes équestres trouvent sans cesse de nouveaux lieux pour s'exprimer, à commencer par… le concours hippique ! Il y a une vingtaine d'années, le public boudait les spectacles équestres. Beaucoup profitaient de l'attraction du jour pour aller déjeuner ou faire un tour. Aujourd'hui, c'est le contraire ! Dans tous les grands concours européens, on fait venir des artistes. En France, le monde des courses en invite d'aussi prestigieux que Lorenzo pour animer les grands prix.

Le spectacle équestre part aussi à la conquête du grand public ; dans les parcs d'attractions, il fait un tabac.

L'artiste, c'est lui !

Toujours mieux préparé, le cheval de cascade est traité comme un sportif de très haut niveau. Chacun de ses gestes est précis, calculé. Mais il ne doit pas être trop soumis ; sa personnalité, respectée, doit éclater sous les projecteurs.

Cavaliers et cavalières professionnels

Être payé pour monter à cheval, c'est le rêve ! Mais le métier est dur physiquement, et pas forcément bien rémunéré.

Devenir un champion, briller sur les terrains de concours, monter des cracks... tu en rêves ! Tu te vois déjà dans les bottes de Pénélope Leprevost ou de Kevin Staut. Mais attention ! Les places sont rares. Seuls quelques cavaliers deviendront célèbres, les autres travailleront dans l'ombre.

Dans l'ombre effectivement, ils prépareront les jeunes chevaux chez un éleveur ou chez un marchand. Ils participeront aux épreuves d'élevage de CSO (cycle classique). Ils pourront également travailler pour un cavalier de première catégorie, s'occupant du renouvellement de l'effectif de l'écurie ou montant les chevaux de propriétaires.

La formation

Pour briguer un poste de cavalier, pas de formation obligatoire. C'est le niveau dans la discipline choisie (dressage, saut d'obstacles, endurance, western) qui va le plus compter. Le Galop® 7 est absolument indispensable. Les meilleurs diplômes sont les résultats en concours. La maîtrise de langues étrangères permet d'envisager une carrière internationale et sera utile en concours ou pour discuter avec des acheteurs étrangers. Le permis poids lourd est recommandé. Il existe des formations notamment le Bac professionnel Conduite et Gestion des Entreprises Hippiques (CGEH) ou Conduite et Gestion des Entreprises Agricoles (CGEA) qui permettent de s'initier aux activités de cavalier. Pour aller plus loin, tu peux suivre une formation de cavalier pour jeunes chevaux au Pôle de formation IFCE - Haras national du Pin ou au centre de formation par apprentissage (CFA) de Rambouillet.

L'avenir

Celui qui est capable de valoriser les jeunes chevaux, de les éduquer et de les rendre utilisables par des amateurs aura toujours du travail. Actuellement, le marché du cheval est essentiellement un marché d'amateurs. Le métier peut évoluer vers celui de coach. Dans ce cas, il faudra passer un diplôme d'état (DEJEPS) ou un diplôme d'état supérieur (DESJEPS) permettant d'entraîner des cavaliers en leur proposant de se perfectionner et de les accompagner en concours. Le cavalier peut aussi évoluer vers responsable d'écurie et gérer un cheptel de chevaux, en assurant les soins (éventuellement avec un soigneur), programmant les sorties quotidiennes, les entraînements avec les propriétaires. Autre possibilité : devenir groom pour soigner, transporter et gérer les déplacements d'un cheval de compétition.

Réservé aux passionnés !

Le métier est dur physiquement. Un cavalier professionnel monte entre sept et dix chevaux par jour. Normalement, il n'a pas à faire les box. Mais il est souvent sur les routes. Son salaire de base chez un éleveur correspond à un bon SMIC avec logement. Il peut également s'installer à son compte. Ce sont alors ses propres résultats en compétition qui lui servent de carte de visite. Dans d'autres domaines que le CSO, on recherche également de bons cavaliers ; c'est le cas de l'endurance, l'équitation éthologique ou la monte western.

Le chiffre

1 000 personnes environ vivent essentiellement de leur activité de cavalier professionnel.

LES QUALITÉS REQUISES :

- avoir de l'expérience en équitation ;
- avoir déjà fait de la compétition ;
- être capable de se remettre en question ;
- être courageux·se ;
- aimer travailler sur le plat.

Le sais-tu ? On estime à plus de 9 000 le nombre d'élèves en formation aux métiers du cheval.

Athlétiques, dotés de belles allures, les grands champions ont quelque chose en plus : la gagne !

Nés pour gagner

Réaliser le mariage idéal, c'est l'idée fixe de l'éleveur. Pour faire naître un crack, chacun procède à de savants croisements entre étalons et juments. L'objectif : coupler les qualités et compenser les défauts. L'éleveur n'hésite pas à remonter aux origines de la jument comme de l'étalon jusqu'à la sixième génération ! Avec un ordinateur, il calcule la probabilité de l'apparition chez son futur poulain de la qualité recherchée. Mais la génétique n'est pas une science exacte. Un crack peut naître de parents ordinaires.

Surveillés

Dès la gestation, l'alimentation de la jument doit être équilibrée afin d'obtenir une croissance harmonieuse. Dans la majorité des élevages, la jument est surveillée dans son box par des caméras vidéo. Les soins (vermifugation, dentisterie, parage*, ferrure) accompagnent le poulain tout au long de sa croissance. Le poulain est pesé et toisé régulièrement. Le vétérinaire adapte son alimentation, prescrit au besoin des vitamines, des compléments alimentaires, une analyse de sang dans les six premiers mois, ainsi que des radios à six mois, dix-huit mois et trois ans. Le poulain doit grandir harmonieusement, mais pas trop vite. Son box, sa stabulation et son pré doivent être parfaitement entretenus, les barrières vérifiées, les crottins enlevés.

Sélectionnés

Pas facile de détecter un champion dès l'âge de quatre ans et de miser sur sa carrière. Les papiers, le modèle, la locomotion du cheval donnent une idée de son potentiel. Puis chaque cavalier se fie à son instinct. En CSO, on apprécie des chevaux de sang et qui ont naturellement le respect des barres. Les cavaliers de complet recherchent des chevaux qui ont du sang, de la force, du courage. Les dresseurs s'orientent vers des chevaux en équilibre, souples, généreux...
Il faudrait aussi pouvoir mesurer leur intelligence, leur faire passer des tests

* Parer les sabots consiste pour le maréchal à les limer. Voir aussi : Fers.

de quotient intellectuel. Pour gagner, il faut comprendre vite et s'adapter à toutes les situations. En tout état de cause, le crack ne se révélera qu'au haut niveau. Il aime se battre. Un cheval est compétiteur ou il ne l'est pas !

Préparés

Une bonne condition physique et un dos musclé sont la base de l'entraînement d'un cheval de sport. Le travail à la longe et les trottings permettent d'assouplir le cheval, de lui muscler son dos, et de lui donner de l'endurance. Le dressage sur le plat est fondamental pour son équilibre, sa musculation et son mental. Chaque cheval demande un travail à la carte selon son âge, sa morphologie, ses difficultés, son mental.

Engagés

La Société hippique française (SHF) organise les cycles classiques, concours pour jeunes chevaux réservés aux professionnels, et les cycles libres pour les amateurs. Ces concours sont progressifs. Les chevaux s'habituent à un maximum de choses : les camions, les drapeaux, les banderoles, les soubassements colorés. À quatre, cinq, six et sept ans, les meilleurs chevaux se retrouvent en finale à Fontainebleau.

Économisés

Gérer sa fatigue, établir un calendrier de concours à sa mesure... les cavaliers mettent un soin méticuleux à planifier la carrière de leur athlète. Ils décident en collaboration avec le propriétaire du cheval, le vétérinaire, et parfois l'entraîneur de l'équipe de France.

Suivis

Comme tous les athlètes de haut niveau, le cheval est fragile. Tout est mis en œuvre pour ménager sa santé et préserver son moral. Le groom a une importance primordiale mais également le maréchal-ferrant, le nutritionniste et le vétérinaire.
Certains chevaux se voient poser des bandes de repos ou ont droit à une séance de quinze minutes sous une lampe à infrarouge. La chaleur vient soulager certaines raideurs et contractures. Puis s'enchaînent massages, parfois avec des ultrasons, marche au pas, argile au besoin...
Leurs dents sont contrôlées, leur ferrure spécialement adaptée. Bref, le cheval champion est régulièrement examiné par le vétérinaire qui sort tout son attirail : radios, prise de sang, examen locomoteur, échographie...

VOIR AUSSI
Achat, Caractère, Papiers

Posséder son propre cheval, c'est le rêve de tout cavalier. Mais comment le choisir ?

Cheval ou poney ?

Grande question ! Tout dépend de ton âge, de ta morphologie et de tes objectifs. Tu peux participer à des concours « poney » jusqu'à dix-huit ans. Après, il te faudra passer aux concours « chevaux », même avec ton poney. Certains cavaliers n'arrivent pas à passer au cheval. Dans ce cas, choisis un poney plutôt grand (juste en dessous de 1,49 m) que tu pourras continuer à monter plus tard. Sinon, passe au cheval.

Quelle race ?

Là encore, tout dépend de tes objectifs. Si tu souhaites une monture de loisir, calme et bien dans sa tête, tu as le choix. Un selle français, un camargue, un frison, un mérens, un trotteur, un barbe, un quarter horse, un henson... de nombreux chevaux te conviendront. Certains reçoivent même le label « Cheval de loisir », décerné par les Haras nationaux. Tu es sûr·e qu'ils sont fiables, courageux, faciles à vivre...
Si tu veux faire du concours hippique, tu vas t'orienter vers un selle français, un belge, un allemand, un hollandais... Pour le dressage, tu auras le choix entre les races allemandes, nordiques, ibériques et, bien sûr, le selle français. En complet, c'est un anglo-arabe, un AQPS (autre que pur-sang) ou un selle français qu'il te faut...

Le caractère

C'est ce qui doit déterminer ton choix. Si tu le peux, oriente-toi vers un cheval facile et bien dressé. N'hésite pas à te faire conseiller par ton moniteur. Inutile de te précipiter. Avec un cheval, on en prend pour 20 ans ! Autant que ce soit 20 ans de bonheur.

À quel âge ?

Le cheval est adulte vers l'âge de 6 ans. À 7 ans, son caractère est bien établi et son dressage ancré. Tu peux juger ses qualités, ses défauts, son caractère. Prendre un poulain de 3 ou 4 ans et le faire « à sa main » est un rêve et une solution économique. Mais le débourrage est une opération délicate exigeant tact et expérience. Il est souvent plus judicieux de confier cette mission à un professionnel (à prévoir dans le budget). Jusqu'à l'âge de 5, voire 6 ans, le travail doit être progressif et bien dosé pour éviter tout problème osseux ou tendineux. Un cheval ou un poney d'âge (vers 12 ans) sait tout faire. Il peut servir de « maître d'école » à un jeune cavalier. Mais il faudra prévoir sa retraite (vers 18-20 ans).

Pour quoi faire ?

Un cheval taillé pour la course n'a pas les mêmes qualités qu'un cheval de haute école. Tu peux toujours le gymnastiquer pendant des heures, tu n'en feras jamais un danseur étoile ! Tous les chevaux ont besoin d'être bien là où on les attend. Le mode de vie proposé au cheval doit également entrer en ligne de compte. Vas-tu le mettre en pension dans ton club ? Seras-tu encadré·e ? Disposeras-tu d'une carrière ? Vas-tu le mettre au pré avec d'autres chevaux ?

Pas de précipitation !

Il est absolument indispensable d'essayer un cheval avant de l'acquérir. Aussi parfait soit-il, il peut très bien ne pas te convenir. Tu dois ressentir des affinités, une attirance envers lui. Au box et en main, ton futur cheval doit être bien éduqué et en confiance. Essaie-le plutôt en filet simple pour mieux le connaître. Généralement, l'essai a lieu en carrière mais tu peux demander à sortir te promener pour apprendre à mieux le connaître. Si tu cherches un cheval d'obstacles, essaie-le sur un parcours complet avec un bidet, des soubassements, une palanque...
Renseigne-toi bien sur son passé et va voir ses résultats sur le site Internet de la FFE (FFE Compet). Demande s'il embarque bien dans un van. Prends ton temps. Essaie plusieurs chevaux. Tu te feras une meilleure idée. N'oublie pas qu'il y a, sur le marché, plus de chevaux à vendre que d'acheteurs. Inutile donc de t'emballer ! Attends d'avoir un vrai coup de cœur ! Évidemment, si tu achètes un poulain, tu ne pourras que l'observer en liberté ou à la longe. C'est un pari ! Quel que soit le cheval que tu recherches, fais-toi accompagner par un cavalier expérimenté ou un professionnel de confiance.

Chaque cheval a ses défauts et ses qualités. Chaque cavalier, aussi. Mais le couple doit être parfaitement assorti.

Le sais-tu ? Les chevaux appartenant à une race représentent 55 % des chevaux en France. Les autres, aux origines non constatées (ONC) ne peuvent pas participer à des concours pour amateurs.

Chutes

Voir aussi
Bobos, Peur, Sécurité

Elles guettent les cavaliers débutants, mais aussi les confirmés qui oublient les consignes de sécurité ou montent de jeunes chevaux.

Non obligatoire !

Non, la chute n'est pas une fatalité ! Contrairement à ce qui se disait autrefois, elle ne fait pas partie de l'apprentissage de l'équitation. Pour les débutants, elle doit être exceptionnelle et elle est souvent due à un mauvais choix de l'enseignant. Soit le cheval est trop difficile pour le cavalier, soit l'exercice demandé est trop compliqué, ou pas assez préparé.

Les confirmés

Plus tu vas progresser, et plus tu peux avoir envie de prendre des risques en montant un cheval plus fougueux ou en sautant des obstacles plus compliqués. Continue de porter un casque, même s'il fait chaud ou si tu connais ta monture par cœur. Les chevaux sont par nature imprévisibles.

Pas de panique !

Pour dédramatiser ta chute et ne pas prendre peur, remonte tout de suite. Si tu n'es pas rassuré·e, demande à ton moniteur un cheval plus tranquille mais prends sur toi et remonte, ne serait-ce que quelques minutes. En revanche, si tu te sens vaseux·se ou si tu as mal, ne t'obstine pas. Inutile de risquer une nouvelle chute.

Gâteau de chute

Une chute, ça se fête ! La tradition veut qu'on apporte un gâteau et des boissons. Cela met de l'ambiance dans le club !

Pour ne pas te faire mal

Vide tes poches. Des clés, un téléphone peuvent te blesser en cas de chute. Sois en forme. Plus on est en bonne condition physique, mieux on encaisse. De plus, la chute guette le cavalier fatigué en fin de séance. Attache toujours tes cheveux pour éviter que le cheval ne marche dessus et même les coince dans ses fers. Ça s'est déjà vu ! N'enfonce pas tes pieds dans les étriers. Tu risques de les coincer dedans et de te faire traîner par les pieds en cas de chute.

Les chiffres

- On compte un accident pour 1 000 heures de pratique.
- Un tiers des accidents chez les jeunes surviennent pendant le pansage.
- Les plus de quarante ans et les moins de quinze ans sont les plus exposés.
- L'équitation arrive sixième dans le classement des sports qui provoquent des blessures après les sports de ballon, le ski, le tennis et le squash, le cyclisme et les sports de contact.

Le sais-tu ? Un panache, c'est une chute avec roulade et renversement du cheval sur le dos.

VRAI OU FAUX ?

1. Il faut mordre la sciure pour progresser !
2. Inutile de mettre un casque pour faire du dressage.
3. Le protège-dos, ou gilet de protection, ne sert à rien !
4. Il faut remonter à cheval tout de suite après une chute pour ne pas dramatiser la situation et être submergée par la peur.
5. Les atteintes de la colonne vertébrale concernent 9 % des accidents d'équitation.

Le gilet de protection

Obligatoire en cross, sur le marathon en attelage et sur le parcours en terrain varié en Trec, il protège la colonne vertébrale en cas de choc. Il doit être parfaitement adapté à la taille du cavalier. À côté du modèle en mousse, il existe un gilet airbag plus souple et qui se gonfle automatiquement en cas de chute. Les mentalités évoluent et l'on voit de plus en plus de jeunes monter en club avec un gilet de protection. C'est d'autant plus important à l'enfance et à l'adolescence lorsque la colonne n'est pas aussi solide qu'à l'âge adulte.

Un mauvais abord…
et le cheval ne peut pas sauter !

Réponses : 1F. 2F. 3F. 4V. 5V.

Club

Voir aussi
Chutes, Sécurité, Stages

Comment choisir le tien ? Tout dépend de ton envie et de tes objectifs.

À cheval ou à poney ?

C'est peut-être la première question à te poser ! La réponse dépend de ton âge, de ta taille mais aussi de tes envies. Ce n'est pas tout à fait la même monte ni les mêmes plaisirs. L'ambiance du club est également très différente. Les poney-clubs sont souvent très joyeux. Mais il faut bien grandir et passer à cheval...

Le plus près

Si tu choisis un club près de chez toi, tu pourras y aller plus souvent. Et tu ne dépendras de personne pour te conduire.

Quelle discipline ?

Les clubs affichent souvent leur préférence : saut d'obstacles, randonnée, dressage, voltige, horse-ball, western, endurance... Si tu veux faire de la randonnée, vise un club qui fait des balades. Si tu veux faire des concours, précise-le bien. Certains clubs emmènent leurs élèves en compétition, d'autres ne s'y intéressent pas du tout.

Ta première impression

Le premier contact, même par téléphone, est important. Tu vas passer des heures et des heures dans un club ! Tu as envie d'être bien accueilli·e par une personne souriante que tu n'as pas l'impression de déranger. Observe bien l'environnement, la propreté du club, l'état de la sellerie, l'entretien des écuries... N'hésite pas à poser des questions : y a-t-il un club-house ? Comment sont les sanitaires ?

Le sais-tu ? Des labels sont délivrés par la Fédération Française d'Équitation : « École française d'équitation », « Centre de tourisme équestre », par exemple, et sont un gage de qualité.

Petit ou grand club ?

Chacun a ses avantages et ses inconvénients. Tout dépend de ton état d'esprit. Dans un petit club où tout le monde se connaît, tu trouveras une ambiance plus familiale. Mais les installations seront moins importantes (carrière plus petite, chevaux moins nombreux à monter). Dans un grand club, tu auras plus de possibilités, sans doute des groupes de niveau plus homogène, mais l'ambiance y sera peut-être moins conviviale. En fait, il n'y a pas vraiment de règles. Ce sont les enseignants qui donnent le ton. Au moment de choisir ton club, précise bien si tu veux te retrouver avec des jeunes de ton âge.

6 conseils de l'Encyclo

- Fixe-toi un objectif pour l'année. Tu peux avoir envie de passer un Galop®, d'être capable de partir en randonnée, de participer à tes premiers concours, de passer à cheval...
- Inscris-toi dans une reprise correspondant vraiment à ton niveau. Si la reprise est trop forte, tu risques de te faire peur et de rester sur le côté. Si elle est trop faible, tu vas t'ennuyer !
- Si tu ne peux monter qu'une fois par semaine, essaie de faire des stages pendant les vacances.
- Investis-toi dans les activités du club. Dans un bon club, l'ambiance est terrible !
- N'hésite pas à poser des questions à ton moniteur et demande des explications. Plusieurs méthodes permettent d'arriver au même résultat. Tu dois les comprendre !
- Lis des livres, des magazines. Regarde des DVD, bref, entre vraiment dans l'univers cheval. Plus tu le découvriras, et plus tu seras passionné·e !

La cavalerie

Va sur place et inspecte l'état des chevaux. Sont-ils bien ronds ou tout maigres ? Attention : il peut y avoir un ou deux chevaux vieux, maigres et à la retraite que le club continue à garder par respect pour les années passées.
Regarde si la litière est propre. Elle peut être en paille ou en copeaux. Elle doit être suffisamment épaisse pour que les chevaux puissent se reposer en se couchant, et changée régulièrement afin qu'ils ne pataugent pas dans le crottin.
Un cheval ou un poney heureux a l'œil vif. Il est attentif à tout ce qui se passe autour de son box. Il aime les humains et vient chercher les caresses.

La sécurité

Assiste à une reprise. Si le moniteur hurle à tue-tête au milieu du manège et que plusieurs cavaliers se retrouvent par terre, passe ta route ! Jette un coup d'œil à la carrière. Le sol est-il correct et bien entretenu ? Il ne doit pas y avoir trop de trous. Si tu optes pour la randonnée, y a-t-il des routes à traverser, si oui, les chevaux sont-ils habitués ? D'autres petits signes peuvent t'alerter : le non port du casque, des gens qui fument dans les écuries...

Ce sont des douleurs abdominales qui peuvent être très dangereuses. Elles sont la première cause de mortalité du cheval.

Les symptômes

Le cheval retrousse sa lèvre supérieure, il gratte le sol avec son sabot, s'agite, regarde ses flancs. Il peut transpirer, se coucher brutalement. Parfois, il ne tient plus debout, souffre, se tape la tête contre les murs, se campe. Son pouls passe à 60-100 pulsations et plus par minute.

Les causes

On appelle coliques les douleurs abdominales. Leurs causes sont multiples. Il peut s'agir d'un changement brutal d'alimentation, d'aliments altérés (moisis), d'une trop grande quantité de nourriture par rapport au travail demandé, des suites d'un grand stress, d'absence d'eau propre ou d'irrégularité dans les repas.

Les différentes coliques

Les plus courantes et les moins graves sont dues à une production excessive de gaz dans l'intestin. Les coliques d'obstruction se produisent quand il se forme une sorte de « bouchon » de nourriture qui s'oppose au transit. La torsion de l'intestin est le cas le plus sérieux. Une intervention chirurgicale peut être nécessaire.

Que faire ?

Appelle immédiatement le vétérinaire. Enlève du box toute la nourriture, y compris le foin. Places-y une litière épaisse et de bonne qualité qui lui évitera de se blesser s'il se roule ou se débat. Si sa litière est en paille, mets à ton cheval une muselière (un licol sur lequel est attaché un panier en plastique) pour l'empêcher de manger. S'il fait frais, couvre ton compagnon. Si possible, fais-lui administrer un antispasmodique.

Non, il ne sert pas à embellir ton cheval, mais plutôt à retenir la selle ou... à t'aider !

Antiglisse

En montée, ta selle peut glisser vers l'arrière. En descente, elle peut se déplacer vers l'avant. Pour éviter qu'elle ne bouge, tu peux donc utiliser une « bricole » ou un collier de chasse à l'avant – et une croupière à l'arrière. Ces pièces de harnachement sont plus ou moins nécessaires selon la morphologie des chevaux.

Pour les poneys et le polo

La bricole est une courroie passant autour du poitrail du cheval et fixée, selon les modèles, à la sangle ou à la selle.

Pour le saut

Le collier de chasse est surtout utilisé lors d'efforts importants comme le saut d'obstacles. Il comprend deux courroies qui passent autour de l'encolure pour se fixer à des anneaux au niveau de la selle, et une troisième qui passe sous le poitrail, entre les jambes, pour se fixer à la sangle.

Comment fixer un collier de chasse ?

Quand il est en place, veille à ce qu'il laisse suffisamment d'espace aux mouvements du poitrail. Tu dois laisser la hauteur de quatre doigts entre le collier et le haut de l'encolure.

Le collier simple

Simple courroie entourant l'encolure, il peut aider les débutants à se rééquilibrer lors du saut et à ne pas agiter leurs mains. Il a aussi pour effet de ralentir le cheval tout en préservant sa bouche. Le collier western, en cuir ouvragé, est plus lourd et ne convient qu'aux selles western.

Le sais-tu ? Le collier « free jump » est constitué d'une fausse bricole, de deux élastiques et de deux poignées en T.

Communication

VOIR AUSSI
Bonheur

Le cheval est un grand communicant. Il ne demande qu'à entrer en relation avec nous. Voilà quelques trucs pour établir le contact.

La relation se construit jour après jour.

Prends ton temps

Il faut du temps pour construire une relation solide. On a tendance à aller trop vite avec un cheval. Souvent, on n'a qu'une heure pour le monter. Alors, on le bouscule, on le presse et on ne prend pas le temps de l'écouter, de le regarder. Or, pour le cheval, le temps ne compte pas. Il n'a pas de rendez-vous ! Au box, ses journées sont longues. Il s'ennuie. Arrive au moins une demi-heure, voire une heure avant de monter. Même avec un cheval de club, la leçon est conditionnée par ce qui se passe avant. Si la rencontre est positive, cela change tout !

Le sais-tu ? Le cheval utilise toutes les parties de son corps pour communiquer.

Fais-lui plaisir

Les chevaux sont particulièrement sensibles à la gentillesse. Un petit massage du dos, des gratouilles au garrot ou à l'arrière-main, une douche quand il fait chaud, la chasse aux mouches plates en été, une carotte... N'hésite pas à lui offrir des petits plaisirs. La caresse est un excellent moyen d'entrer en communication avec lui et de voir comment il réagit à ton contact. Attention, qui dit caresse ne dit pas claque. La claque, le cheval la supporte par habitude ou par résignation !

Sois cool

Pour mettre en confiance un cheval, une respiration régulière est plus rassurante qu'une respiration saccadée. Parle-lui calmement, fais des gestes lents, avec un regard apaisant, en lui souriant.

Respecte sa personnalité

Chaque cheval a son caractère, son histoire, ses goûts. Il est très important de le laisser s'exprimer. Ne sois pas toujours en train de dire « non ! » s'il prend la brosse, s'il donne un petit « coup de cul » de joie, s'il hennit... Au contraire, encourage-le !

N'hésite pas à dire merci

Une caresse, une friandise, quelques mots d'encouragement peuvent changer la vie d'un cheval. Tout devient plus amusant, plus intéressant !

Sois créatif·ve...

Le cheval n'est pas toujours passionné par ce que tu lui demandes. Peut-être préférerait-il brouter de l'herbe ? À toi d'essayer de l'intéresser en lui enseignant des petits tours, en variant les exercices, en l'amusant.

... Et attentif·ve

Pour qu'un cheval t'écoute, tu dois être avec lui, ici et maintenant. Pas question de répondre à ton téléphone portable ! Reste connecté·e avec ton cheval !

Trois canaux de communication

La parole, le geste et le toucher sont les trois canaux de communication avec un cheval. À utiliser dans le bon ordre : communication sonore, puis visuelle, puis tactile. Cette succession rend plus facile et moins stressante l'approche du cheval par l'homme.

La voix est l'aide la plus facile à utiliser, qu'on soit débutant ou confirmé. Grave, douce et traînante, elle ramène au calme. Claquante ou sévère, elle réprimande. Tonique, elle encourage...

Les chevaux communiquent entre eux par des gestes et des postures. Les nouveaux maîtres ont disséqué ce langage pour établir une communication gestuelle avec le cheval. Même si on ne pratique pas cette équitation dite éthologique, force est de reconnaître que les gestes nous trahissent. Enfin, le sens du toucher est le principal moyen de communication avec son cheval, ce grand sensible... Une mouche qui se pose sur lui le fait frémir !

Complet

C'est la discipline la plus… complète ! Elle comprend une épreuve de dressage, un cross et un concours de saut d'obstacles.

Le cross

Le cross est l'épreuve reine du concours complet, la plus spectaculaire, la plus athlétique aussi. Elle consiste à parcourir entre 1 200 et 4 200 mètres dans la nature tout en sautant des obstacles naturels et fixes. La reconnaissance du cross est un moment très important. L'idéal est de se faire accompagner d'un coach ou d'un cavalier plus expérimenté. Pour un parcours long, il faut compter deux heures pour faire une bonne reconnaissance, découvrir chaque obstacle et le retenir. Marche d'un bon pas afin d'avoir une vue d'ensemble du parcours. Puis reviens pour étudier les combinaisons, obstacles constitués de trois à cinq éléments numérotés A, B, C… faisant partie d'un tout. Ils doivent être négociés dans le bon ordre. Lorsque deux options sont proposées, l'une est plus facile mais prend plus de temps. Il faut choisir en fonction des possibilités et du niveau de son cheval. Une fois qu'on a choisi une option, il faut s'y tenir. Pas d'improvisation ! Tout doit être bien calé à l'avance. Repère les tronçons du parcours où tu pourras prendre de l'avance.

Les obstacles

Certains obstacles sont particulièrement impressionnants, comme les passages de gué avec un saut dans l'eau en entrée, les contrebas et les buttes.

Le contrôle vétérinaire

À l'arrivée, un vétérinaire examine l'état général du cheval avant de l'autoriser à rentrer aux écuries. Le lendemain du cross, les trois juges du « jury du terrain », assistés du vétérinaire, vérifient l'état général du cheval. En fonction de son état, le cheval peut ou non poursuivre le concours.

Le cheval

Le concours complet exige un cheval courageux et possédant beaucoup d'allant. Les races les mieux disposées sont l'anglo-arabe, le selle français, l'AQPS (Autres Que Pur-Sang)… Le cheval est protégé avec des guêtres, des cloches et éventuellement des genouillères. Ses fers sont cramponnés si le terrain est glissant. Il doit être rapide et capable de maintenir une vitesse régulière. En cross, la vitesse demandée dépend du niveau des épreuves et du fait qu'il s'agit d'un cheval ou d'un poney : entre 450 et 570 mètres par minute pour les chevaux ; entre 325 mètres par minute

TU AIMERAS LE COMPLET SI :

- tu es courageux·se ;
- tu aimes les sports de plein air ;
- tu adores les sensations fortes.

Le sais-tu ? CCE, c'est le sigle de Concours Complet d'Équitation.

pour les poneys B et 500 mètres par minute pour les poneys D en épreuve de grand prix.

Ta tenue

Pour le cross, tu porteras un polo, un porte-dossard, un casque, un protège-dos conforme à la norme européenne, des bottes foncées. Pour le dressage et le CSO, tu te conformeras aux tenues habituellement portées dans ces disciplines. En CSO : casque, veste ou blouson, culotte claire, bottes foncées. En dressage : veste, casque, culotte claire et bottes foncées.

Le gué

C'est l'obstacle qui attire le plus de spectateurs et teste la franchise des chevaux. Il met souvent le cavalier en situation d'acrobate ! Il fait moins de 35 cm de profondeur. Sa largeur atteint 6 mètres. Dans les épreuves simples, l'entrée se fait par une plage en pente douce. Dans les épreuves plus difficiles, on saute directement dans l'eau par un tronc, un contrebas... Pour corser le tout, un obstacle peut être ajouté au milieu du gué ou à sa sortie. Le cavalier de complet aborde le gué avec peu de vitesse mais beaucoup d'impulsion. Il bascule son poids en arrière à la réception pour éviter à son cheval de boire la tasse.

Musclé, endurant et courageux, le cheval de cross est un guerrier.

Le sais-tu ? Cette discipline a été conçue par les militaires en 1902.

Connemara

Célèbre pour son coup de saut, ce poney irlandais est un sportif polyvalent.

Un Irlandais

Il est originaire du Connemara, une très belle région située sur la côte occidentale de l'Irlande du Sud. On trouve chez lui du sang oriental (barbe et pur-sang arabe) et ibérique. Habitué à vivre en liberté dans une contrée accidentée, austère, sauvage et montagneuse, parsemée de lacs se confondant avec l'océan, le connemara a acquis une résistance légendaire. Le froid, le vent, les tempêtes... il supporte tout ! De plus, il a été entraîné à sauter les murs de pierres qui séparaient les herbages à brouter dans son île natale.

Champion de saut

Rustique et endurant, il se contente d'une nourriture frugale. Sportif, il est capable de fournir de gros efforts. Il est particulièrement doué pour le saut d'obstacles. Mais il touche à toutes les disciplines avec brio. Il peut même être monté par des adultes.

Il peut vivre dehors toute l'année. Il a un très bon caractère. Il est à la fois intelligent et placide.

Craquant

Assez grand (de 1,28 m à 1,48 m), il est compact et équilibré, avec une tête moyenne et des yeux doux. Son dos et son arrière-main sont forts et musclés. Ses robes : gris, noir, isabelle, rouan, alezan, palomino, bai. Robes non admises : pie, crème aux yeux bleus. Certains sujets présentent une raie de mulet le long de l'épine dorsale.

Dexter, la star

Blanc comme la neige, Dexter Leam Pondi est un rêve de poney. Naturellement élégant, il se déplace comme un prince. Il n'a aucun défaut et quand il nous regarde avec sa très jolie tête aux yeux expressifs et ses ganaches bien rondes, on craque !

Il est le poney connemara le plus célèbre de ces dernières années.

Dominant, l'étalon blanc ne supporte pas la contrainte. C'est un rebelle ! Sûr de lui, il a du culot à revendre et n'a peur de rien.

C'est aussi un poney intelligent et joueur. Frimeur, il aime secouer la tête après un saut et faire des bonds de joie. Il adore le public et les applaudissements. Un vrai cabot !

Il a tout gagné et a même été élu cheval Hermès de l'année 2003. Il a arrêté sa carrière en 2007 suite à des blessures.

Anecdote

On raconte que les Irlandais mettaient du fer dans l'abreuvoir de leurs poneys pour les rendre encore plus costauds !

Célébrité

Orient de Frébourg, champion de CSO dans les années quatre-vingt-dix sous la selle de Patrice Delaveau, était le fils d'une mère connemara et d'un père selle français. Il était réputé pour sa vitesse et son intelligence.

En France

Le connemara est élevé un peu partout en France, et particulièrement en Basse-Normandie, en Bourgogne, dans le Morvan et en Bretagne. Il est également croisé avec des poneys français de selle.

Robuste, le connemara est un sauteur-né.

Le sais-tu ? Les Irlandais disent que le connemara s'entretient comme un poney et se monte comme... un cheval !

Courses

L'un trotte, l'autre galope. Le trotteur français et le pur-sang anglais sont les rois des hippodromes.

Le pur-sang anglais, le plus rapide

Taillé pour la course, le pur-sang a une silhouette longiligne, une petite tête, une arrière-main solide et la peau très fine. Ses allures sont élastiques et gracieuses. Vif et nerveux, c'est un cheval généreux. Il donne sans compter ! Il galope à 60 km/h. Il a été conçu par les Anglais au XVIIIe siècle. Il doit son origine à Sham, un étalon barbe venu d'Afrique du Nord qui est passé de main en main et a même tiré une charrette avant d'être reconnu pour ses qualités et rebaptisé Godolphin Arabian.

Le trotteur français, star de Vincennes

C'est un cheval compact de taille moyenne, courageux et volontaire, puissant et athlétique avec une poitrine très ouverte, des jambes longues et une épaule un peu inclinée permettant d'aller chercher loin le terrain. Au trot, il atteint les 50 km/h.

Les paris

Les parieurs misent de l'argent, donnent un pronostic et gagnent s'ils ont donné la liste des gagnants dans l'ordre ou dans le désordre.

Les courses en chiffres

- 240 hippodromes ;
- 30 600 chevaux ;
- 18 200 courses par an ;
- 9,5 milliards d'euros générés par le jeu par an.

Le sais-tu ? Parmi les courses les plus prestigieuses, le Grand Prix d'Amérique pour le trot et le prix de l'Arc de Triomphe pour le galop.

Courses et jockeys

Le jockey est un sportif de haut niveau qui poursuit un objectif : conduire le cheval à la victoire.

Sportif

On l'appelle également « pilote » comme dans les courses automobiles. Il monte cinq à six chevaux par jour sur le plat (au galop) ou en course d'obstacles. Rémunéré au cachet, il se déplace sur les hippodromes en France et à l'étranger en fonction des épreuves. Les étriers chaussés très courts, il monte en équilibre à quelques centimètres au-dessus de la selle.
Pour monter en course, il endosse sa tenue de lumière : une culotte blanche, des bottes vernies noires, un gilet de protection, un casque, une casaque (veste en soie) et une toque aux couleurs du propriétaire.

Régime

Le jockey doit faire très attention à son alimentation. Pour le plat, il faut peser entre 46 et 54 kilos pour 1,55 m. Pour les courses d'obstacles, il peut peser jusqu'à 60 kilos pour 1,60 m maximum.

Les « ordres »

L'entraîneur donne les dernières recommandations (les ordres) au jockey dans le rond de présentation. Avec certains chevaux, il faut partir vite, avec d'autres, il faut rester un peu en retrait...

Un bon départ

Le pilote mène son cheval dans sa stalle selon un ordre établi par tirage au sort. En fonction du caractère du cheval, il le rassure ou lui met la pression. C'est très important de prendre un bon départ. Au maximum seize chevaux peuvent prendre le départ. Les épreuves se disputent sur des distances comprises entre 800 et 4 000 mètres.

Formation

Avant de devenir jockey, tu commences par monter les chevaux à l'entraînement et à entretenir les box dans une écurie de courses (lad, jockey ou cavalier d'entraînement). La première voie d'accès est le CAP agricole de Lad cavalier d'entraînement qui se prépare en apprentissage. Après la troisième, tu peux passer le CAPA de Lad cavalier d'entraînement. Au final, 5 % deviendront jockeys.

Le sais-tu ? L'équivalent du jockey pour les courses de trot attelé est le driver.

Unies, écossaises, western, avec ou sans liseré... les couvertures rivalisent de confort et de style !

Les chevaux qui vivent à l'écurie sont le plus souvent tondus pour éviter qu'ils ne transpirent en travaillant puis attrapent froid. Il arrive aussi que l'on couvre les chevaux que l'on ne souhaite pas tondre, dès l'arrivée des premiers froids, pour que leur poil ne pousse pas trop.
Ces chevaux ont besoin d'une bonne couverture bien douillette et à leur taille. Pour cela, tu dois mesurer la hauteur de ton cheval et la longueur de son dos, de la base de l'encolure à la queue. Selon la météo, il faut enlever ou changer de couverture.

Des matières nobles

En fibre polaire, matelassée style doudoune, en laine, la couverture doit être confortable, bien ajustée et... souvent retirée. Tous les jours, il faut la secouer, l'aérer et, de temps en temps, la nettoyer ou la donner au pressing.

Pour le pré

Le cheval tondu qui va au pré a droit à une couverture imperméable, bien couvrante, dans un tissu indéchirable. Pour plus de confort, tu peux lui en mettre une en fibre polaire pour la nuit à l'écurie. Non tondu, le cheval n'a nul besoin d'une couverture imperméable pour la pluie. Son poil le protège suffisamment.

Quelle coupe ?

Tout dépend des conditions de vie de ton cheval. Plus la découpe d'encolure est haute et plus le cheval est au chaud. Le modèle col roulé remonte jusqu'au trois quart sur l'encolure. Sois très attentif·ve à l'appui de la couverture au niveau du garrot. Elle ne doit pas irriter ce dernier. La plupart des modèles proposent un padd en mouton ou en néoprène intégré au niveau du garrot pour éviter de le blesser.

Les attaches

Surfaix séparés, sur-sangles intégrées croisées, sangles de jambes... plusieurs systèmes coexistent. À toi de vérifier régulièrement que la couverture ne tourne pas. Dans les modèles de luxe, des sangles croisées et élastiques passent dans une bavette en molleton qui vient protéger et recouvrir le ventre. Ingénieux, ce système évite au cheval de se bloquer une jambe et lui permet de se rouler sans risquer d'ouvrir les boucles.

Le couvre-reins

Avant le travail et lors du retour à l'écurie, tu peux mettre un couvre-reins si ton cheval est rasé. Tu lui enlèveras quand il sera échauffé. En fibre polaire avec découpe de selle et fermeture Velcro sur le garrot, il peut se placer sans enlever la selle ni désangler.

Tondre ou ne pas tondre ?

Le cheval est doté d'un système naturel de thermorégulation ultra-performant. S'il est bien nourri et garde son poil d'hiver, il n'a nul besoin de couverture. Il peut frissonner s'il vente ou s'il fait très humide. En se dressant, les poils lui fournissent une bonne isolation. Son corps sait se défendre contre les différentes variation de température.
Si tu es un·e cavalier·ère de loisir ou si tu montes en extérieur, inutile de tondre.
La tonte est à réserver aux chevaux qui travaillent en manège ou font des concours indoor.
Pour les autres, c'est plus une question de mode et d'habitude que de bien-être.

Le sais-tu ? Les chevaux supportent bien le froid s'ils ne sont pas rasés. Leur poil d'hiver leur sert de couverture naturelle.

VOIR AUSSI
Natte (de queue), Toilettage, Tresses.

Rien n'est plus joli qu'un cheval bien toiletté. À tes peignes !

La bonne coupe

Chaque cheval a son look ! Un fjord porte la crinière en brosse. Un frison, ou un ibérique, garde la crinière la plus longue possible. Un selle français de concours hippique porte la crinière courte. À l'intérieur d'une même race, la longueur doit être en harmonie avec l'encolure. Si l'encolure est frêle, une crinière mi-longue pourra masquer ce défaut. La coupe courte met en valeur une belle encolure musclée. Si le cheval vit au pré, il a besoin d'une crinière assez longue pour le protéger du froid, de la pluie et des insectes. Bref, regarde bien ton cheval ou ton poney avant de te lancer.

Comment t'y prendre ?

La coupe aux ciseaux est très difficile à réussir mais elle est plus respectueuse que celle que l'on pratiquait autrefois au peigne en arrachant les crins. Tu peux couper les crins de la têtière pour éviter qu'ils ne s'emmêlent dans le filet : coupe environ l'équivalent de trois doigts de longueur (cinq centimètres). Si tu manques de patience, tu peux acheter un peigne coupant ; le résultat est acceptable.

Des crins démêlés

Prends une brosse à crinière (ou à cheveux) et vas-y doucement, sans arracher les crins. Si la crinière est très emmêlée, sois patient·e. Tu peux vaporiser du démêlant. Évite de le faire le jour où tu as l'intention de désépaissir la crinière. Les crins devenus trop lisses n'offriraient plus une bonne prise au peigne !

Une queue bien entretenue

La bonne longueur se situe aux deux tiers du canon. Mais tout est affaire de goût ! Si ton cheval possède une queue bien fournie, pas de problème. Si la queue se résume à trois malheureux crins, mieux vaut la raccourcir un peu. Elle prendra plus de volume. La queue se coupe aux ciseaux, tout simplement.

L'épilation, aïe, aïe, aïe !

Une queue bien épilée à sa base, c'est joli mais ça fait mal et le cheval ne comprend pas forcément pourquoi on lui tire les crins. Il s'en moque, lui, d'avoir une queue en pétard ! Pour un concours, tu peux te contenter de brosser les crins du haut de la queue en t'aidant d'un produit lustrant qui les fixera.

Crinière double

Si les crins de ton cheval tombent de part et d'autre de l'encolure, il n'est pas facile de les discipliner ! Arme-toi de patience ! Tous les jours, remets les crins du même côté. Choisis plutôt le côté de la naissance de la crinière au garrot ou celui qui compte le plus de crins. Pour t'aider, tu peux faire des tresses d'écurie que tu fais retomber du côté voulu. Mouille un peu les crins, ne serre pas trop tes nattes et laisse-les trois ou quatre jours de suite. Pense à dénatter ton cheval au moins un jour avant une présentation ou un concours pour ne pas monter un cheval frisottant. Recommence l'opération de temps en temps. Enfin, évite de trop raccourcir la crinière. Un peu de longueur permet une meilleure mise en place.

Le toupet

Le toupet se raccourcit à la main et jamais aux ciseaux. S'il est long et dense, tu peux le raccourcir en forme de « V », la pointe du « V » reliant la ligne médiane qui part entre les deux yeux. La plupart du temps, tu n'as pas besoin de toucher au toupet. Tu te contentes de le démêler.

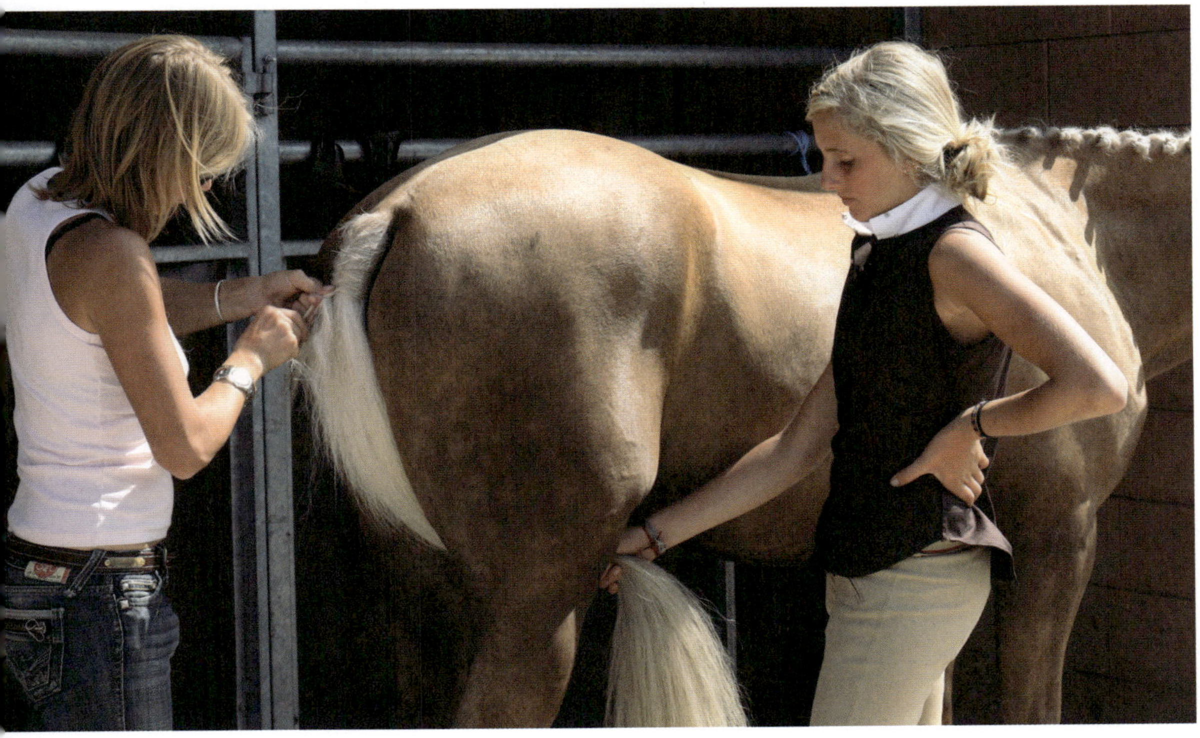

Le sais-tu ? Les poils du bout du nez s'appellent les vibrisses. il ne faut pas les couper car les chevaux s'en servent pour reconnaître les objets.

Et frotte, et frotte ! Faire les cuirs, c'est indispensable pour la beauté du cheval, ta sécurité, et la sienne !

À quoi ça sert ?

S'il n'est pas entretenu, le cuir devient dur, raide et cassant. Une rêne peut casser brutalement ! La boue agglutinée sur la sangle peut blesser ton cheval par frottement…

À faire chaque fois

Après chaque séance, donne un petit coup d'éponge humide imprégnée de savon glycériné. Tu peux également le faire sur tes chaps ou tes boots en cuir. Nettoie le mors, les protections et les cloches sous l'eau. Fais-les bien sécher au soleil ou à la maison.

LE GRAND NETTOYAGE

Une fois par mois, démonte tout,

Tes outils :

• une éponge

• un savon glycériné, soit solide, soit liquide

• de la graisse

1. **Démonter le filet**
Oblige-toi à le faire de temps en temps pour un nettoyage complet. Si tu as peur de ne pas pouvoir le remonter, installe-toi sur une grande table et place les différentes parties exactement comme elles sont disposées. Par exemple, détache les rênes et sépare-les. Détache le mors et place-le au milieu des rênes. Une fois enlevée, la têtière se mettra au-dessus du mors, et les montants de chaque côté.

2. **Laver le mors**
Fais tremper le mors dans l'eau et nettoie-le avec une éponge. Tu peux enlever les saletés ou l'herbe séchée avec la partie qui gratte de l'éponge.

3. **Décrasser le cuir**
Prends une éponge, mouille-la, essore-la et passe-la sur du savon glycériné. Ensuite, nettoie les deux côtés de chaque morceau de cuir. Passe régulièrement ton éponge

nettoie et graisse.

• une vieille brosse à dents ou une brosse à ongles

• un chiffon propre

sous l'eau. Pour enlever la crasse accumulée, tu peux prendre une brosse à dents ou à ongles.

4. **Essuyer chaque pièce**
Tu peux ensuite essuyer chaque pièce du filet avec un chiffon... ou attendre que cela sèche ! Si le cuir est sec, passe ensuite une graisse pour cuir ou de l'huile de pied de bœuf avec un chiffon ou un pinceau. La plupart du temps, le savon glycériné est suffisant.

5. **Remonter le filet**
C'est facile si tu as tout laissé dans l'ordre sur la table. Attention, la sous-gorge se boucle à gauche ! Si tu es perdu·e, va chercher un autre filet pour prendre modèle sur lui.

6. **La selle**
Pose la selle sur un tréteau. Démonte la sangle et les étrivières. Nettoie le tout au savon glycériné, puis graisse.

Le sais-tu ? Les selles et les filets en synthétique doivent simplement être lavés à l'eau.

Débourrage

VOIR AUSSI
Poulains

Débourrer un cheval, c'est lui apprendre à accepter un cavalier sur le dos et à répondre aux aides. Un moment déterminant pour un poulain.

La formation du poulain se fait en douceur.

À QUEL ÂGE ?

En général, les chevaux de selle sont débourrés vers l'âge de trois ans pour profiter de leur gentillesse, puis ils sont remis au pré jusqu'à l'âge de quatre ans. Les chevaux de course, eux, sont débourrés dès deux ans.

La préparation

Un poulain habitué à l'homme, au licol, marchant en main, donnant ses pieds et qui a l'habitude d'être pansé et attaché, est, déjà, à moitié débourré. Les bonnes manières doivent être apprises tôt ! Si on « oublie » le poulain dans son pré, il sera beaucoup plus difficile de l'éduquer. Le jeune cheval risque de se rebeller avec violence. Or, vers trois ans, il est déjà très fort ! Deux périodes favorables pour établir la communication : de la naissance à environ six semaines, puis au moment du sevrage.

La première fois

De nombreuses méthodes existent mais elles sont, aujourd'hui, douces et progressives. Terminés les débourrages à la cow-boy où l'on « cassait » le cheval. Le dresseur prend désormais son temps. Il travaille le poulain à pied et à la longe. Puis il l'accoutume progressivement à la selle et au poids d'un cavalier.

Un moment crucial

Le cheval est un grand sensible qui a beaucoup de mémoire. Il est très important de ne pas le traumatiser au moment du débourrage. Il se laissera plus facilement guider par une voix rassurante, et beaucoup de récompenses ! Le dresseur doit être calme et sûr de lui.

Une bonne bouche, c'est capital pour un cheval ! Un cheval doit être vu une fois par an par un vétérinaire ou technicien dentaire équin.

Rôle

Les dents du cheval poussent de façon continue pendant toute sa vie. Mais elles ne s'usent pas toutes de la même manière. Le dentiste va niveler les dents, les détartrer, retirer une surdent qui pousse à la surface des molaires...

Formation

Les soins des dents peuvent être confiés au vétérinaire. L'avantage : celui-ci a le droit et la compétence de tranquilliser un cheval stressé ou méfiant. Un technicien dentaire équin peut également faire ce travail, mais sans utiliser de tranquillisant pour les chevaux.

Des centres de formation au métier de technicien équin sont reconnus par la Fédération française des techniciens dentaires équins.

Les contraintes

Le technicien dentaire équin fait des milliers de kilomètres pour visiter ses clients. Le métier n'est pas reconnu en France et ne possède aucun statut.

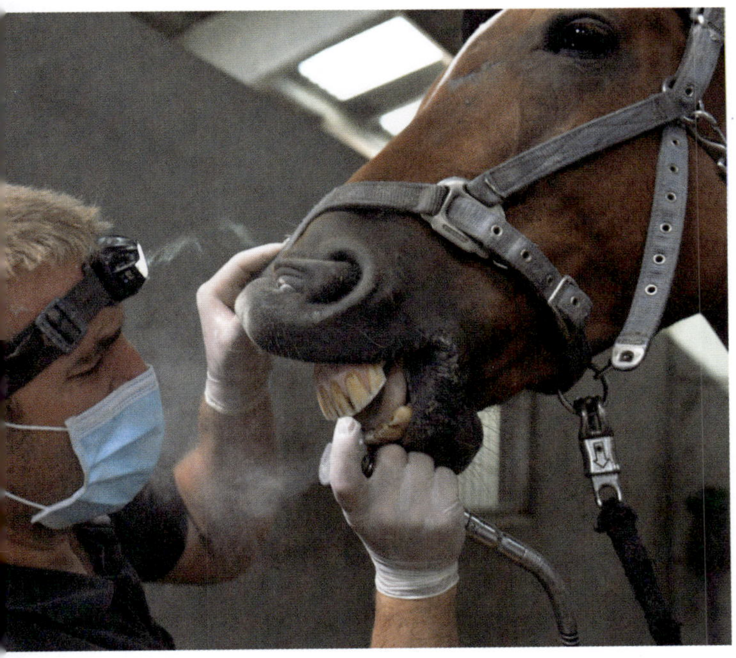

QUAND L'APPELER ?

L'idéal est de faire vérifier les dents de son cheval régulièrement. Si ton cheval devient difficile au travail, s'il secoue la tête, ne mange plus... fais inspecter ses dents.

LES QUALITÉS REQUISES :

- avoir une bonne forme physique ;
- être précis·e ;
- être minutieux·se ;
- avoir le sens du contact avec les clients.

Difficile

VOIR AUSSI
Éducation

Il refuse d'avancer, se cabre, fait demi-tour, mord méchamment ou ne se laisse pas seller. Impossible de lutter contre un animal qui pèse dix à quinze fois ton poids ! Monter un cheval difficile exige beaucoup d'écoute, de tact et d'expérience. N'hésite pas à te faire aider.

Le cheval est, par nature, un animal gentil et coopératif. Mais la brutalité, un accident, l'incompréhension, la peur, le stress... peuvent rendre difficile, voire dangereux, le plus doux des chevaux. La première chose à faire est d'essayer de comprendre ce qui ne va pas.

Il a mal

Il rue dès que tu demandes le galop sur le pied droit, refuse de sauter, ou bien il tire sur son mors et se défend. Il ne vient pas quand tu l'appelles dans son box. Il semble tracassé, toujours de mauvais poil. Peut-être a-t-il mal au dos, la peau sensible, de l'arthrose, une rage de dents... Le mieux est de faire venir le vétérinaire et de bien adapter son entraînement. Si son dos n'est pas musclé, il ne peut pas sauter de grosses barres. Si son cœur n'est pas entraîné, il ne peut pas faire de longs trottings...

Il a peur

La peur peut rendre le cheval ingérable. Dominé par ses émotions, il n'entend plus rien. Il n'a plus qu'une idée, faire demi-tour et fuir. Le plus stupide serait alors de le corriger. Plus le cavalier l'éperonne ou lui donne des coups de cravache et plus il a peur. Au final, il ne sait plus s'il a peur de la cravache, du premier objet de sa peur ou des deux ! Et puisque l'objet de sa peur entraîne des coups de cravache, il a raison d'avoir peur ! Cercle vicieux qu'il faut rompre avec de la patience, de la douceur, ou encore l'aide éventuelle d'un cheval expérimenté qui lui montrera l'exemple.

Il ne te respecte pas

Il commence par te marcher sur les pieds, te bouscule en sortant de son box, mordille... C'est le cas typique du poney trop gâté à qui on laisse tout passer. Souvent, il est mignon et intelligent et, au début, on rit de ses bêtises. Très vite, il se croit tout permis ! Inutile de crier. Pour te faire respecter, commence par lui apprendre à marcher en longe à tes côtés sans te dépasser ni traîner. Récompense-le beaucoup et sois patient·e. Si tu n'as pas un niveau équestre suffisant ou que tu te sens débordé·e, demande à changer de monture.

Il ne comprend pas

Le cheval a beau montrer de la bonne volonté, il ne comprend pas toujours ce que l'on attend de lui. Il n'arrive plus à se concentrer, s'embrouille, panique et finit par s'énerver. Reviens aux bases. Demande-lui des choses très simples et récompense-le dès qu'il les accomplit bien. Augmente très progressivement la difficulté. En cas d'échec, surtout ne te braque pas ! Baisse un peu ton obstacle, par exemple. Demande-lui un exercice qu'il sait faire. Encore une fois, termine toujours une séance sur quelque chose de positif.

Il est rétif

Il s'arrête, refuse d'avancer, résiste à toutes tes demandes. Si c'est un véritable danger public, ne t'en approche pas ! Laisse faire un professionnel.

Stressé

Nerveux et agité, il ne tient pas en place ! Il développe des tics et paraît angoissé. Il peut même devenir violent envers les hommes, les autres chevaux ou lui-même. En fait, il ne se fait pas à l'enfermement. Il s'ennuie, manque de contacts avec les autres chevaux ou bien il est surmené. Un changement de vie s'impose ! Tu peux le changer de voisin de box, distribuer du foin à volonté (ça l'occupe), varier son travail, le mettre au pré...

Traumatisé

Maltraité ou abandonné dans le passé, il a peur de tout et ne donne sa confiance à personne. Il te faudra du temps, de la douceur et une certaine fermeté pour que le cheval se sente bien encadré. Aborde-le toujours avec un visage souriant : les gens qui battent les chevaux n'ont jamais le sourire !

LES QUALITÉS REQUISES :

Si tu veux t'occuper d'un cheval difficile, tu dois être calme, expérimenté·e, ferme, patient·e et avoir une bonne main. Il faut savoir le récompenser dès que tu obtiens un pas dans la bonne direction.

Le sais-tu ? Un cheval cabochard n'en fait qu'à sa tête !

Disciplines

VOIR AUSSI
Complet, Dressage, Endurance, Hunter, Trec, Voltige, Western

C'est fou tout ce que tu peux faire à cheval ou à poney. La Fédération Française d'Équitation encadre 36 disciplines équestres différentes. Le plus génial, c'est que tu n'es même pas obligé·e de choisir !

Les disciplines olympiques

• Si tu aimes les sensations, tu aimeras le Concours de saut d'obstacles (CSO)

C'est la discipline la plus pratiquée en France. Le but : passer des obstacles dans un ordre donné. Chaque barre que le cheval fait tomber vaut une pénalité. De même, un refus ou une dérobade compte des points. Le temps est également chronométré. Il faut être rapide et accomplir un sans-faute !

• Si tu aimes la rigueur, tu aimeras le dressage

Tu devras exécuter des figures qui mettent en valeur le calme, la souplesse, la confiance et l'attention du cheval. Cette discipline sert de base aux autres. Mais elle peut être développée au plus haut niveau. Le cheval devient alors un véritable danseur.

• Si tu aimes les frissons, tu aimeras le concours complet

Il comprend un concours de dressage, un CSO et un parcours de cross avec des obstacles fixes. La discipline est... complète. Il faut savoir tout faire !

Les autres disciplines

Voici quelques-unes des disciplines équestres pratiquées en France.

• La voltige : pour les fanas de gym !
C'est de la gymnastique à cheval ! En compétition, sont jugées des figures imposées et des figures libres, comme en patinage artistique.

• L'endurance : pour ceux qui aiment la course !
Les courses d'endurance se déroulent sur des distances de 30 à 160 kilomètres, jalonnées de contrôles vétérinaires. Le cheval doit terminer en pleine forme. Le vétérinaire vérifie, entre autres, sa respiration et son rythme cardiaque.

• La monte en amazone : pour le spectacle !
Autrefois, elle était réservée aux dames. Avec leurs robes, elles ne pouvaient pas monter à califourchon. Elles montaient avec une selle comportant une corne au pommeau et deux étriers du même côté. Pas si facile !

• Le tourisme équestre : pour la balade !
Tu peux partir pour une simple promenade du dimanche ou pour un grand raid. Cette activité a même des épreuves de compétition : le Trec (Techniques de randonnées équestres de compétition).

• Les pony games : pour le « fun » !
Ce sont des jeux équestres où le cavalier montre son adresse, sa maîtrise du poney et son esprit d'équipe. Il doit par exemple lancer une balle dans un panier, déposer un maximum de drapeaux sur un porte-drapeaux, slalomer...

• L'équitation américaine : pour le chapeau !
Encore appelée équitation western, elle est inspirée du travail des cow-boys (tri du bétail, travail au ranch...). Leurs chevaux, souvent des quarter horses, sont les as des démarrages foudroyants, des arrêts en plein galop ou des tournants serrés.

• Le horse-ball : pour le jeu !
Sorte de basket à cheval, il se pratique avec un ballon muni d'anses. En général, les chevaux se prennent au jeu !

• Le polo : pour les milliardaires !
Deux équipes frappent une balle en bois pour l'envoyer dans le but adverse. Très prisé des Argentins, le polo se pratique sur des petits chevaux vifs et rapides. Il demande de gros moyens financiers car il faut posséder plusieurs chevaux.

• L'attelage : pour les minutieux !
C'est le plaisir de mener et de faire travailler les chevaux comme au temps passé. Les compétitions d'attelage comprennent une épreuve de dressage, une de maniabilité et un marathon.

• Le hunter : pour la beauté du saut !
Cette discipline consiste à enchaîner un parcours d'obstacles avec la plus grande harmonie possible. Le style est noté.

Le sais-tu ? La première compétition d'obstacles se déroula en Irlande en 1865.

Dos

Voir aussi
Sport

Non, l'équitation n'est pas mauvaise pour le dos ! Au contraire ! Elle muscle le dos et renforce les os.

Le mal du siècle

Plus d'un collégien sur trois se plaint d'avoir mal au dos. Les raisons ? Tu les connais mieux que personne : le cartable trop lourd, le mobilier scolaire mal adapté, la position avachie. Tu t'affales devant ton bureau, tu t'écroules devant la télévision, tu te courbes sur ton ordinateur… et tu manques de muscles. Tu sais très bien qu'il faudrait te redresser mais cela t'agace ! Et pourtant, en dehors de certaines pathologies graves de la colonne vertébrale, tout peut rentrer dans l'ordre si tu renforces ta musculature.

Un remède de… cheval !

L'équitation constitue un excellent remède. Non seulement, elle entretient ta musculature mais, en prime, elle rend tes vertèbres plus solides. En leur imposant des pressions répétées, elle renforce tes os. Magique, non ? D'ailleurs, les cavaliers ont plutôt moins de problèmes de dos que les autres. Certains commencent même à souffrir du dos lorsqu'ils arrêtent de monter.

Une fière allure

Pas question de se faire ballotter comme un sac à patates ! Il faut adopter une bonne position en te grandissant. Tu contractes les abdominaux en rentrant le ventre, ton dos se redresse aussitôt et tu embellis. Pense aux Africaines qui portent de l'eau sur la tête ! Sois dynamique à cheval. Essaie de suivre harmonieusement les mouvements de ta monture. L'équitation, c'est du sport !

Aux trois allures

Au pas, tu accompagnes les mouvements de ton cheval. Tu développes ta proprioception, c'est-à-dire la faculté de ton corps à s'adapter au moindre changement.
Au trot enlevé, le dos n'est pas sollicité. Au trot assis, reste souple. Efforce-toi d'être en harmonie avec ton cheval. C'est plus facile si celui-ci est bien cadencé. Vas-y mollo au début. Si besoin, tiens-toi à la crinière ou attrape les sanglons du tapis de selle pour ne pas donner d'à-coups dans la bouche du cheval. Au galop en suspension, tes jambes jouent le rôle d'amortisseurs. Au galop assis, fais travailler ton bassin.

Dans toutes les disciplines

Tu peux sauter sans problème. La colonne vertébrale reste bien dans l'axe du bassin. Elle ne subit ni flexion ni torsion. Si ton cheval pile ou esquive, recommence le travail préparatoire avec barres au sol, cavalettis… avant de t'aventurer sur de gros obstacles. Le dressage sollicite davantage la colonne vertébrale. Évite de travailler dans une position trop cambrée. Le horse-ball ne te posera pas de problème si tu as acquis une bonne assiette et si tu travailles bien dans le rythme et le mou-

vement du cheval. La voltige exige un véritable échauffement et beaucoup de souplesse, surtout pour réussir les sorties. Quant à la randonnée, elle ne te posera aucun souci à condition d'y aller progressivement. Si tu restes quatre heures en selle le premier jour des vacances sans avoir monté pendant l'année, tu risques évidemment quelques douleurs...

À pied

C'est le plus souvent à pied qu'on se fait mal au dos. Tu veux aider à faire les box, porter un seau d'eau et... tu ne peux plus te redresser. Explication : entre les vertèbres, les « disques » jouent un rôle d'amortisseur ; le dernier disque (juste avant le sacrum) supporte le maximum de charge. Lorsque tu soulèves un poids de 10 kilos, un seau d'eau par exemple, jambes tendues et dos plié, ce disque subit une contrainte de 700 kilos. Or, la zone de rupture pour un disque sain et jeune est de 800 kilos. De quoi faire réfléchir...

Pas de panique !

Ce n'est pas une raison pour te tourner les pouces et regarder les autres travailler. Il faut seulement rester droit·e. Ne plie pas ton dos mais tes jambes. Quand tu te baisses pour soulever un seau d'eau, plie les genoux. Si le seau est très lourd, joue les haltérophiles : bloque ta respiration lorsque tu le soulèves, tout en contractant tes abdominaux. Tu verras, c'est simple : il suffit d'y penser et, au bout d'un moment, cela devient naturel.

TROUBLES DE CROISSANCE ET ÉQUITATION

La maladie de Scheuermann, qui touche les adolescents (surtout les garçons longilignes qui grandissent trop vite), peut interdire l'équitation pendant la période douloureuse. Heureusement, le jeune sera guéri dès la fin de sa croissance et pourra recommencer à monter à cheval. Par contre, la scoliose (si elle n'a pas besoin d'être appareillée) n'est pas une contre-indication à la pratique de l'équitation.

Douche

Rien de tel pour rafraîchir ton cheval, le nettoyer et lui faire un petit massage.

Chaud

Quand il fait chaud (au moins 22 degrés), n'hésite pas à doucher entièrement ton protégé. Attention ! De nombreux poneys ou chevaux détestent que l'on arrose leur tête. Certains adorent boire et jouer avec le jet qui sort du robinet. Puis tu passeras un « couteau de chaleur » sur les parties charnues comme le ventre, la croupe, les flancs et l'encolure. Le couteau de chaleur ne coupe pas ! C'est une lame souple que l'on passe pour extraire l'eau prise au piège dans les poils du poney ou du cheval.

Froid

Par un temps plus frais, contente-toi de doucher les membres de ta monture.
Si tu disposes d'eau chaude, vérifie la température avec ta main. Dirige ton tuyau vers le sol et ouvre doucement le robinet pour ne pas l'effrayer. Tu augmenteras la pression petit à petit. Commence par lui doucher les sabots, puis les membres. Douche-le du bas vers le haut en insistant bien sur les tendons. N'entortille pas le tuyau dans ses jambes. Déplace-toi et tourne autour du cheval. Attends que ses pieds soient secs pour les graisser.

De l'eau, de l'eau !

Veille à ce que ton cheval dispose d'eau fraîche. Selon la température, l'effort fourni et son alimentation, un cheval boit 20 à 50 litres par jour ! Vérifie que son abreuvoir est propre. Certains chevaux ont la manie de faire leur crottin dans leur abreuvoir ! Pour savoir si ton cheval est déshydraté, pince la peau de son encolure. Si l'encolure reste fripée, ton cheval a besoin d'eau.

ET TOI, ALORS !

N'oublie pas de bien t'hydrater, surtout si tu dois fournir un effort et s'il fait chaud. Il faut boire avant d'avoir soif car la sensation de soif arrive trop tard. On est déjà déshydraté. La meilleure boisson pour le corps, c'est l'eau naturellement.

Son but : obtenir un cheval aux ordres. Obligatoire jusqu'au Galop® 7, il est indispensable quelle que soit la discipline que tu pratiques. À plus haut niveau, c'est du grand art !

Les figures

Après de longues années de dressage, le cheval devient un véritable danseur. Voici les principales figures :

- l'appuyer : dans ce mouvement effectué en diagonale, le cheval croise ses antérieurs et ses postérieurs ;
- le passage : le cheval semble trotter au ralenti en levant très fort ses antérieurs et ses postérieurs. Comme l'étalon qui parade devant la jument ;
- le piaffer : le cheval trotte sur place de façon très rythmée en levant fortement ses antérieurs et ses postérieurs ;
- les changements de pied : le cheval va changer de pied au galop à la demande du cavalier. Il va passer du galop sur le pied gauche au galop sur le pied droit. Le fin du fin est d'arriver à obtenir des changements de pied à chaque foulée.

Les reprises

En concours, le jury note chaque figure selon sa précision, les qualités de soumission et de légèreté du cheval, de l'impulsion, de la mise en main et des allures. L'emploi des aides et la position du cavalier sont également jugés.

Les chevaux de dressage

On recherche un cheval élégant avec de belles allures, un bon équilibre et une impulsion naturelle. Les chevaux allemands et hollandais sont les plus prisés. Le lusitanien et le pure race espagnol se prêtent très bien au dressage pourvu qu'ils aient suffisamment d'amplitude.

Élégance et concours

Pour les concours de haut niveau, il faut sortir la grande tenue : culotte et cravate blanches, habit, casque aux normes, bottes de cuir et gants blancs.

Le dressage artistique

À côté du dressage de compétition, cohabite le dressage de spectacle dans lequel le cheval s'exprime un peu plus. Les chevaux ibériques en sont les rois !

TU AIMERAS LE DRESSAGE SI TU ES :

- patient·e ;
- rigoureux·se ;
- perfectionniste ;
- travailleur·se.

Et... si tu aimes le trot assis !

Le sais-tu ? En dressage, tu rechercheras la cadence, l'impulsion et la légèreté.

Dujardin (Charlotte)

Double championne olympique, elle est également détentrice de tous les records du monde en dressage. Son secret : elle comprend son cheval et il la comprend.

So british !

Malgré son nom français, Charlotte Dujardin est 100 % anglaise ! Elle a d'ailleurs exécuté sa reprise olympique en la ponctuant de chants patriotiques britanniques et en y incluant les carillons de Big Ben ! Les 200 000 spectateurs présents ou les millions de téléspectateurs sont tombés sous le charme de l'Anglaise se présentant non pas en chapeau de dressage mais avec un simple casque ! Elle a obtenu une double médaille d'or en individuel et par équipe. En 2016, aux J.O de Rio, elle conserve son titre en individuel et gagne la médaille d'argent par équipe.

Just perfect !

Ses aides sont si légères, si imperceptibles que l'on pourrait penser que la cavalière et son cheval communiquent par télépathie. En décembre 2013, à l'Olympia de Londres où se déroulait une étape de la coupe du monde de dressage, elle a battu le record du monde de RLM (Reprise Libre en Musique) avec des notes encore meilleures qu'Edward Gal et son célèbre Totilas.

Stunning Valegro

Aujourd'hui à la retraite, Valegro était stupéfiant (stunning).
C'est un hongre KWPN (race hollandaise) né en 2002. Bai foncé, il mesure 1,72 m et appartient à Carl Hester. Ses allongements au trot et son piaffer étaient tout simplement magiques.

Nice story !

Charlotte Dujardin a commencé à monter à poney dès l'âge de deux ans. Elle s'est mise au dressage à 13 ans. Issue d'un milieu modeste, elle a dû attendre l'âge de 22 ans pour pouvoir acheter son premier cheval grâce à l'héritage de sa grand-mère. Avec Fernandez, elle participe à ses premiers Grands Prix. En 2011, elle se résout à le vendre pour acquérir un cheval plus jeune.
Elle rejoint les écuries du champion Carl Hester comme groom. Celui-ci l'autorise à monter Valegro qui est encore débutant. L'ascension du couple est fulgurante. À 36 ans, Charlotte présente une équitation toute en finesse, sans coercition ni violence.

Le sais-tu ? Elle est surnommée « la fille sur le cheval qui danse ».

Dujardin (Charlotte)

La reprise libre en musique

Encore appelée « Kür » en allemand ou « free style » en anglais, la RLM, Reprise Libre en Musique est un enchaînement créé et mis en musique par la cavalière. La présentation artistique compte autant que l'exécution technique.

Éducation

VOIR AUSSI
Difficile

Donner une éducation à un cheval, c'est lui inculquer le respect et… les bonnes manières. Indispensable pour bien communiquer avec son cheval.

Ta casquette de prof

On a tous tendance à se comporter en baby-sitters avec notre cheval. On se contente de le chouchouter ! Mais pour ne pas se faire déborder, il faut aussi se comporter en éducateur. N'hésite pas à exposer ton cheval à toutes sortes de situations et à travailler sur son mental. Montre-lui qu'il n'a pas besoin de se sauver devant… un tas de bois ! Apprends-lui à gérer ses émotions, à te respecter et te faire confiance. Pose-lui des limites et oblige-le à s'y tenir absolument. Par exemple, il doit marcher à tes côtés sans tirer sur sa longe, te marcher sur les pieds ou te bousculer. Le moindre faux pas doit être immédiatement (mais gentiment) réprimandé. Il faut lui apprendre où est ta place et où est la sienne.

Tout compte

Tout au long de sa vie, un cheval enregistre nos faits et gestes. Qu'on le récompense en arrêtant un exercice pour répondre au téléphone, par exemple, et lui pense qu'il a bien fait ! C'est pourquoi monter exige de se débarrasser de ses soucis et d'être vraiment avec son cheval. Concentre-toi, même en balade, surtout si tu montes un jeune cheval. S'il désobéit, ne dis jamais : « Ce n'est pas grave. On verra demain ! »

CODE DE BONNE CONDUITE

Ton cheval a le droit de :
- hennir pour appeler un copain ;
- faire un petit bond de joie en partant au galop ;
- chasser une mouche au pansage;
- avoir envie de bouger.

Il n'a pas le droit de :
- mordre ;
- donner un coup de pied ;
- te marcher sur les pieds ;
- te bousculer au box ;
- tirer au renard ;
- bouger au montoir ;
- refuser de donner un pied, bouger ou s'appuyer ;
- se sauver en t'arrachant la longe quand tu le lâches au paddock ;
- tirer sur sa longe quand tu le promènes ;
- tirer sur ses rênes.

Ce qu'il faut vérifier :
- Un cheval qui bouge au montoir peut avoir mal au dos.
- Il tire sur ses rênes ou secoue la tête : inspecte ses dents.
- Il se cabre : remets en question tes mains ou son embouchure.
- Il rue : il a peut-être mal quelque part.
- Il mord au sanglage : assure-toi qu'il n'y a pas de blessure au garrot, au passage des sangles, au sternum.

Faire naître des poulains, les voir grandir, c'est le rêve ! Mais en faire son métier représente un vrai challenge.

Mission

L'éleveur cherche à réaliser les meilleurs « mariages » possibles entre un étalon et une poulinière pour produire des chevaux « au top » dans le sport, les courses, le loisir... Il assure le suivi des poulinières et des poulains. Puis il valorise les poulains pour les vendre.

Formation

L'enseignement agricole propose différentes formations comme le bac professionnel, conduite et gestion d'exploitation agricole orientée vers l'élevage équin. Les Haras nationaux organisent également des formations spécifiques.

Les contraintes

Il faut aimer vivre à la campagne, être très disponible et, le plus souvent, avoir une activité complémentaire (élevage de bovins, vente de chevaux...) car 70 % des éleveurs dégagent moins de 7 600 euros de chiffre d'affaires annuel.

LES QUALITÉS REQUISES :

- ne pas compter ses heures ;
- adorer les soins ;
- être capable de gérer une exploitation agricole.

Une image de rêve qui ne doit pas faire oublier les heures de travail.

Le sais-tu ? Pas facile de produire un crack ! La génétique n'est pas une science exacte.

Endurance

VOIR AUSSI
Disciplines

Deuxième discipline française par le nombre de ses pratiquants, elle attire ceux qui aiment la nature et veulent approfondir leur connaissance du cheval.

Kesako ?

C'est une course de fond : le cheval et son cavalier doivent parcourir une longue distance le plus rapidement possible, la forme du cheval étant régulièrement contrôlée par des vétérinaires. Les distances vont de 20 à 160 km.

Les contrôles véto

Un vétérinaire examine le cheval avant le départ, pour vérifier qu'il est en bonne santé, puis pendant des arrêts obligatoires – le long du parcours et à l'arrivée. Il s'assure que le cheval n'est ni boiteux, ni trop fatigué.

En endurance, les parcours sont variés.

L'esprit d'équipe

En endurance, l'assistance est fondamentale si l'on veut aller loin avec sa monture. Deux ou trois personnes viennent assister chaque cavalier. Mission : nourrir le cheval trois heures avant le départ, arroser son encolure, le tenir au vet (contrôle vétérinaire), le faire boire, vérifier sa ferrure, renseigner le cavalier sur ses écarts avec les autres concurrents...

La connaissance de son cheval

Le cavalier d'endurance apprend à connaître par cœur sa monture. Il sait mesurer la vitesse des battements de son cœur, remarque s'il sue plus ou moins, s'il est essoufflé, s'il commence à boiter...

Avec quel cheval ?

On recherche plutôt des chevaux pas trop lourds, avec un bon dos, des pieds solides, capables de rester calmes en toute circonstance avec une fréquence cardiaque basse au repos. Les chevaux les plus prisés sont les pur-sang arabes. Mais la plupart des races de chevaux ou de poneys sont capables de participer à des épreuves, pourvu qu'ils soient entraînés.

En chiffres

- 2 500 épreuves organisées en France.
- Plus de 3 230 compétiteurs.

Le sais-tu ? En moyenne, un bon cheval d'endurance s'entraîne trois heures par jour !

VOIR AUSSI
Filet, Rênes

Enrênements

Ils aident à mettre le cheval dans la bonne attitude. Ils facilitent le travail mais, mal utilisés, ils peuvent être néfastes. Le mieux, c'est de pouvoir s'en passer !

Les enrênements ne remplacent pas le dressage et la gymnastique. Ils sont à utiliser avec modération et tact. Comme la main, les enrênements doivent céder quand le cheval est dans l'attitude demandée. Ils doivent être réglés progressivement.

Les rênes allemandes

Fixées à la sangle, elles passent dans les anneaux du mors avant de rejoindre les mains, permettant d'orienter l'encolure dans un cadre bien défini. Elles incitent le cheval à rester aux ordres et l'empêchent de lever la tête. Leur usage est délicat. Elles peuvent notamment entraîner le cheval à s'encapuchonner (il ramène sa tête contre son poitrail pour se soustraire à l'action du mors). Elles font plus de mal que de bien entraînant tensions, courbatures et parfois réactions violentes.

La martingale à anneaux

Les rênes passent dans des anneaux qui sont reliés à la sangle. Elles ont le même effet que les rênes allemandes et sont surtout utilisées à l'obstacle.

Le gogue

Il relie la bouche à la sangle en coulissant derrière les oreilles sur la têtière. Les cordes coulissent par le mors et reviennent vers la sangle (gogue fixe), ou vers les mains (gogue commandé).

Ses effets sont plus doux que celui des rênes allemandes. Il peut être utilisé sur tous les chevaux. Le gogue fixe permet aux débutants de se concentrer sur eux-mêmes, le cheval étant dans la bonne attitude.

Les élastiques

C'est l'enrênement le plus simple à utiliser à la longe. Un gros caoutchouc relie l'anneau du mors au surfaix. Attention de ne pas trop les ajuster.

Équipement de base

VOIR AUSSI
Tenue de concours

Pas question de monter à cheval sans un casque bien adapté et des bottes. C'est une question de sécurité !

Le casque

Pour être homologué, le casque doit posséder trois points d'attache, être parfaitement ajusté et doit comporter le marquage « CE » de type « à dire d'expert », marquage de référence jusqu'à ce qu'une nouvelle norme soit adoptée au niveau européen. Pour le choisir, remue la tête dans tous les sens. Il ne doit pas bouger. Évite de l'acheter d'occasion car il pourrait avoir subi des chocs. Dans ce cas, il ne garantit plus ta sécurité.
Certains casques se lavent en machine. Pour d'autres, tu peux passer un coup d'éponge humide ou un produit spécifique en vente dans les selleries. Les casques les moins contraignants, surtout en été, sont aérés. Les nouveaux

EN MAGASIN

L'addition
Casque : 65,90 euros
Bottes : 39,90 euros
Cravache : 5,29 euros
Gants : 16,90 euros
Pantalon : 31,50 euros
TOTAL : 159,49 euros

Bottes

Option
Boots cuir : 49,90 euros
Mini-chaps : 53,90 euros
Prix de l'entrée de gamme du catalogue Ekkia. Le rayon Junior est légèrement moins cher.

Le sais-tu ? Le gilet de protection préserve ton dos en cas de chute.

casques sont légers et agréables à porter. Ils sont souvent vendus avec une pochette en tissu pour les ranger.

Les bottes

Tu peux démarrer avec des bottes de pluie toutes simples avant de t'offrir des bottes d'équitation en caoutchouc. Surtout, évite les baskets sans talons qui peuvent rester coincées dans les étriers. Tu peux également faire le choix de boots accompagnées de mini-chaps en daim ou en cuir. C'est plus cher mais plus confortable, surtout en été.

La cravache

Choisis-en une très bon marché car on les perd souvent !

La culotte

La culotte d'équitation protège la peau des frottements mais n'est pas obligatoire. Tu peux monter en jean ou en pantalon de survêtement, pourvu qu'il soit en coton. Évite les matières glissantes.

Les gants

Ils sont très pratiques ! Ils éviteront à tes rênes de glisser, et à tes mains de s'abîmer. Commence par les premiers prix avant de t'équiper plus confortablement. Pense à aller au rayon cyclisme des magasins de sport. Les gants y sont très techniques et souvent moins chers qu'au rayon équitation.

Étalon

Voir aussi
Élever, Famille

Il est splendide et conquérant. Il hennit et se déplace fièrement. Il a de la force et du sang. L'étalon est un reproducteur. Il est censé transmettre ses caractéristiques physiques et son caractère à ses nombreux descendants.

Le père idéal

Pas évident de choisir le bon étalon pour sa jument ! Près de 8 500 étalons se reproduisent en France.
Trois critères sont absolument indispensables : une bonne conformation, des allures correctes et un excellent caractère. Ce dernier point est véritablement important. Recherche plutôt un étalon attentif, calme, se laissant approcher et caresser. Si tu rêves d'un crack, préfère un étalon qui a du sang. Ensuite, analyse bien ta jument de façon à compenser ses défauts. Avec une jument un peu lourde, mieux vaut opter pour un mâle léger, par exemple. Si tu choisis un étalon qui a déjà reproduit, tu auras une idée plus exacte de ses poulains.

Son carnet de notes

Chaque cheval a un indice appelé BLUP. C'est une synthèse de nombreuses informations sur ses performances, ses parents, sa fratrie, ses cousins, ses descendants...
Sur le site de l'IFCE, tu trouveras la liste des étalons disponibles, les centres de reproduction, les démarches administratives, le calendrier des concours d'élevage, la liste des haras, des fiches pratiques sur l'élevage...

Le hongre

C'est un mâle qui a été castré. Il a subi l'ablation chirurgicale de ses testicules. Cette opération ne dure que quelques minutes et se pratique sous anesthésie, généralement sur des poulains de deux à trois ans. Une fois castré, le cheval n'est plus « entier ». Il devient hongre. Il ne peut plus se reproduire et ne sera donc jamais un étalon. Cette opération est destinée à rendre les mâles plus dociles et à éviter des comportements dangereux en présence de juments en chaleur.

Le sais-tu ? Une saillie, c'est un accouplement.

VOIR AUSSI
Éthologie (équitation éthologique)

Cette science a donné naissance à de nouvelles formes de communication avec le cheval, ainsi qu'à des techniques d'équitation nouvelles ou redécouvertes.

Une science

Éthologie vient du grec « êthos » qui désigne les mœurs et de « logos », la science. L'éthologie est donc l'étude scientifique du comportement des animaux dans leur milieu naturel. L'éthologie est une science complexe qui nécessite des techniques d'observation, un matériel adapté, une aptitude à classer et à analyser les données recueillies, des techniques d'interprétation. Elle exige également de travailler en complémentarité avec d'autres sciences, comme la médecine, la biologie...

Utile

L'observation des chevaux permet de mieux comprendre les difficultés rencontrées par le couple cavalier-cheval. Souvent, les problèmes découlent des conditions de vie des chevaux.

Citation

« La connaissance du naturel d'un cheval est l'un des fondements de l'art de monter », a écrit François Robichon de la Guérinière au XVIIIe siècle.

L'équitation éthologique

Ceux qui font de l'équitation éthologique ne sont pas forcément des éthologues qui ont passé des années à l'université. L'équitation est dite éthologique tout simplement parce qu'elle prend en compte le comportement et l'instinct naturel du cheval. C'est en observant les chevaux dans la nature que des cavaliers ont défini un code de communication avec les chevaux.

Éthologie (équitation éthologique)

VOIR AUSSI
Éthologie, Booth (Andy)

Encore appelée comportementale ou naturelle, l'équitation éthologique est une approche du dressage basée sur l'observation du comportement cheval dans la nature.

On les appelle chuchoteurs, nouveaux maîtres, adeptes de l'équitation naturelle... Ils sont arrivés en France avec leurs pantalons à franges, leurs chapeaux de cow-boy et leurs références aux méthodes des Indiens. En 2005, ils ont fait leur entrée à la Fédération Française d'Équitation et ont créé une nouvelle discipline, l'équitation éthologique, et de nouveaux diplômes de cavaliers, les Savoirs Éthologiques. Aujourd'hui, cette dernière fait partie du programme des Galops® (examens fédéraux).

L'homme qui murmurait à l'oreille des chevaux

C'est le titre du best-seller de Nicholas Evans (Pocket) et du film de Robert Redford. Le livre et le film ont fait découvrir au grand public cette nouvelle approche du cheval. L'histoire a été inspirée de celle de Buck Brannaman. Authentique cow-boy, il savait éduquer les chevaux en douceur en s'inspirant des méthodes traditionnelles utilisées par les hommes des steppes d'Asie centrale.

L'instinct de fuite

Dans la nature, le cheval est une proie. Il peut sans cesse être attaqué par des carnivores (hyènes, lions, chacals...). Son seul salut, c'est la fuite. Dès sa naissance, il est toujours sur le qui-vive, prêt à s'enfuir. Cet instinct, les chuchoteurs en tiennent compte et l'utilisent dans leurs méthodes. Pour aborder un cheval, ils ne se comportent pas comme un prédateur mais comme un leader ou un professeur.

Le langage corporel

Le cheval utilise un langage corporel. Il prend un regard dur, couche les oreilles en arrière, fouaille de la queue, lève un antérieur, tape... Il est important d'apprendre à interpréter ce langage et à bien le connaître. La plupart des chuchoteurs utilisent également un langage corporel pour s'adresser aux chevaux. Ils font des gestes et les chevaux les comprennent très bien.

LES PLUS CONNUS

Aux États-Unis : Ray Hunt, John Lyons, Pat Parelli, Monty Roberts... En France : Nicolas Blondeau, Andy Booth, Élisabeth de Corbigny, Véronique de Saint Vaulry...

Elle ne dresse pas ses chevaux. Elle les envoûte ! Spécialiste du travail en liberté, à pied ou monté (sans bride), Clémence Faivre réalise les figures les plus techniques avec une étonnante facilité.

Son parcours

Clémence Faivre a toujours rêvé de dresser des chevaux en liberté. Enfant, elle faisait tourner son chien ! Passionnée de films de cape et d'épée, elle a commencé comme palefrenière chez Mario Luraschi, le dresseur de chevaux pour le cinéma. Elle a poursuivi sa formation en Espagne avant de revenir en France et se marier avec le cascadeur.

Son secret

Le temps ! Clémence Faivre passe des journées entières avec ses chevaux. Quand un cheval est avec elle, plus rien d'autre n'existe. Elle commence par le mettre en confiance à pied en licol. Puis, elle enlève le licol. Monté, elle travaille d'abord en filet et en bride ; Puis, elle retire la bride.

Son cheval fétiche

Gotan, entier portugais alezan brûlé aux longs crins a beaucoup d'oreille (ce qui est important pour le travail en liberté), de la concentration, de la force et un équilibre fabuleux. Il excelle dans le travail en liberté. Il suit Clémence partout, recule à distance, s'asseoit, se couche, se cabre et fait le quiebre (bascule de gauche à droite utilisée en doma vaquera pour esquiver un taureau). Clémence a d'autres chevaux lusitaniens dans son écurie et un adorable poney welsh nommé Roméo.

Le sais-tu ? Pour parvenir à l'osmose, il faut savoir observer son cheval, varier son travail, préparer ses demandes, être clair et caresser au bon moment.

Le cheval est un animal sociable qui vit en famille. Chacun y tient sa place.

Le harem

Le cheval est un animal sociable qui vit en groupe. Celui-ci est composé d'un étalon, de deux ou trois juments et de leurs poulains jusqu'à l'âge de trois ans. À trois ans, les jeunes quittent le groupe. Les femelles vont se lier à un mâle, et les jeunes mâles rejoignent un groupe de célibataires, en attendant de s'associer à une jument.

C'est qui le patron ?

Le groupe est parfaitement organisé. L'étalon veille sur le groupe. Il le défend contre les dangers mais aussi contre ses rivaux. Si un autre mâle approche, il le chasse. Une des juments, souvent âgée, est la meneuse. C'est elle qui connait les points d'eau, les endroits à l'ombre et les meilleurs endroits pour brouter ou pour s'abriter du vent. Elle guide les autres.

Le combat des chefs

À la saison des amours, les mâles peuvent se bagarrer pour garder ou voler des juments. La tête haute, l'encolure arquée, la queue en panache, ils hennissent bruyamment, se mettent debout, se mordent et s'envoient des

coups de sabot. Parfois, les blessures sont graves. Mais, le plus souvent, ils se contentent de s'intimider. Les juments restent avec le plus fort.

Chacun à sa place

Les contacts entre les chevaux suivent des règles très précises. La hiérarchie se bâtit en fonction de l'âge et du tempérament de chacun. Un même cheval peut être le dominant de l'un et le dominé de l'autre. Le dominant a la priorité. C'est lui qui passe le premier, qui accède en priorité à l'eau ou à la nourriture. Il prend la meilleure place à l'ombre ou à l'abri de la tempête. Le dominé lui cède le passage. En cas de conflit, le moindre signe de soumission du plus faible suffit à le désamorcer.

Chacun son tour !

À tour de rôle, les chevaux font de la surveillance, mangent et se reposent. Pour être bien protégés, en cas de danger, les poulains restent au milieu du groupe. Isolé et séparé de sa famille, un cheval est beaucoup plus vulnérable.

La bande des ados

À l'âge de la puberté, les poulains du sexe masculin s'éloignent du groupe ou sont chassés par leur père. Ils vont alors former un groupe de célibataires. Parfois, les pouliches sont, elles aussi, forcées de s'éloigner. Elles se regroupent entre elles, forment une nouvelle famille et se laissent séduire par un étalon qui s'installent avec elles.

Leur téléphone

Les chevaux communiquent entre eux grâce à toute une gamme de hennissements, de postures, d'expressions du regard, de mouvements de la queue ou des oreilles.

Fédération Française d'Équitation

Elle rassemble tous les clubs de France. Elle édite ta licence et tes Galops®. Elle élabore les règlements. Elle organise les championnats de France… Bref, la FFE est indispensable dans la vie d'un cavalier.

La première « Fédé » féminine

Créée en 1921, la Fédération Française d'Équitation est la troisième fédération olympique française en nombre de licenciés et la première en nombre de femmes. Présidée par Serge Lecomte, elle se porte bien, avec quelques 620 000 licences délivrées chaque année. 83 % des licenciés sont des femmes et 60 % sont des juniors. Bref, l'équitation est un sport jeune avec beaucoup de femmes !

La licence te permet d'être assuré·e lorsque tu pratiques l'équitation. Pour l'obtenir, tu peux passer par ton club ou par une association de cavaliers. Pour la licence compétition, tu as besoin d'un certificat médical et d'une autorisation parentale si tu es mineur·e. Signe d'appartenance à la famille fédérale, ta licence te permet de passer tes Galops®, de participer aux concours ou aux événements comme l'Équirando.

Elle t'offre un bouquet d'avantages : réductions sur du matériel de sellerie, abonnement à des revues à tarif préférentiel, réductions pour des spectacles…

(FFE)

La Fédération représente les licenciés et les groupements équestres auprès des pouvoirs publics.

Aux Galops® !

La FFE délivre des diplômes fédéraux à tous les niveaux, Galops®, Degrés, Brevets Fédéraux d'encadrement… Les Galops® sont organisés au sein de ton club. Validés par les enseignants, ils jalonnent ton parcours de formation. Les Degrés sont organisés par ton Comité régional d'équitation. Le Degré 1 se passe après le Galop® 4 et le Degré 2 après le Galop® 7. La « Fédé » établit le classement permanent des compétiteurs qui te permet de consulter tes performances, ainsi que celles de ton cheval ou de ton poney. Enfin, elle fait la promotion des activités équestres auprès des radios, de la télévision, des journaux, des revues et de l'édition. Il lui incombe de développer toutes les disciplines équestres existantes, ainsi que celles qui pourraient naître et être reconnues. Parmi les plus récemment reconnues, nous pouvons citer le western, l'equifun, le tir à l'arc à cheval ou le Ride and Run.

WWW.FFE.COM

Sur le site de la « Fédé », tu peux accéder à ta page cavalier FFE, l'espace personnel de chaque licencié FFE, t'abonner aux newsletters, voir des vidéos ou des photos, discuter avec les autres cavaliers sur le forum, mettre ta photo sur ta licence ou suivre tes résultats de concours. Si tu te passionnes pour la randonnée, par exemple, tu peux cliquer sur Cnte (Comité national de tourisme équestre) sur le site de la Fédération. Tu y trouveras plein d'informations sur les chemins, le Trec, les gîtes, les associations de tourisme équestre…

La FFE en chiffres

- 620 000 licenciés ;
- 3e sport en France après le foot et le tennis ;
- Premier sport féminin en France ;
- 9 400 établissements adhérents dont 6 500 poney-clubs et centres équestres.

Grande organisatrice

La FFE organise de grands événements comme la Journée du cheval en septembre, la Fête du poney en juin ou l'Équirando tous les deux ans en été, une grande randonnée ouverte aux cavaliers venus de toute l'Europe qui convergent vers un lieu de rassemblement le jour J. Elle est aussi directement organisatrice du Generali Open de France au Parc équestre fédéral de Lamotte-Beuvron, au cœur de la Sologne. Attendue chaque année par 15 000 cavaliers, c'est la plus grande rencontre de clubs de la saison. Chacun rêve de se qualifier et de remporter un titre de champion de France.

Championne des championnats

Enfin, la FFE s'occupe du haut niveau. Pour donner un coup de pouce aux meilleurs cavaliers, elle a mis en place le « Grand National » leur permettant de se mesurer entre eux, de se préparer pour les championnats d'Europe et de se faire connaître auprès du grand public.

Le sais-tu ? La licence vaut 36 € pour les seniors et 25 € pour les juniors. La licence compétition vaut 330 € (pros) ou 80 € (amateurs). La licence compétition club est gratuite.

Fers

VOIR AUSSI
Maréchal

Rien n'est plus important pour un cheval que de trouver fer à son sabot !

Les premiers fers

Les Romains ont inventé les premières « hipposandales », plaques de métal ou d'argent fixées par des lacets de cuir sur les sabots des chevaux.

Le parage

Avant de poser le fer, le maréchal taille la corne : c'est le parage. Pour les chevaux qui ne sont pas montés, les poneys qui évoluent sur du sol souple ou sablonneux, certaines races aux pieds solides comme le camargue..., le ferrage n'est pas indispensable. Mais le parage est obligatoire, tous les deux mois environ. Si on laisse pousser la corne trop longtemps, les tendons vont se fatiguer. Le cheval peut même devenir boiteux ou handicapé. Le sabot pousse de 5 à 6 millimètres par mois. Il faut le tailler, comme toi tu te limes les ongles !

Bien adaptés

Les fers sont préconisés pour protéger la corne de l'usure du cheval monté sur toutes sortes de terrains. Pour bien adapter le fer à chaque taille de pied, le maréchal le fait chauffer. Le cheval ne ressent aucune douleur pourvu que le maréchal ne maintienne pas le fer chaud contre le sabot plus de 6 secondes. Mais il peut aussi ferrer à froid. Les deux méthodes existent. Puis, le maréchal « broche » les fers, c'est-à-dire qu'il les cloue dans la corne. Les fers sont changés toutes les six semaines environ.

Il porte bonheur !

Parce qu'il est placé sous le sabot d'un cheval, un simple fer devient magique ! De nombreuses croyances populaires lui donnent des pouvoirs surnaturels. Il permet, dit-on, de conjurer le mauvais sort et de chasser les démons. Les chrétiens aimaient l'accrocher horizontalement de manière à former le C du Christ, pour faire fuir le diable. La légende raconte qu'en Allemagne les seigneurs vainqueurs d'une bataille ferraient leurs chevaux avec de l'or. Si un cheval se déferrait, le fer faisait la fortune de celui qui le trouvait.

Les fers orthopédiques

Une ferrure spéciale permet de corriger de mauvais aplombs. Les fers sont alors dits orthopédiques.

Pas de pied, pas de cheval !

Voilà une maxime que tu entendras partout ! Les pieds sont si importants qu'il faut en prendre bien soin en les nettoyant et en les graissant régulièrement.

Le sais-tu ? Un bon maréchal, un sol de qualité et un entraînement progressif permettent de prévenir une grande partie des boiteries du cheval.

Voir aussi
Enrênements, Rênes

Filet

Encore appelé « bridon », le filet est le harnachement le plus répandu. L'action de son mors est relativement douce. Dans les clubs, chaque cheval a son propre filet, bien ajusté à sa taille.

Les montants

Ils permettent de régler la hauteur du mors dans la bouche du cheval. Le mors doit être en contact avec les commissures des lèvres sans les comprimer.

Le mors de filet

La longueur dépend de la taille de la bouche du cheval. Il doit dépasser de quelques millimètres de chaque côté de la bouche. Vérifie son état régulièrement. Un mors trop usé finit par blesser la bouche.

Le frontal

Il ne doit ni serrer, ni bâiller. En cuir bicolore, en strass, en cuir tressé… tu en trouveras de très jolis dans les selleries. De quoi personnaliser ton filet !

Les rênes

Larges de 18 à 25 mm, ce sont des courroies attachées au mors sur lesquelles s'exercent les actions de main de la cavalière. Elles peuvent être en cuir ou en caoutchouc antidérapant.

La muserolle

Elle sert à limiter l'ouverture de la bouche mais ne doit pas être trop serrée. La muserolle française est la plus simple : elle prend place à deux travers de doigt au-dessous des apophyses zygomatiques. La muserolle allemande se boucle en avant du mors. La muserolle combinée est bouclée de part et d'autre du mors. La muserolle n'est pas une obligation. Elle peut gêner certains chevaux.

La sous-gorge

Elle doit rester très lâche. Tu peux y passer la main !

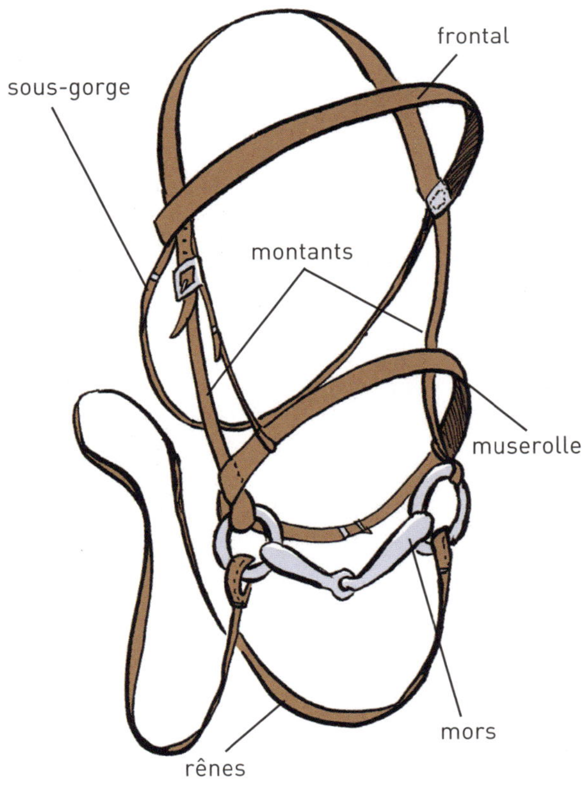

Fjord

Avec sa crinière coupée en brosse, il est trop mignon. Et tellement gentil ! La crème des crèmes !

Le poney des Vikings...

Originaire de Norvège, le fjord est une race ancienne descendant des chevaux préhistoriques de type przewalski. Il a été la monture de guerre des terribles Vikings !

Élevé en race pure, il porte toujours la robe isabelle de ses ancêtres avec la raie de mulet, la bande cruciale et, souvent, des zébrures aux membres.

... Et de la famille

Ce petit cheval des montagnes est idéal pour la famille. Il peut sans problème porter des adultes. Doté d'un pied très sûr, c'est un excellent cheval de randonnée. Doux et volontaire, il a un caractère en or. Facile à vivre, il peut rester dehors par tous les temps et se contente d'une nourriture frugale.

Le style iroquois

Il est reconnaissable à sa robe isabelle et à sa crinière portée en brosse. Il porte une raie sombre qui naît derrière les oreilles et parcourt la crinière en son centre jusqu'au garrot, se poursuit sur le dos et se fond dans la queue. Il a de grands yeux sombres, un nez et un front larges, une encolure courte et musclée, un dos large et court, une arrière-main puissante, des membres courts et solides. Il mesure 1,45 m.

Rustique et courageux, le fjord résiste très bien au froid.

Le sais-tu ? 4 000, c'est le nombre de fjords répartis en France.

*
VOIR AUSSI
Main,
Maîtres

Flexion

Elle consiste à décontracter ton cheval pour ensuite le ployer et l'assouplir.

Si tu veux avoir un cheval léger et bien en place, tu peux pratiquer des flexions de la nuque. Pour cela, abandonne les enrênements qui forcent le cheval, et ne serre pas trop sa muserolle. Ton cheval doit pouvoir saliver et jouer avec son mors. On dit qu'il « goûte son embouchure ». Une fois que le cheval a donné sa bouche, tu peux lui demander une flexion. Tu le plies à gauche, puis à droite. Puis tu le remets droit. Si tu fais cela assez souvent, ton cheval va s'assouplir et se soumettre sans résistance. Au début, dès que tu obtiens une flexion, récompense-le en abandonnant les rênes, voire en donnant une friandise. Ce travail simple exige un cheval attentif et bien avec toi. Commence à le demander uniquement quand tu es tranquille dans un endroit calme. Initiée par Baucher au XVIIIe siècle, cette technique a été reprise et réactualisée par plusieurs nouveaux maîtres comme Pat Parelli. Monté, tu peux également faire des flexions à gauche et à droite. Remets bien ton cheval droit entre deux flexions. Puis laisse-le se décontracter et allonger son encolure. Ce travail ne peut pas être poursuivi trop longtemps !

Une méthode hier décriée

Baucher est un écuyer français (1796-1857) qui a mis au point une méthode d'équitation encore en vogue aujourd'hui et pratiquée par les « bauchéristes ». Pourtant cette méthode a été interdite de son temps à Saumur. Écœuré, Baucher est parti sillonner l'Europe avec un cirque.

Frison

Il nous fait toutes craquer, avec sa robe d'ébène, sa longue crinière, ses allures relevées. En plus, il est facile et proche de l'homme. Venue de Hollande, la perle noire est une crème !

Une race pure

C'est l'une des plus anciennes races du monde. Et elle est restée quasiment pure ! Cheval de ferme puis de guerre, il a été le cheval des cours royales d'Europe, puis de la bourgeoisie flamande avant de briller dans les courses de trot. Il est aujourd'hui reconverti comme cheval de loisir. Protégé de la reine des Pays-Bas, il est de toutes les fêtes. Il est élevé dans la région de la Frise, au nord du pays.

Une sélection terrible

Excessivement sélectif, l'élevage néerlandais tend vers un frison plus que parfait ! Un véritable parcours du combattant attend chaque cheval qui veut devenir reproducteur. Le moindre défaut l'empêche d'être inscrit au stud book. Les juments doivent toiser au minimum 1,58 m, posséder des allures exceptionnelles et une morphologie irréprochable. À la suite d'une année d'entraînement, elles subissent une épreuve soit attelée soit montée. Un processus de sélection encore plus impitoyable attend les étalons. Il n'y a que 70 étalons reproducteurs dans le monde, pour les trois quarts aux Pays-Bas et pour un quart aux États-Unis. L'absence totale de croisement est le fondement de l'élevage du frison.

Un caractère en or

Pour les Hollandais, le frison est vraiment le cheval de famille. Il peut être monté par le petit dernier sans problème. Généreux, il s'adapte au niveau de celui qu'il a sur le dos ! Il n'a peur de rien, ne mord pas, ne botte pas. Bref, il est sans problème ! Très câlin, particulièrement proche de l'homme, il a toujours envie de communiquer. D'ailleurs, il répond à la voix. De plus, il n'a jamais envie de se bagarrer, ni avec les autres chevaux, ni avec l'homme. Il est toujours d'accord. Intelligent, il comprend tout et vite.

CÉLÉBRITÉS

Le frison de Bartabas a donné son nom au théâtre équestre Zingaro. Un cheval exceptionnel qui savait jouer la comédie et excellait dans la colère.
Darwin et Graal, les frisons du Théâtre du Centaure, sont des acteurs à part entière.
Weibo, le frison de Lucien Grüss, a été un artiste exceptionnel, aussi bien attelé que monté.

Le sais-tu ? L'élevage moderne s'oriente vers un frison plus sportif, apte à participer à des concours de dressage.

Le frison est pourvu d'une belle crinière ondulée recouvrant l'encolure parfois jusqu'à l'épaule, d'un toupet abondant tombant sur les naseaux. Le dessus de son encolure doit être levé de façon élégante, la courbure faisant penser à un col de cygne.

Un frison, pour quoi faire ?

• En dressage, c'est un danseur-né. Stylé, il est prédisposé pour le rassembler, le piaffer ou le passage. En compétition, sa morphologie encore un peu massive ne lui permet pas d'égaler les chevaux allemands. Mais il change !

• Impossible de trouver plus élégant en attelage. Aux Pays-Bas, les personnalités en voyage officiel sont accueillies par la reine dans un carrosse tiré par des frisons et, en Grande Bretagne, les frisons emmènent le corbillard royal !

• En CCE et en CSO, le frison n'est pas le cheval de la situation. Il manque d'endurance et de rapidité. Et puis, il n'est pas bâti pour sauter.

• En randonnée, il peut être un formidable compagnon de route. Calme, il sait faire face à toutes les situations.

• Mais le frison est avant tout un artiste : la danse, la comédie, le cirque sont ses domaines de prédilection.

Galop (allure)

VOIR AUSSI
Allure

La première fois, il impressionne ! Mais après, on ne peut plus s'en passer…

Le bon départ

Les débutants demandent le galop en accélérant le trot. Mais très vite, il faut demander de « vrais départs ». Pour le galop à droite, tu places ta jambe droite à la sangle, tu recules ta jambe gauche et tu portes le poids de ton corps très légèrement vers la gauche. Dès le départ enclenché, tu cèdes dans les mains. C'est plus facile de demander un départ juste avant un tournant ou sur un cercle.

À juste ou à faux ?

Pour des raisons d'équilibre, le cheval doit galoper sur le pied droit pour tourner à droite et inversement. En manège, piste à main droite, on dit qu'il galope à juste. En revanche, il est à faux s'il galope sur le pied gauche à main droite. Pour le vérifier, contrôle en baissant les yeux vers son épaule intérieure qui doit être légèrement devant l'épaule extérieure. Apprends aussi à le ressentir sans regarder. Le galop à juste est plus confortable, plus facile pour le cheval.

À fond les manettes !

Plus ça va vite et plus le galop est difficile à suivre assis. Décolle légèrement tes fesses, penche-toi un peu en avant et tiens-toi en équilibre sur les étriers. Tu n'as plus qu'à t'imaginer sur un champ de courses !

SPEEDY !

Fin et longiligne, le pur-sang anglais est vraiment taillé pour la course de vitesse. Il galope à 68 km/h. Le record est de 70 km/h. Il va même plus vite que le Greyhound, le chien le plus rapide du monde (65 km/h), et que l'autruche qui peut atteindre cette vitesse en cas de danger. La médaille d'or revient sans conteste au guépard, qui atteint 110 km/h !

Le sais-tu ? Entre chaque foulée de galop, il y a un temps de suspension pendant lequel aucun pied du cheval ne touche le sol.

Galops® (examens)

Organisés par la Fédération française d'équitation, ces examens jugent ton niveau d'équitation mais aussi ta connaissance des chevaux et des soins.

9 niveaux

Il existe 9 Galops®. Les programmes entrés en vigueur le 1er septembre 2012 distinguent 5 spécialités : cavalier, voltigeur, meneur, pleine nature et westerner.

5 modules

Chaque Galop® comporte des modules pour :

- la pratique équestre ;
- les soins ;
- le travail à pied ;
- les connaissances générales ;
- les connaissances du cheval.

Non obligatoires

Ils ne sont pas obligatoires sauf pour faire de la compétition officielle.

Comment les passer ?

Préviens ton enseignant qui t'indiquera comment se préparent les examens. Un cavalier qui monte régulièrement et qui fait des stages peut passer un Galop® par an. Mais le mieux est d'aller à son rythme et de prendre son temps. Les Guides fédéraux des Galops® sont disponibles sur la boutique en ligne du site www.ffe.com.

TROIS RAISONS DE LES PASSER :

- Cela te permet de bien situer ton niveau. Utile si tu changes de club ou si tu montes pendant les vacances.
- Passer un Galop® te donne un objectif. C'est motivant.
- Tu vas progresser ; tu vas devenir autonome à cheval, apprendre à bien le soigner, étudier sa locomotion...

Garde à cheval

Le garde à cheval surveille l'environnement et sensibilise le public à la protection de la nature.

Mission

Sa mission : la surveillance. À cheval, il se déplace plus vite et voit plus loin. En plus, il est bien vu ! Le public accepte mieux sa présence. Il peut exercer son activité en milieu forestier, dans la montagne, au bord de la mer ou dans les parcs nationaux. Il dépend généralement du ministère de l'Environnement, des Collectivités locales et territoriales.

Formation

Pour devenir garde à cheval, il faut avoir un bon niveau équestre (minimum Galop® 5) et plus de dix-huit ans. On peut alors suivre une formation qui peut durer dix mois.

Contraintes

Il faut aimer monter à cheval, quelle que soit la météo ! La rémunération est comprise entre 1 200 et 2 500 €.

Évolution

Le métier de garde à cheval se développe avec le tourisme vert. Certaines communes mettent en place une police municipale à cheval. Mais les possibilités d'évolution sont minces. De garde, on peut devenir chef de brigade.

LES QUALITÉS REQUISES :

- avoir le sens du contact ;
- posséder une bonne connaissance du milieu naturel ;
- avoir une certaine autorité naturelle ;
- aimer travailler dehors.

Ils défilent le 14 juillet, suivent le cortège présidentiel au rythme de la fanfare, présentent des carrousels, surveillent les massifs forestiers... Les gardes républicains passent leur vie à cheval.

Mission

Le régiment de la Garde républicaine appartient à la gendarmerie nationale. Il assure la sécurité ainsi que les honneurs du président de la République, et patrouille dans les massifs forestiers d'Île-de-France. Les gardes républicains sont en contact permanent avec les chevaux.

Formation

Il faut réussir le concours d'admission à la gendarmerie, mesurer 1,70 m minimum et avoir le Galop® 5.

Contraintes

Pour devenir garde républicain, mieux vaut accepter la discipline et apprécier la vie de caserne ! Côté salaire, les gardes républicains démarrent à 1 700 euros et atteignent 2 200 euros en fin de carrière, sécurité de l'emploi comprise !

Le Plus

La Garde républicaine entretient des sections sportives qui participent aux compétitions. C'est l'occasion de faire du concours !

LES QUALITÉS REQUISES :

- être rigoureux·se ;
- avoir le sens de la discipline ;
- adorer monter à cheval mais aussi entretenir une écurie.

Le sais-tu ? La Garde républicaine est aussi présente dans le Pacifique, en Nouvelle-Calédonie.

Grand·e (trop pour ton poney)

Tu grandis mais… pas ton poney ! Un jour, tu deviendras trop grand·e pour lui. Si tu ne peux pas le garder, prépare-toi à la séparation.

Vive le shetland !

À « shet », on peut tout faire ! Sauter, galoper, tourner, s'arrêter et même seller, tout paraît facile. En plus, cet adorable poney est souvent de bonne composition (quoiqu'un peu têtu). Il adore jouer et il est assez malin pour ne pas se mettre en danger. Il pardonne plus volontiers les fautes de main qu'un poney plus près du sang. On tombe de moins haut et on se fait moins peur ! C'est le poney idéal des 4-10 ans. Certains accros du shet repoussent l'âge de le quitter jusqu'à douze ans révolus ! En règle générale, il faut passer à un poney plus grand vers 8-10 ans. Mais toujours, on gardera la nostalgie du Shetland et des meilleurs moments de son enfance.

Plus de temps ?

Pas facile de quitter son poney préféré. Il faut parfois se résigner à le vendre ou à le confier à un cavalier plus jeune. Si tu as la possibilité de le garder, tu peux l'atteler, le travailler aux longues rênes ou en liberté. Tu peux aussi lui enseigner des tours (comme la révérence). Les poneys adorent apprendre de nouveaux jeux !

Un rapport taille-poids ?

Non, il n'existe pas de règle précise permettant de définir un rapport taille-poids entre un cavalier et sa monture. En compétition, les poneys sont classés en quatre catégories, réservées chacune à des cavaliers de groupes d'âge différents. Mais en dehors des concours, la limite est floue. Si tu es trop grand·e, tu vas gêner ton poney en saut d'obstacles. En dressage, l'harmonie sera difficile à trouver et tu risques de prendre des défauts. À toi de ressentir si ta position reste correcte, si ton poney te supporte bien ou, au contraire, s'il se fatigue vite parce que tu es trop grand·e. C'est d'autant plus facile à ressentir que tu le connais bien.

Pas de précipitation

Inutile de te précipiter sur des poneys de plus en plus grands que tu ne parviendras pas forcément à maîtriser. Prends ton temps et le changement viendra naturellement. Des poneys de taille intermédiaires comme le dartmoor ou le welsh te permettront de passer le cap. Vers 14-15 ans, tu passeras sur des grands poneys ou sur des chevaux. Eh oui, l'enfance est finie !

Le sais-tu ? La taille d'un poney ou d'un cheval se mesure du sol au garrot.

VOIR AUSSI
Amitié, Besoins

Grégaire (instinct)

Le cheval est très sociable. Il a un fort instinct grégaire, c'est-à-dire qu'il a le sens de l'appartenance au groupe.

Dans un pré, si un cheval est inquiété par quelque chose, il part au galop... et les autres font instantanément comme lui ! À l'état sauvage, le cheval trouve sa sécurité dans le groupe. Isolé, il est la proie des prédateurs (loups, hyènes, pumas...).

Inséparables

Cet instinct est si fort que lorsque deux chevaux vivent ensemble dans un pré, il est parfois impossible de les séparer. La séparation les rend fous ! Ils peuvent se jeter contre la barrière ou la sauter, hennir comme des forcenés, ou encore se laisser dépérir.
Pour rendre un cheval indépendant des autres, il faut agir progressivement. Tu peux déjà le travailler en main. Tu deviens alors une sorte de « cheval de tête ». Ce qui est rassurant. Ton cheval doit pouvoir marcher en main, reculer, tourner à la longe... Il te fait confiance et se concentre sur ce que tu lui demandes de faire.

Gourmand

Au début, des petites friandises peuvent t'aider à capter son attention. Tu lui en donnes une dès qu'il fait quelque chose de bien. Essaie ensuite de travailler individuellement dans la carrière mais sans t'éloigner des écuries, en occupant ton cheval par toutes sortes d'exercices. Progressivement, enfin, tu t'éloigneras du groupe. N'oublie pas de lui parler, surtout s'il est inquiet d'être séparé de ses copains de pré.

Groom

C'est tout un art de s'occuper d'un cheval champion et… c'est un travail à plein temps.

Mission

Le mot vient de l'anglais *to groom*, qui veut dire : panser, soigner. Un groom passe tout son temps avec les chevaux. Il les soigne, les panse, les chouchoute, veille à leur bien-être mais aussi à leur moral. C'est la personne de confiance sur laquelle le cavalier de compétition peut se reposer. Dès qu'il entre dans son box, le groom sait tout de suite si le cheval a bien dormi, s'il est de bonne humeur ou s'il a mal quelque part. Il connaît chaque cheval par cœur. Il accompagne le cavalier en concours, conduit le camion. Débrouillard, il sait quoi faire en cas de panne ou si un cheval tombe malade, s'occuper des formalités à la frontière, gérer les arrêts repos…
Arrivé sur le lieu du concours, il paille les box, descend les chevaux du camion, les installe confortablement. Certains grooms montent les chevaux au pas ou en balade, d'autres les promènent en main pour qu'ils se dégourdissent ou les tournent à la longe. À lui aussi de remplir les abreuvoirs, descendre les malles de matériel, nourrir et pratiquer les soins aux chevaux. Souvent, il dort dans le camion à proximité des chevaux.
Le lendemain matin, si la première épreuve est à huit heures, il est debout à six heures pour nourrir les chevaux. Puis il aura pour mission de préparer les chevaux à la bonne heure, ni trop tôt ni trop tard. Les chevaux de concours doivent toujours être parfaitement bien présentés.
À l'issue du concours, il partagera la joie ou la déception de son cavalier.

LES QUALITÉS REQUISES :

- aimer voyager ;
- adorer les chevaux mais pas forcément pour les monter ;
- être disponible ;
- être rigoureux·se.

Formation

Aucune formation n'est obligatoire. Tu peux passer un CAPA soigneur d'équidés, un BPA option hippique, un BEPA en-

Des écuries aux terrains de concours, le groom suit le cheval partout.

traînement du cheval de compétition. Le permis poids lourd est indispensable. Souvent, le groom doit travailler le dimanche. Le salaire est de 1 000 à 1 200 euros par mois chez les cavaliers professionnels, souvent logé, nourri, blanchi et avec des primes de déplacement. Les salaires peuvent atteindre 1 500 euros par mois mais de plus en plus souvent, le groom a un statut d'auto-entrepreneur.

À NE PAS CONFONDRE AVEC GROOMING

Au pré, deux chevaux qui s'entendent bien restent à côté l'un de l'autre. Ensemble, ils broutent et se livrent à la toilette mutuelle (grooming). Tête-bêche, ils se mordillent mutuellement le garrot, l'encolure, la crinière, le dos, la croupe, la base de la queue. Ils peuvent également se chasser les mouches, la queue leur servant d'éventail.

Évolution

Les déplacements le week-end finissent par décourager certains grooms. Ils peuvent alors devenir responsables d'écurie. À savoir : les bons grooms sont recherchés et ne restent pas longtemps sans travail.

Hippophagie

« Non, un cheval ça ne se mange pas ! » dit le slogan de la campagne contre l'hippophagie. Pour les amoureux des chevaux, cela paraît évident ! Mais ce n'est pas si simple...

Histoire

L'hippophagie, c'est le fait de manger de la viande de cheval. Une pratique qui remonte à l'âge de pierre, comme en témoignent les fresques de chasse des chevaux que l'on trouve dans les grottes et les sites archéologiques. Mais ce n'est qu'au XIXe siècle que l'hippophagie est légalisée en France. La consommation de viande de cheval fait déjà débat, les uns argumentant qu'elle protège les chevaux en obligeant leurs propriétaires à les garder en bon état jusqu'à la fin, les autres comme Alexandre Dumas pensant qu'il faut respecter le noble animal et ne le consommer qu'en cas de blocus ou de famine.

Au début des années 1970, dans le but de sauver les races de chevaux de trait, les Haras nationaux mettent sur pied une filière « viande » et donnent un coup de pouce à un élevage chevalin orienté vers la boucherie. On les appelle alors « les chevaux lourds ».

Désaffection

Au fil du temps, la viande de cheval est de moins en moins consommée. Mais le débat rebondit avec son entrée en grandes surfaces. La plupart des grandes enseignes ouvrent un rayon chevalin et font de la publicité pour la viande mexicaine ou argentine, par exemple.

Les chevaux concernés

88 % des chevaux de trait sont destinés à la boucherie. Les poulains partent « au couteau » avant d'avoir atteint l'âge de dix-huit mois. Les jeunes chevaux de trait ne représentent qu'environ 29 % des chevaux abattus. Le reste est constitué des « chevaux de réforme » : des chevaux de course blessés ou pas suffisamment performants sur les hippodromes, de gentils chevaux de club et d'anciens chevaux de particuliers qui mériteraient une retraite. La plupart du temps, ils ne vont pas directement à la boucherie. Leurs propriétaires préfèrent garder la « conscience tranquille » et les céder à un marchand, souvent à l'occasion de l'achat d'un nouveau cheval. Parfois, ils les « placent contre bons soins » chez quelqu'un et ne s'occupent plus de leur sort. Leurs papiers sont falsifiés et voilà comment des gentils chevaux qui ont été montés et qui ont travaillé se retrouvent transformés en lasagnes !

Scandale

En juin 2013, la découverte de viande de cheval venant remplacer la viande de bœuf dans certains plats cuisinés a provoqué un énorme scandale en Europe.

Transport et abattage

Les conditions de transport sont devenues plus draconiennes grâce à la législation européenne. Mais les contrôles effectués par des associations montrent qu'elle est loin d'être appliquée. Les chevaux sont si émotifs, si sensibles que l'on peut imaginer l'effroi qu'ils doivent ressentir en pénétrant dans un abattoir.

COMMENT PROTÉGER TON COMPAGNON ?

Pour éviter que ton cheval ne finisse à l'abattoir, remplis bien la déclaration inscrite sur le « feuillet médicamenteux » qui accompagne la carte d'identification du cheval. Ne donne pas ton cheval contre « de bons soins » à des inconnus. Inquiète-toi de son avenir et prévois-lui une vraie retraite, pas trop loin de chez toi pour lui rendre visite régulièrement.

Le cheval, animal domestique

De nombreuses associations considèrent le cheval comme un animal domestique au même titre que le chien et le chat. Lui donner ce statut particulier l'exclurait de la consommation.
En attendant, chaque cavalier peut et doit se préoccuper de l'avenir de son cheval ou du cheval de club qui lui a donné ses premières sensations.

Le sais-tu ? « On n'a pas deux cœurs : un pour les humains et un pour les animaux. On a du cœur ou on en n'a pas ». Lamartine

Horse-ball

VOIR AUSSI
Disciplines

C'est une sorte de basket à cheval ! Jeu d'équipe, il peut être pratiqué à cheval ou à poney. Ambiance garantie !

Les règles du horse-ball sont très précisément définies.

Le horse-ball oppose deux équipes de quatre cavaliers qui doivent mettre un ballon dans des buts après avoir fait des passes. Le ballon est entouré de lanières en cuir permettant de le ramasser au prix d'acrobaties qui font le charme du horse-ball !
Le horse-ball te permettra de travailler ta souplesse, ton assiette et d'oublier toute appréhension. Les règles du jeu incitent au respect du cheval. Par exemple, il est interdit de couper la trajectoire du porteur de balle ou de galoper en sens inverse. Pour pouvoir jouer au horse-ball, il faut avoir un niveau Galop® 4.
Il est pratiqué sur des chevaux plutôt petits et toniques qui apprécient généralement de se retrouver entre eux et prennent goût au jeu.
Le horse-ball séduira ceux et celles qui ont l'esprit d'équipe et recherchent un terrain d'expression moins conventionnel, plus « fun » que les disciplines traditionnelles. C'est une discipline qui plaît aux garçons !

L'équipement

Pour le joueur : culotte et bottes, sweat-shirt aux couleurs de l'équipe, casque et genouillères.
Pour le cheval : une selle, un filet, des protections. Les étrivières sont reliées entre elles par une courroie passant sous la selle et permettant de se pencher très bas pour ramasser le ballon.

Des origines lointaines

Le horse-ball a été inventé dans les années 1970 dans le sud-ouest de la France. Il est inspiré du bouzkachi afghan, si bien décrit par Joseph Kessel dans *Les Cavaliers*.

L'ENCYCLO DU HORSE-BALL

• Arrachage : deux adversaires se disputent le ballon, chacun tirant sur une anse pour l'arracher des mains de l'autre. Le joueur peut sortir de sa selle pour attraper la balle, mais doit se rasseoir aussitôt qu'il l'a en sa possession.
• Marquage : il s'agit de défendre son but en tentant de prendre le ballon des mains de l'attaquant ou en l'empêchant de s'approcher des buts.
• Passe : elle désigne l'intervalle de jeu pendant lequel la balle circule d'un joueur à l'autre au sein d'une même équipe. La passe latérale (sur les côtés) est la plus courante. Dans la passe lobée, la balle suit une trajectoire en forme de cloche. La passe derrière le dos est une feinte pour éviter un adversaire situé en face de soi.
• Ramassage : il consiste à ramasser le ballon par terre sans descendre de cheval. Le cheval doit obligatoirement être en mouvement, quelle que soit l'allure. Il est interdit d'effectuer un ramassage à l'arrêt.

Hunter

VOIR AUSSI
Disciplines

Le style pour sauter, le cheval, la tenue du cavalier, sa position… tout est jugé en hunter ! Et tout est beau ! C'est le summum de la classe.

Combiné entre le saut d'obstacles et le dressage, le hunter se compose d'un parcours de saut d'obstacles jugé et noté, et de figures sur le plat. Il ne s'agit pas de sauter « à la sauvage » mais tout en finesse, en fluidité et en harmonie avec sa monture.

D'où ça vient ?

Le hunter a été conçu à l'origine pour occuper les cavaliers de chasse à courre en dehors des périodes de vénerie, et préparer des chevaux pratiques pouvant être confiés à n'importe quel invité à l'occasion d'une chasse. Cette origine explique le profil des obstacles : massifs, naturels, kaki, marron, beiges… souvent très fleuris. Aux États-Unis, cette discipline est obligatoire pour les cavaliers qui veulent pratiquer le saut d'obstacles. Elle fait partie de leur cursus de formation. Pas étonnant que les Américains soient devenus très compétitifs en CSO !

Style ou équitation ?

Le hunter se compose d'un parcours de saut d'obstacles jugé et noté, et de figures sur le plat (transition, reculer, galop à faux, changement de pied…). Deux sortes d'épreuves existent.
Dans le « hunter style », le juge note surtout le cheval, son calme, son obéissance, son style à l'obstacle, son équilibre, le soin apporté à son toilettage. Pour le « hunter équitation », on note surtout le cavalier et la qualité de son équitation, sa position en équilibre, sa fluidité, son harmonie avec sa monture. Il commence son parcours par un cercle afin d'installer son cheval dans la bonne cadence et l'équilibre. Il termine également par un cercle. Le parcours peut comprendre des passages imposés, des transitions au trot et au pas, des reculés, des courbes au galop à faux, des sauts de puce, des obstacles à franchir de biais…

Le comble de l'élégance

La tenue du cavalier doit être élégante et sobre, en harmonie avec la robe de sa monture. L'idée est d'attirer plutôt l'attention sur le couple. Il a le droit de porter une tenue de CSO mais elle doit être impeccable. Une tenue de style anglais est très appréciée par les juges : veste en tweed, culotte claire. Autre tissu qui a la côte : le pied-de-poule. Les gants et le casque sont obligatoires. Les bottes doivent être propres (prévois un chiffon ou une lingette à passer au dernier moment).

Un cheval stylé…

Le cheval doit être tressé, ses poils superflus enlevés, sa queue égalisée, épilée ou tressée, les châtaignes rognées, son nez propre, son poil brillant. Les protections doivent être discrètes, le tapis en forme de selle.

… Et aux ordres

En hunter, le cheval est sous le contrôle de son cavalier qui travaille chaque foulée de galop. S'il doit en faire quatre petites, ce n'est ni cinq mini, ni trois grandes ! Ce travail de fond rend le cheval très agréable à monter. Pas question de sortir avec une monture qui tire sur les barres et de lui mettre des mors trop durs ! Seuls le filet, la bride et le pelham quatre rênes sont autorisés. Pas de hackamore, de releveur, de mors américain… Cela apprend vraiment le respect du cheval.

Progrès assurés

Le cavalier doit se concentrer sur des points techniques comme la rectitude, l'équilibre, la cadence, les trajectoires… Dérouler un parcours de hunter à 90 cm est plus difficile qu'un parcours de CSO à 1 m ou 1,10 m !

Le hunter permet de travailler les épreuves de Grand Prix. On apprend à tourner court, à rassembler son cheval, à prendre les obstacles de biais… Tout ce qui peut nous faire gagner en CSO !

Qualités requises :

- être perfectionniste ;
- avoir un grand respect pour les chevaux ;
- avoir envie de réaliser des tours propres et maîtrisés.

Ibériques

VOIR AUSSI
Races (quiz), Tresses

Pure race espagnol ou lusitanien, les deux races de chevaux ibériques se ressemblent. Elles sont toutes deux douées pour le dressage, la haute école et le spectacle.

D'où viennent-ils?

Ce sont des races très anciennes du sud de la péninsule Ibérique certainement apparentées à la race barbe. Longtemps, le lusitanien a été regroupé avec son cousin espagnol sous l'appellation d'andalou. Depuis quelques décennies, ils ont subi une sélection différente avec des stud-books séparés : en Espagne, le pure race espagnol (PRE) et au Portugal, le pur-sang lusitanien.

Qui est le pure race espagnol?

C'est un cheval magnifique, modèle d'élégance et d'énergie retenue. Il a longtemps été destiné à la guerre, puis à la haute école, la parade et la tauromachie. Il allie la noblesse à la docilité, le courage à l'agilité. Généreux et endurant, il ne rechigne pas au travail. Il est, de plus, assez facile à entretenir, avec de bons pieds et un appétit

Sélectionné pour combattre les taureaux, le lusitanien est à la fois calme, courageux et généreux.

Gai, intelligent et joueur, le pure race espagnol est un merveilleux compagnon.

modéré. Sensible, intelligent, il est proche de l'homme.

Qui est le lusitanien ?

Il est le « cheval de roi » et le « roi des chevaux ». Relevées et brillantes, souples et moelleuses, ses allures sont célèbres dans le monde entier. Harmonieux et bien équilibré, il est particulièrement doué pour le rassembler. Fougueux et gai, il est également gentil et facile à monter.

Leurs ressemblances

Ce sont des chevaux plutôt ronds, avec une encolure puissante, des membres secs et musclés, des yeux vifs et expressifs. Les deux races ont presque la même morphologie. Leur corps s'inscrit dans un carré. Tous deux gardent traditionnellement les crins longs.

Leurs différences

Plus costaud, le lusitanien a une croupe plus forte, une tête plus busquée, des crins plus fins. Le pure race espagnol est plus fin, plus léger. Ses crins sont plus abondants.

Que font-ils ?

Leur élégance et leur aptitude au rassembler en font de magnifiques chevaux de dressage et de haute école (même s'ils sont moins à la mode que les chevaux allemands). Souples, énergiques et intelligents, ils sont souvent la monture des cascadeurs et les stars des spectacles équestres.

Le sais-tu ? Les deux races peuvent être laissées « à tous crins » : leur queue et leur crinière sont si jolies qu'il serait dommage de les raccourcir.

VOIR AUSSI
Dos, Intelligence

Non, non, non ! Le cheval n'est pas bête ! L'équitation ne fait pas mal au dos ! Le « tape-cul » n'est pas obligatoire… Fais la chasse aux idées reçues.

Le poids des principes

En équitation comme ailleurs, certaines personnes assènent des principes comme des vérités absolues. N'hésite pas à leur poser des questions. Toute vérité ne doit-elle pas être démontrée ? Certains principes se justifient, d'autres non. À toi de faire le tri.

Bête ou pas bête ?

Le cheval est loin d'être bête. Il est même intelligent, pour peu qu'on le laisse développer cette intelligence. Souvent, on le croit bête parce qu'il se laisse dominer par ses émotions : cet hypersensible a tout simplement besoin d'être rassuré.

L'équitation a bon dos

Autrefois, les gens qui avaient mal au dos étaient condamnés au repos. Les médecins les empêchaient de faire du sport et surtout de monter à cheval. Aujourd'hui, les médecins se sont aperçus que le sport, pratiqué comme un loisir, était bénéfique pour le dos. Il le muscle et le rend plus solide.

Tape-cul

Faire du tape-cul, c'est tourner en rond dans un manège en se faisant secouer comme un prunier ! Ce n'est pas la meilleure manière d'apprendre à monter à cheval. Commence en suspension. Assieds-toi progressivement en accompagnant le mouvement avec ton bassin. Ne te décourage pas. Il faut du temps pour acquérir une bonne assiette.

Il faut changer de cheval pour progresser

C'est à la fois vrai et faux. Un débutant a tout intérêt à commencer toujours avec la même monture : il va ainsi prendre confiance en lui. Idem pour celui ou celle qui s'est fait peur. En revanche, à un niveau moyen, il est judicieux de s'adapter à de nouveaux chevaux. Enfin, quand tu seras devenue très fort·e, il faudra monter le plus souvent possible le même cheval pour progresser avec lui et, vraiment, former un couple.

L'impulsion, c'est l'énergie avec laquelle le cheval se déplace en se propulsant avec ses postérieurs.

Moteur !

Chez le cheval, les postérieurs font office de moteur. À chaque pas, le cheval engage ses postérieurs sous sa masse (sous son corps). C'est l'impulsion. Elle peut être naturelle ou acquise par un travail de dressage.

Impulsion naturelle

Certains chevaux ont de l'impulsion, d'autres non. On dit qu'ils traînent les savates ! Évidemment, on n'a pas le même plaisir ni les mêmes sensations à les monter. Mais l'impulsion peut s'améliorer avec l'entraînement.

La stimuler

Avec les jambes et l'assiette, tu vas mettre ton cheval en avant. Pour cela, il faut d'abord le laisser libre devant. Ne cherche pas à lui tenir la tête ou à trop l'incurver dans un premier temps. Agis avec tes deux jambes à la sangle une fois ou deux, mais pas tout le temps. Sinon, tu vas lasser ton cheval et le blaser. Accompagne-le bien avec ton bassin. Plus tu joues avec ton bassin, et plus le cheval va amplifier sa foulée.

Leçon de jambes

Lorsque ton cheval ne répond pas aux jambes, inutile de t'acharner à lui labourer les flancs. Stimule-le plutôt avec un coup de cravache derrière ta botte. S'il réagit, félicite-le chaleureusement. En général, un coup de cravache suffit. Deux, c'est vraiment le maximum !

Le sais-tu ? « Calme, en avant et droit », c'est la doctrine du Cadre Noir fixée par le général L'Hotte.

Instructeur et moniteur

Instructeur et moniteur sont deux métiers de l'enseignement. Le moniteur donne des cours d'équitation. L'instructeur, en plus, forme les moniteurs, gère une structure équestre, entraîne des sportifs de haut niveau...

Formation

Pour être moniteur, il faut posséder le BPJEPS (Brevet professionnel de la Jeunesse, de l'Éducation populaire et du Sport), spécialité activités équestres. Conditions : avoir 18 ans et le niveau Galop® 7. La formation dure un an ou deux. Son coût ? Entre 6 000 et 11 000 € avec plusieurs possibilités de financement.

Pour être instructeur, il faut passer le DESJEPS (Diplôme d'État Supérieur de la Jeunesse, de l'Éducation populaire et des Sports), niveau Bac + 2. Tu peux te spécialiser en dressage, saut d'obstacles, concours complet, attelage, tourisme équestre, équitation de tradition et de travail.

Mission

L'instructeur a la possibilité de former des moniteurs. Il est capable de diriger une école d'équitation, gérer une structure, entraîner des cavaliers à la compétition.
Quant au moniteur, il donne des cours dans un club. Il enseigne aussi bien aux débutants qu'aux cavaliers confirmés mais 90 % de son travail concerne l'initiation. Il anime des stages, organise des fêtes, emmène des élèves en promenade, bref, il fait vivre le club. Souvent, il donne également un coup de main pour nettoyer les écuries. Il s'occupe des soins aux chevaux, les nourrit, gère leur planning... Parfois, il emmène des élèves en compétition. Il valide les examens fédéraux. Il doit être capable d'éduquer les chevaux du club.

LES QUALITÉS REQUISES :

- être pédagogue ;
- avoir le sens des responsabilités ;
- être organisé·e ;
- être rigoureux·se ;
- avoir le contact facile et le sens de l'accueil ;
- aimer travailler en plein air ;
- être d'humeur égale ;
- avoir de la patience, avec les chevaux comme avec les élèves ;
- être endurant·e physiquement.

Avantage

L'instructeur bénéficie du statut de cadre et d'une rémunération plus intéressante (entre 1 900 et 2 100 € brut par mois). Par comparaison, un moniteur gagne un salaire minimum de 1 600 € brut par mois. Peuvent s'y ajouter des avantages comme un logement ou une pension à prix réduit pour un cheval. De plus, il vit au milieu des chevaux, au grand air, et a des contacts permanents avec la clientèle. Le moniteur ou l'instructeur peuvent décider de s'installer à leur propre compte.

Contraintes

L'instructeur comme le moniteur doit souvent travailler le soir, le week-end, et pendant les vacances scolaires ! Ses journées sont longues. Toujours dehors, ils doivent parfois faire face à des conditions climatiques difficiles. Plus souvent à pied qu'à cheval, il lui reste peu de temps pour monter ses propres chevaux et poursuivre une carrière sportive de haut niveau. La durée de vie professionnelle des moniteurs est étonnamment courte : cinq ans en moyenne !

Chiffres-clés

La très grande majorité des enseignants de moins de 40 ans sont aujourd'hui des femmes : 64,4 % chez les moins de 24 ans ; 61,3 % chez les moins de 30 ans ; 54,5 % chez les moins de 40 ans.

Intelligence

VOIR AUSSI
Apprentissage, Jeu

Plus tu fréquentes les chevaux et plus tu es étonné·e par leur faculté d'associer des idées, leur don d'imitation, leur ingéniosité pour se détacher ou pour accéder au bac à grain, leur mémoire…

Qui a dit stupide ?

Certains pensent que le cheval est bête parce qu'il a parfois des réactions irraisonnées. En fait, il a peur. Dans la nature, le cheval est une proie. Menacé par les lions, les chacals, les hyènes ou les hommes, il ne doit son salut qu'à… la fuite ! C'est ce qui fait dire à ceux qui le connaissent mal qu'il est stupide. En réalité, son quotient émotionnel est certainement plus élevé que son quotient intellectuel. Mais c'est un animal paisible et joueur, qui ne demande qu'à apprendre et à nous faire plaisir. Particulièrement gentil, il n'hésite pas à recommencer dix fois le même exercice. Un sacré bon élève !

Il aime apprendre

Commence par le mettre en confiance. Lorsqu'un cheval est stressé ou qu'il a peur, on a l'impression qu'il ne comprend rien. Mais quand il est bien dans ses sabots, le cheval aime apprendre et nous faire plaisir. Quant à sa mémoire, elle est excellente. Il imprime tout ! Il apprendra d'autant plus vite qu'il sera largement récompensé. Une caresse, une friandise, une parole de félicitation ou le simple arrêt de l'exercice, tu as le choix !

Curieux de nature, le cheval explore sans cesse son nouvel environnement. Attentif, il essaie de savoir ce que l'on attend de lui. Plus il est jeune et plus il est avide d'apprendre. Il faut donc garder intacte cette envie de bien faire. Évite de le lasser. Vingt minutes de travail intense suffisent. Le reste du temps peut être partagé entre la détente, le travail à pied, une balade avec d'autres chevaux…

Stimule-le !

Tu peux développer son QI en lui apprenant de nouveaux mots, en sollicitant son attention par des exercices variés ou en jouant avec lui. Pour lui apprendre à apprendre, tu peux lui faire résoudre de petits problèmes simples. Par exemple, tu peux le laisser choisir son chemin à l'extérieur. Rênes longues, tu le laisses se débrouiller quand il y a de la boue, des branches, des flaques. Tu peux faire le même exercice en carrière en posant des barres au sol de façon aléatoire. Il va s'affirmer et prendre des initiatives. Il va devenir plus attentif, plus réactif mais aussi plus indépendant. Rappelle-lui régulièrement qu'il y a des moments où il peut choisir son chemin parce qu'il est rênes longues. Mais quand les rênes sont ajustées, c'est le cavalier qui décide !

Essaie de te rendre intéressant·e pour lui et sois à son écoute. Tel un bon prof ! De son côté, comme la plupart des élèves, le cheval ne réussira que si la matière l'intéresse ! Laisse-le toujours sur une bonne impression (jamais sur un échec ou un refus). En cas de problème, reviens sur un exercice qu'il sait bien faire et récompense-le.

De bonnes conditions de travail

Avant d'apprendre quelque chose de nouveau à ton élève, vérifie qu'il est apte. Un cheval peut refuser un exercice uniquement parce qu'il a mal quelque part. N'oublie pas de le détendre s'il en a besoin. S'il est resté enfermé au box toute la journée, il peut être comme une Cocotte-minute prête à exploser. Prends le temps de le lâcher en liberté dans le manège ou de le tourner à la longe ; une fois détendu, il sera plus attentif. En été, s'il est assailli par les mouches et les insectes piqueurs, il ne pourra pas se concentrer. Mets-lui un produit insecticide. Et si un jour il n'est pas disponible (jument en chaleur, ambiance orageuse...), remets la leçon au lendemain. Les chevaux ont leurs humeurs ! Inutile de s'acharner, de l'écœurer ou d'aller à l'affrontement. Mieux vaut être plus malin !

LE JEU

Le jeu lui permet d'exercer ses capacités d'imagination, de s'adapter à de nouvelles situations, de devenir plus réactif et même de réfléchir. Une balle de tennis suspendue à une corde, un bâton suspendu, un gros ballon à poignée, un seau... tout est prétexte à s'amuser.
Tu peux jouer avec ton cheval mais en respectant un certain nombre de règles. Il ne faut pas, par exemple, laisser un poulain poser ses sabots sur tes épaules ou mordiller. Quand il sera adulte, cette habitude deviendra particulièrement dangereuse. Ne joue en liberté que si tu es sûr·e de toi et que tu connais bien le cheval. Le respect doit être clairement établi. Sinon, contente-toi de jouer dans son box ou en main. Sois toujours à l'écoute. S'il couche ses oreilles, il n'est pas content. Arrête immédiatement.

Jappeloup (le cheval)

Médaille d'or aux Jeux Olympiques de Séoul en 1988, c'était un petit dur au caractère bien trempé. Un phénomène !

Il ne ressemblait à aucun autre cheval. Si noir qu'on le surnommait « Bout de zan ». Si petit (1,57 m) qu'il sautait des obstacles plus hauts que lui ! D'ailleurs, Jappeloup ne sautait pas. Il survolait, sans effort apparent. Sous sa croupe rebondie se cachait un moteur de formule 1. C'était un félin ! Une star qui s'est révélée sur le tard.

Un peu voyou

À l'âge de neuf ans, à Los Angeles, il abdique et refuse l'obstacle, faisant perdre à la France tout espoir de médaille. « Il était un peu cabot », reconnaît son cavalier, Pierre Durand. Farouchement indépendant, Jappeloup jouait les indifférents, se moquait des caresses et passait son temps à narguer les autres chevaux. « S'il avait été un homme, ça aurait été un petit loubard de banlieue, frondeur, indiscipliné mais pas méchant », poursuit Pierre Durand.

Cabotin jusqu'au bout

Issu d'une mère pur-sang et d'un père trotteur, Jappeloup est le résultat d'un croisement inhabituel entre une race noble et une race laborieuse. Ce bâtard, fils de la Belle et du Clochard, aurait pu végéter dans la sciure d'un manège. Le hasard a voulu qu'il soit présenté à Pierre Durand, qui l'acheta pour une poignée de cerises. Quelques années plus tard, la star valait un million de dollars ! Jamais Pierre Durand n'a accepté de le vendre. Jappeloup est mort d'une crise cardiaque un mois après avoir pris sa retraite. Le petit dur était en train de manger des carottes...

Jappeloup, un cheval de légende !

Le sais-tu ? Pierre Durand a consacré un livre à « son » Jappeloup.

Jappeloup (le film)

Acteur, scénariste et cavalier, Guillaume Canet a fait revivre l'épopée du couple mythique sous la caméra du réalisateur Christian Duguay.

Aventure équestre

Le monde du cheval mobilisé, l'acteur Guillaume Canet qui réécrit le scénario et réalise 99 % des sauts, le réalisateur lui-même cavalier, une centaine de chevaux acteurs... le tournage de Jappeloup a été une véritable aventure équestre.

Film d'action et d'émotion

Christian Duguay a filmé les chevaux à la manière d'un film d'action. Et l'on vibre à chaque saut, on galope, on décolle littéralement ! Guillaume Canet donne une épaisseur spéciale au personnage. On sent le vécu qu'il y a mis. Mention spéciale à Lou de Laâge qui joue la groom et incarne l'amour du cheval. Le film donne une envie irrésistible de monter à cheval, d'aller voir des concours et pourquoi pas, de sauter !

Les chevaux

Huit chevaux ont incarné le petit cheval noir ! Jappeloup poulain rebelle et indiscipliné, Jappeloup qui tombe ou qui refuse, Jappeloup prisonnier des flammes, Jappeloup sauteur et vainqueur... pour jouer le rôle du champion olympique, des chevaux de saut d'obstacles et les chevaux de cascade de Mario Luraschi se sont relayés.

GUILAUME CANET SE REMET EN SELLE

Guillaume Canet a tenu à faire tous les sauts lui-même. Il s'est entraîné dur avec le champion Frédéric Cottier. Il a retrouvé le niveau de ses vingt ans et même, il l'a dépassé. Pendant le tournage, il restait sept à huit heures par jour en selle ! Jeune, Guillaume Canet voulait devenir cavalier professionnel. « Le jumping, c'était ma destinée. Je vivais pour les chevaux, je n'allais pas en cours ». Mais à vingt ans, une mauvaise chute interrompt sa carrière. Venu voir pouliner sa jument dans le haras des parents de Guillaume, Jean Rochefort lui ouvre les portes du cinéma. Et c'est grâce au cinéma et à Jappeloup que Guillaume Canet retrouve le chemin des terrains de concours. Pour de vrai !

Le sais-tu ? « C'est un sport qui rend humble car il faut être deux. On peut se retrouver à pied du jour au lendemain » Guillaume Canet.

Jeu

VOIR AUSSI
Apprentissage

Le jeu renforce la relation. Il permet au cheval d'exercer sa curiosité et de développer son intelligence. Une condition : bien établir le respect mutuel.

À toi de t'adapter !

Les chevaux ont soif de contacts et ne demandent qu'à apprendre s'ils se sentent encouragés. Mais tous sont différents. Un cheval de club vieillissant aura plutôt envie de rester tranquille après une reprise. Respecte son repos. Un cheval nerveux aura besoin de repères. À toi d'établir une routine et de lui proposer des jeux toujours selon le même rituel. Une jument peut avoir des sautes d'humeur au moment de ses chaleurs. Avec un entier, ne joue pas. Il te faut plus de maitrise et d'expérience.

Les règles du jeu

Pour jouer avec un cheval de 500 kilos, il faut lui montrer les limites à ne pas dépasser. Les règles doivent être claires et définies une fois pour toutes. C'est oui ou c'est non ! C'est permis ou interdit ! Sois sûr·e de toi, ferme et patient·e. Dès que tu sens que le jeu lui monte à la tête et que la situation risque de t'échapper, arrête.

Le début

Commence par mériter sa confiance. Passe du temps avec lui. Évite les lunettes de soleil. Dans cet échange, il a besoin de voir tes yeux. Sois le plus calme possible. Tiens-toi bien droit·e. Les chevaux font confiance aux personnes qui sont bien dans leur peau, sereines et sûres d'elles.

On s'aime, on se respecte !

Ton cheval doit être capable de marcher en main sans tirer, s'arrêter quand tu t'arrêtes, reculer, rester immobile, passer au pas ou au trot à ton rythme. Tant qu'il ne fait pas cela parfaitement, tu ne peux pas jouer. Sois exigant·e. Il doit s'arrêter là où tu le décides, pas un mètre plus loin ou dix centimètres à côté. Apprends-lui en le récompensant quand il fait bien.

Le sais-tu ? Le licol éthologique possède des nœuds qui exercent des pressions aux bons endroits pour aider le cheval à comprendre ce que tu veux.

Vive la nouveauté !

Familiarise-le avec des objets ou des situations nouvelles. C'est la désensibilisation. Avec patience, joie de vivre et récompenses, montre-lui toutes sortes d'objets (un foulard, un sac en plastique, un imperméable, un parapluie...) Il apprendra à rester serein. Petit à petit, tu pourras jouer avec un ruban, faire rouler un ballon, cacher une rondelle de carotte sous un chapeau et lui apprendre à le ramener etc. Plus un cheval peut explorer son monde et prendre des initiatives, plus il devient capable d'analyser et de s'adapter à de nouvelles situations. Ce qui n'est rien d'autre que... de l'intelligence !

Les tours de cirque

Faire une jambette, se mettre debout, à genou, couché, faire la révérence... sont plutôt des tours à apprendre que des jeux à proprement parler. Ils ne sont ludiques que s'ils amusent le cheval. À toi de voir si ton cheval en a envie ou non. Pour passer au jeu à proprement parler, laisse ton cheval s'exprimer. Si un cheval aime se rouler, tu peux peut-être lui apprendre à se rouler sur commande. S'il aime galoper, pourquoi ne pas essayer de courir avec lui ? S'il cherche à attraper le balai dans l'écurie, il est peut-être doué pour manipuler des objets. Le jeu contient une part de créativité et d'improvisation. Chaque cheval est doué pour quelque chose. À toi de le découvrir !

La sécurité d'abord !

Initie-toi avec un adulte ou sous le regard de ton enseignant. Tant que tu ne connais pas les réactions de ton cheval ou de ton poney, porte un blouson, des gants et des boots. Sans le faire exprès ou pour s'imposer à toi, il peut te marcher sur les pieds. Ne quitte pas ton cheval des yeux quand tu joues, un coup de tête ou simple choc avec son nez peuvent faire très mal.

La joie est l'aide la plus importante à cheval, la plus efficace aussi. C'est une politesse que l'on doit aux chevaux.

La joie rend la vie plus facile, les soins amusants, le travail attractif

Lorsqu'ils sont joyeux, les chevaux ont l'encolure haute et l'œil vif. Ils sont curieux et ils participent. Certains peuvent même faire des blagues !

Montrer aux chevaux notre joie d'être avec eux permet de désamorcer de nombreux problèmes. En balade, si ton cheval s'arrête net devant un « terrible » tronc d'arbre ou un affreux sac en plastique, le simple fait d'éclater de rire va le faire repartir. De même, aborder un cheval avec le sourire, le met dans de bonnes dispositions. Son œil s'éclaire, son tonus revient. Si tu es gai·e, il a envie de participer. S'il sent que tu es satisfait·e, il a encore plus envie de faire.

Le sourire contagieux !

Le cheval est une éponge. Si tu es de bonne humeur, il le sera aussi et tout lui semblera plus facile. Cela commence par les préparatifs. À partir du moment où tu mets tes bottes pour aller voir ton cheval, mets-toi à sourire. Tu arriveras aux écuries dans un état détendu, ouvert·e, prêt·e à votre rencontre avec le cheval.

La joie se transmet dès l'entrée au box. Le simple fait d'appeler le cheval par son nom ou par un petit nom met tout de suite une bonne ambiance.

La citation

« Moins on en fait, plus on est content et mieux ça marche ! » Patrice Francher d'Espèrey, spécialiste de l'équitation française de tradition.

De même, au travail, inutile de te polariser sur l'exercice en lui-même. Ce qui compte, c'est de préparer et de mettre le cheval dans les bonnes dispositions. Alors, l'exercice se réalisera facilement. La fluidité, le mouvement, c'est la clé de l'équitation. Avec la joie, les chevaux s'allègent, montent le dos, engagent les postérieurs. L'énergie passe. Elle circule.

Merci cheval !

Apprends à être joyeux·se même si tu as des problèmes. Contemple ton cheval et remercie-le de pouvoir le monter. La gratitude crée de la joie. Si tu as peur à cheval, c'est normal. Tu montes une grande bête de 500 kilos qui peut se montrer imprévisible. Dis-lui ce que tu ressens ! N'hésite pas à négocier.
Le cheval aime comprendre. Il sait si tu es content·e de lui. De la joie, naissent l'harmonie et la confiance. La voie est ouverte ! Tout est possible...

Mets de la joie

Trop de chevaux sont tristes, passifs, résignés, voire dépressifs. On les reconnaît à leur manque d'entrain, leur œil éteint, la façon qu'ils ont de se tenir à l'écart, l'encolure basse malgré des yeux grands ouverts. Intéresse-toi à eux. Montre ton enthousiasme.

Le sais-tu ? Les moines bouddhistes cultivent la joie comme un bien précieux.

Le cheval hennit mais il parle également avec tout son corps. Pour se faire comprendre, il se sert de sa tête, de son encolure, de ses oreilles, de son regard, et même de sa queue.

Le langage des oreilles

Leur position indique l'humeur et l'état d'esprit du cheval. Traduction :

- les deux oreilles pointées vers l'avant : « Je suis attentif mais je n'ai pas peur. »
- une oreille en avant, l'autre vers l'arrière : « Je ne comprends pas ! »
- les oreilles en arrière : « Attention ! Je suis en colère. »
- les oreilles frémissantes, tournées vers le même point : « Hum ! je me méfie ! »
- les oreilles mobiles : « Je suis inquiet. »
- les oreilles immobiles et décontractées : « Je suis relax. »

La tristesse

Le cheval n'a pas de mots pour dire qu'il est triste. Mais il porte la tête basse. Son corps est inerte. Ses yeux semblent vides.

La gaieté

Quand il est gai, ses oreilles sont pointées en avant, il peut secouer son encolure ou t'inviter à jouer. Il saisit tout ce qui passe à sa portée.

Dans la nature

Les chevaux vivent en groupe sous l'autorité d'un étalon. Même éloignés les uns des autres, ils s'envoient des messages.

- « Je te menace » : le regard noir, l'encolure tendue, le cheval dominant frappe le sol avec son antérieur ou bien il montre sa croupe.
- « Ne me fais pas mal ! » : le poulain sourit et mâchouille (comme s'il mangeait un chewing-gum).
- « Vite, fuyons ! » : l'étalon, qui est le chef du groupe, ronfle pour prévenir de l'arrivée d'un danger.

Un petit hennissement

Quand tu leur donnes leur ration de nourriture ou lorsque tu les sors du box après plusieurs heures de solitude, certains chevaux hennissent. Il s'agit généralement d'un frémissement sourd, émis bouche fermée, naseaux dilatés. Traduction : « Chic, voilà mon repas ! » ou : « Super, on va se promener ! »
Les juments poussent également ce petit hennissement pour appeler leur petit.

Un hennissement sonore

C'est un son assez fort, émis bouche ouverte, plus ou moins prolongé. Les chevaux s'en servent pour se localiser, s'appeler lorsqu'ils sont séparés, se saluer entre eux. Traduction : « Où es-tu ? Tout va bien ? »

Un cri aigu

C'est le poulain qui s'inquiète ou qui appelle sa maman. Traduction : « Maman, où es-tu ? »

Un cri bref et aigu

Quand deux chevaux font connaissance, ils se reniflent. Puis, parfois, l'un des deux hennit. C'est une mise en garde. Traduction : « Attention, je vais ruer ! »

Un hennissement claironnant

L'étalon adore hennir pour dire qu'il est le chef et appeler ses juments. Au box, les chevaux entiers poussent des petits hennissements de défi, brefs et rauques. Traduction : « C'est moi le patron ! »

Le couinement

Ce petit cri très aigu et faible, comme le miaulement d'un chat, peut être un signe de gaieté. Chez certaines juments, c'est un signe de mauvaise humeur ou d'agacement. Traduction : « Laisse-moi tranquille ! »

Le ronflement

Lorsqu'il est ému, inquiet ou qu'il aperçoit quelque chose qu'il ne connaît pas, le cheval peut ronfler. On dit qu'il « renâcle ». Traduction : « Qu'est-ce que c'est ? J'espère que cela ne va pas me sauter à la gorge ! »

L'ébrouement

Sorte d'éternuement, il permet au cheval de dégager ses naseaux de ce qui peut l'irriter, comme de la poussière ou des moucherons.

SOUFFRANCE MUETTE

Quand un cheval souffre, prend un coup, est accidenté ou malade, il ne hennit pas. Le cheval souffre toujours en silence.

VOIR AUSSI
Amazone

De tout temps, le cheval a inspiré les écrivains et les conteurs. Il est le héros de nombreuses légendes.

Pégase

Une des plus jolies légendes de l'Antiquité est celle de Pégase, le cheval ailé de Zeus, le dieu des dieux. Capable de s'élever au-dessus des nuages, il porte les éclairs et le tonnerre de Zeus. Il a été offert au prince Bellérophon pour l'aider dans son combat contre la Chimère, un monstre avec une tête de lion, un corps de chèvre et une queue de serpent. Monté sur le cheval ailé, le jeune héros a réussi à tuer la Chimère. Ensuite, le prince a voulu monter jusqu'au royaume des dieux. Mais il est tombé, le cheval seul a réussi à atteindre l'Olympe (domaine des dieux).

Le cheval de Troie

Cet immense cheval en bois construit par l'armée grecque a été offert comme cadeau aux habitants de Troie. Mais c'était un piège ! Une trentaine d'hommes armés étaient cachés à l'intérieur et prirent la ville.

Bucéphale

Le cheval d'Alexandre le Grand a vraiment existé. Son nom, en grec, signifie « tête de taureau ». Il était indomptable parce qu'il avait peur de son ombre ! L'empereur eut l'idée de le placer face au soleil pour le monter. Beau et fougueux, Bucéphale ne quittera plus jamais son maître. Ensemble, ils remporteront de nombreuses victoires. Lorsque son cheval mourut, Alexandre fonda sur sa tombe la ville de Bucéphalie.

La licorne

En plus de sa fameuse longue corne torsadée plantée au milieu du front, ce cheval blanc était doté d'une barbiche et de sabots de chèvre, ainsi que d'une queue de lion. Pas mal ! Jusqu'à la Renaissance, de nombreux savants, poètes et hommes d'Église ont cru ou voulu croire à son existence. Elle représentait à la fois la puissance de l'esprit et la chasteté du corps. Elle symbolisait la féminité et la virginité ; tandis que sa corne lui donnait un attribut masculin. Douce comme un agneau, elle se défendait férocement en cas d'attaque.
Sa chasse est représentée dans de nombreux manuscrits médiévaux. Pour la capturer, une vierge était envoyée comme appât. « Dès qu'elle voit une jeune fille vierge, la licorne s'approche et s'endort sur son sein », raconte Léonard de Vinci. Puis on la capturait et on la transperçait d'un coup de pieu pour lui enlever sa précieuse corne. Selon la légende, cette corne réduite en poudre faisait office d'antidote aux poisons et facilitait la guérison des blessures.

Le centaure

Être fabuleux au buste d'homme et au corps de cheval, il descend d'Ixion, un roi accueilli dans l'Olympe des dieux,

malgré des crimes odieux, et de Néphélé. Il se distinguerait par sa sauvagerie ! Le mot centaure désigne désormais un cavalier habile, qui ne fait qu'un avec sa monture.
Le centaure a donné son nom à un théâtre : le théâtre du Centaure. Installé à Marseille, ce théâtre travaille avec des frisons, qui constituent avec leurs partenaires humains de véritables acteurs centaures.

Les Amazones

Dans les légendes grecques, les Amazones combattaient toujours à cheval. Elles montaient leurs chevaux à cru (sans selle) et à califourchon. On dit qu'elles se coupaient le sein droit pour tirer à l'arc plus facilement. Elles auraient été des « tueuses d'hommes » impitoyables. Elles ont donné leur nom aux immenses forêts d'Amérique du Sud. Les explorateurs y avaient, en effet, aperçu des chasseurs à cheveux longs qu'ils avaient pris pour des femmes. Ils ont alors baptisé cette région l'Amazonie.

Bayart (ou Bayard)

Ce cheval illustre avait la propriété de s'étirer en fonction du nombre de ses cavaliers ! Cela a permis à quatre frères de le chevaucher en même temps !

Le sais-tu ? La dame à la licorne est un ensemble de six tapisseries tissées au XVIe siècle représentant les cinq sens.

Leprevost (Pénélope)

C'est l'une des meilleures cavalières du monde. Et sûrement la plus jolie à voir monter, toute en finesse, fluidité et rapidité.

Son parcours

Pénélope monte sur un poney pour la première fois à l'âge de trois ans. Elle est emballée et participe à ses premiers championnats de France à Lamotte-Beuvron à six ans. Timide et introvertie, elle révèle sa vraie personnalité à poney. « Monter, ça m'a libérée ! » C'est une battante qui possède une volonté incroyable et une grande confiance en elle. À onze ans, elle obtient le Galop® 7 avec une dérogation. Après la classe et le mercredi, elle passe sa vie aux écuries, chez Francis Mas dont elle sort les chevaux en

Ses chevaux

- Jubilée d'Ouilly, jument baie, selle français
- Mylord Carthago HN, étalon gris selle français
- Topinambour, étalon alezan KWPN
- Nayana, jument baie selle français
- Nice Stéphanie, jument baie, selle suédois
- Flora de Mariposa, alezane BWP (belge)
- Vagabond de la Pomme, étalon bai BWP
- Dame Blanche Van Arenberg, jument grise BWP

concours le week-end. Puis, elle ne cesse de gravir les échelons et devient championne de France des cavalières en 2006 et en 2007.

Son palmarès

En 2010 elle remporte le titre de vice-championne du monde par équipe aux JEM de Lexington avec Mylord Carthago HN. En 2011, elle est vice-championne d'Europe par équipes à Madrid et elle remporte le Grand Prix Gucci aux Gucci Masters de Paris. En 2014, elle remporte la médaille d'argent par équipe aux Jeux Équestres de Caen. Elle est championne olympique à Rio en 2016 avec Kevin Staut, Philippe Rozier et Roger-Yves Bost.

Son équitation

Élève de Michel Robert, Pénélope a la faculté de s'adapter à chaque cheval avec beaucoup de tact. Elle affectionne particulièrement les chevaux dans le sang (avec beaucoup d'influx nerveux). Sa position est parfaite, ses aides discrètes. Son secret ? La simplicité et le plaisir. Elle a un véritable tempérament de guerrière, toujours très motivée.

Sa vie

Pour arriver au plus haut niveau, la championne reconnaît avoir fait des sacrifices. « Je suis partie tous les week-ends de l'année, ou presque » dit-elle. Elle a une fille, Eden, qui monte à poney. Avec son compagnon Kevin Staut, elle forme le couple le plus glamour du circuit. Elle a également créé sa marque de vêtements et d'accessoires équestres.

La vie d'un cheval de compétition

- Entre les voyages en avion ou en camion et les concours, un cheval de compétition passe une partie de sa vie en dehors de son écurie. Il est alors accompagné de sa ou son groom qui prend soin de lui.
- À la maison, il saute rarement haut. Il fait de la gymnastique, du travail sur le plat. Il part en balade pour renforcer son endurance et se détendre. Il est également travaillé à la longe. Pénélope emploie un licol éthologique.
- Il partage le reste de la journée entre le pansage, les soins, le massage, le pré. C'est très important qu'il se sente bien. « Le mental, c'est la clé de la réussite » dit Pénélope Leprevost.

Le travail en liberté, c'est une éducation par le jeu. Le cheval apprend à se concentrer sur toi. Le lien se fait par la voix, la gestuel, le regard.

Le travail en liberté développe notamment l'attention à la voix, ce qui te servira pour le travail monté. Travailler un cheval en liberté, c'est mieux le connaître et avoir le plaisir de le voir évoluer en liberté. Commence par faire tous les exercices à la longe, puis lance-toi. Au début, garde toujours un œil sur lui et sois prêt·e à répondre du tac au tac mais avec juste ce qu'il faut de pression.

Il te suit partout

Commence avec un licol et une longe. Tiens-toi au niveau de son épaule, la longe molle. Indique avec ta main la direction où tu veux aller tout en donnant un ordre vocal (en avant !) ou en faisant un claquement de langue. Si ton cheval ne part pas avec toi, la longe va se tendre. Il va recevoir une tension sur le licol. Ce qui n'est pas agréable. Très vite, il va comprendre qu'il est plus confortable de te suivre. Dès qu'il se met en mouvement, relâche bien ton bras pour qu'il n'y ait plus la moindre tension sur la longe. Arrête-le en sifflant et en rentrant les épaules ou en te baissant. Récompense. Repars. S'il te dépasse, fais-le reculer. Si cela ne suffit pas, lâche un peu de longe et fais-le tourner autour de toi. Fais des changements de direction en regardant bien où tu veux aller. Accélère, ralentis, arrête-toi, recule... Quand ton cheval te suit partout, tu enlèves le licol.

ATTENTION !

Faire galoper son cheval à grands coups de chambrière, ce n'est pas jouer ! C'est lui faire peur et le mettre en fuite. Ce qui ne présente aucun intérêt ni ludique, ni éducatif.

Il évolue en liberté

Une fois qu'il sait tourner à la longe, tu lui apprends à venir chercher une friandise dans ta main quand tu l'appelles. Tu enlèves le licol. Tiens-toi au milieu du rond de longe, vers l'arrière de ton cheval pour l'inciter à aller vers l'avant. Pour le faire accélérer, agite un peu ta chambrière (le geste suffit) et fais un appel de langue. Pour le ralentir baisse ta chambrière et dis « Oh ». Fais-toi petit et regarde par terre. Tu peux même t'accroupir.

LA CITATION

« Le respect du cheval c'est la fondation de la liberté » Alexis Gruss, dresseur de chevaux de cirque.

Le sais-tu ? Pour travailler en liberté, mets des protections aux membres.

Les box doivent être faits tous les jours, toute l'année !

Indispensablement propre

La litière peut être composée de paille ou de copeaux. Douillette, confortable et propre, elle est la condition *sine qua non* de pieds sains. Le cheval qui se tient en permanence sur du fumier a les fourchettes qui deviennent molles et qui pourrissent. En plus, il ne peut pas s'allonger. Sans compter l'odeur !

À ta fourche !

Les crottins et la paille souillée doivent être retirés tous les jours avec une fourche. Puis, il suffit de remettre de la litière neuve. Il faut aussi vérifier que l'abreuvoir est propre.

Multifonction

La paille sert à la fois de matelas et de garde-manger ! Pour compenser le manque de paille, les chevaux sur copeaux doivent disposer d'une bonne dose de foin. Dans les clubs, c'est le palefrenier qui a la charge de nettoyer les box.

Plus de gâteau

Le « gâteau » est la couche inférieure de la litière, un mélange compact de paille et de déjections. Autrefois, on laissait le gâteau pour chauffer le box. Aujourd'hui, on l'enlève !

Livres

VOIR AUSSI
Maîtres

Le cheval est un véritable personnage de roman ! Voici une sélection de livres à dévorer au plus vite.

Milady

de Paul Morand (Gallimard)

Non seulement le commandant vit à cheval mais il vit à Saumur. Chaque matin, à 7 heures précises, il a un rendez-vous d'amour avec sa Milady. Une jument qu'il aime passionnément mais dont il doit se séparer. Pourra-t-il survivre à cette séparation ?
Un roman qui te marquera à jamais ! Un style sobre, épuré, superbe. Les fans de dressage doivent absolument le lire.

L'homme qui murmurait à l'oreille des chevaux

de Nicholas Evans (Albin Michel)

On l'appelle le chuchoteur. Dans le Montana, un homme parle aux chevaux devenus fous et les sauve. Un gros pavé que tu ne lâcheras pas et qui a inspiré le film avec Robert Redford.

L'Étalon noir

Série de Walter Farley (Hachette Jeunesse)

Un jeune garçon regagne l'Angleterre dans un vieux cargo. Pendant une escale en Arabie, un superbe étalon noir sauvage et rebelle est monté à bord. Au cours d'une tempête, le bateau fait naufrage. Le garçon réussit à libérer l'étalon et échappe de justesse à la mort en s'accrochant à la crinière du cheval qui nage vers la côte. Épuisé, le duo aborde une île déserte. Parviendra-t-il à survivre ? Un roman palpitant, point de départ d'une série.

Mon amie Flicka

de Mary O Hara (Folio Junior)

Ken possède enfin sa pouliche. À lui de l'élever et de la dresser. Mais Flicka est issue d'une lignée de chevaux sauvages, réputés indomptables. Quand Ken lui passe, pour la première fois, un licol, la pouliche se rebiffe ! Un livre passionnant. En prime : un supplément avec des questions et des réponses.

La Chute de cheval

de Jérôme Garcin (Gallimard)

L'écrivain journaliste décrit ses bonheurs de cavalier, ressuscite le grand maître François Baucher, s'invite au Cadre Noir de Saumur... Une très jolie balade littéraire et nostalgique au pays des chevaux.

Quand les chevaux parlent aux hommes

(Éditions du Rocher)

Parmi les trois nouvelles qui composent ce livre, *Kholstomer* de Léon Tolstoï est un véritable chef d'œuvre. Il y décrit les sentiments que peut éprouver un vieux cheval ! Se faisant, il cherche à faire passer ses idées, des idées nouvelles sur la société, les hommes, la richesse... À lire et à offrir absolument !

Bienvenue au club !

de Sylvie Overnoy (Belin)

Voilà le journal intime du cheval Crac. Lui qui paissait tranquillement sous un vieux pommier a été arraché à son pré pour devenir... cheval de club ! Mais qu'attend-on, de lui au juste ? Qui sont tous ces gens ? Que va-t-on lui faire ? Et les autres chevaux pourraient-ils cesser de lui envoyer des coups de pied ? Un livre vivant et drôle, qui dévoile avec justesse le quotidien d'un club hippique.

Mon Cheval Me Dit

d'Antoinette Delylle (Belin)

Le cheval est-il intelligent ? Comment devenir son ami ? Faut-il monter avec une cravache ? Comment apprivoiser sa peur ? Pourquoi voit-il en moi ? Peut-il être triste ? Quelles sont les plus belles races du monde ? Comment savoir si je peux avoir un cheval ? Ce guide illustré répond à 100 questions que se posent les cavaliers, même celles qu'ils n'osent pas exprimer. Une mine d'informations que l'on ne trouve dans aucun manuel, de l'humour et du vécu.

Longer

VOIR AUSSI
Débourrage, Éducation, Liberté

Le travail à la longe est très important pour éduquer un cheval, lui faire faire de la gymnastique, capter son attention et établir une vraie complicité. Malheureusement, il est rarement enseigné. Pourtant, il est au programme du Galop® 5.

Ses avantages

Le travail à la longe permet de travailler un cheval sur un cercle, régler ses allures, l'incurver, le remettre en ordre si besoin, l'assouplir et le préparer à l'obstacle. En plus, il apprend à observer son cheval, repérer ses faiblesses ou ses difficultés. Il développe l'ascendant que le cavalier a sur son cheval et renforce leur relation. L'idéal est de tourner son cheval une fois par semaine.

Le bon équipement

Pour longer ton cheval, le mieux est de t'équiper d'un licol éthologique dont les petits nœuds exercent des pressions à différents endroits. De cette façon, tu n'abîmeras pas la bouche du cheval. Faute d'en posséder un, tu peux essayer de le longer avec un licol assez serré. Si ton cheval est déjà détendu et suffisamment éduqué, tu peux longer avec le filet : fais passer ta longe de l'anneau intérieur à l'anneau extérieur en passant sur la nuque du cheval. Ensuite, il te faut une chambrière, une longe, des friandises et une bonne dose de patience. Pense aussi à mettre des protections à ton cheval.

À ne pas faire

Les vrais dresseurs ne laissent jamais un assistant tourner un jeune cheval à la longe. C'est un travail trop important qui conditionne le dressage futur. Trop de cavaliers se contentent de détendre un cheval qu'ils n'ont pas envie de monter. Ils prennent plaisir à le voir « jeter son feu » et le reprennent en lui tirant sur la bouche. Mieux vaut lâcher le cheval en liberté dans un paddock !

Ce qu'il faut rechercher

Le travail à la longe commence au pas. Apprends à ton cheval à s'arrêter, venir vers toi, repartir, changer de main. Puis travaille-le au trot et demande-lui souvent des transitions pas-trot-arrêt-trot-pas... Tu n'es pas obligé·e de le travailler au galop. Ne lui demande cette allure que si le sol est bon et si ton cheval est aux ordres. Inutile de le faire galoper pour galoper. Sur un cercle, il risque de se désunir et de se faire mal aux tendons. Multiplie les départs, les transitions, les arrêts. N'oublie pas de faire le même travail à l'autre main. Récompense-le souvent.

Deviens un•e expert•e

C'est très amusant d'avoir un cheval bien dressé à la longe. En plus, cela te permet d'observer ton cheval, de mieux comprendre sa locomotion et de communiquer avec lui à la voix. Plus tard, tu peux lui faire sauter des cavalettis à la longe et même le faire tourner à la longe... sans longe !

Le travail en liberté

À essayer lorsque ton cheval ou ton poney tourne bien à la longe. Tu vérifies que ton cheval est en équilibre, à l'écoute, confiant et gai. Pour capter son attention, ne le quitte pas des yeux. Tu peux lui demander des changements de main, des voltes, des arrêts, et même des reculés. L'éducation se fait à la voix et à l'aide de récompenses. Il faut également savoir bien se positionner.

Avec ou sans enrênement ?

C'est la grande question ! Tout dépend de tes objectifs et surtout de ta philosophie. Une chose est sûre : il faut absolument proscrire les enrênements chez le cheval non dressé. Pour un cheval dressé, il faut changer plusieurs fois les réglages de l'enrênement. Commence l'échauffement avec un enrênement lâche, puis raccourcis progressivement. Relâche-le, enfin, pour le travail au galop.

LE TRAVAIL À PIED

Le travail à côté du cheval (encore appelé travail à pied ou en main) consiste à se placer près du cheval au niveau de son épaule, une rêne dans une main, la seconde rêne et la gaule de dressage dans l'autre, puis d'incurver le cheval, mobiliser ses épaules, puis ses hanches... Un vrai dialogue va s'instaurer entre la main de le cavalier et la bouche du cheval.
Dans le travail aux longues rênes, le cavalier se situe à pied derrière le cheval. Ce travail permet d'établir la confiance, d'éduquer un cheval au langage des aides, de le décontracter, de l'assouplir, de favoriser l'impulsion... C'est aussi une technique de préparation à l'attelage.

Le sais-tu ? Le travail à la longe remonte à l'Antiquité.

Lorenzo

Voir aussi
Cascade

On l'appelle le Français volant. Debout sur leur dos (en poste hongroise, comme on dit), il lance ses douze chevaux au galop et saute des obstacles, sans filet, sans licol. En totale liberté. Incroyable !

En liberté

Au beau milieu du show, une de ses juments s'éloigne au galop à l'autre bout de la carrière. Elle le laisse seul avec les trois autres pour faire son numéro. Elle se joue de lui. Elle sait qu'il n'a ni licol, ni longe, ni même un bout de ficelle pour la rattraper. Lui ne s'énerve pas. Il ne crie pas. Il ne bouge pas. Il l'attend, avec pour seule aide sa concentration. Quelques instants plus tard, voilà la jument qui revient, seule, au petit trot, et vient se mettre à sa place. Le public croit rêver. La jument prodige ne quémande même pas un morceau de sucre. Comment Lorenzo a-t-il fait ? Quel est le secret de sa force de conviction ? Forcément, il y a un truc...

Il vit avec ses juments

Pas de truc. Juste un mode de vie. À trente-cinq ans, Lorenzo est avec ses juments à chaque instant. Il vit avec elles en Camargue. Il les travaille de jour comme de nuit en liberté sur la plage. Il se balade en leur compagnie, court, se repose avec elles... Sur la route, entre deux spectacles aux quatre coins du monde, il roule avec Samouraï, Samarina, Roubia... Ses juments sont sa deuxième famille. Lorenzo ne les quitte pas des yeux. Il les couve !

Et danse sur elles

D'une voix douce et caressante, il en appelle une, fait s'allonger la seconde, asseoir l'autre, reculer la dernière... C'est avec le plus grand naturel qu'en spectacle il se met debout à cru. Juste à l'aide d'un stick, le voltigeur fait avancer, reculer, tourner ses juments. Le public retient son souffle. Oui, il va oser ! Il mène ses douze juments au galop sur la piste. Elles passent sous une barre tandis que lui, Lorenzo, saute par-dessus une autre. Ce n'est plus de l'acrobatie, c'est de la magie !

En texte et en images

Tu peux retrouver Lorenzo dans un très joli livre de Luisina Dessagne, *Lorenzo*, édité par Actes Sud, ou en DVD, *Lorenzo l'homme libre*, de Stéphane Roland, prix du Meilleur Documentaire au festival Epona. Tu le vois voltiger avec ses juments en liberté sur les plages de Camargue, dans les dunes ou dans sa carrière. Magnifique !

Lorenzo conduit ses chevaux juste avec sa voix et ses badines. « J'ai toujours monté les chevaux debout » dit-il.

Le sais-tu ? Il a commencé à se produire en spectacle dans les arènes du Sud de la France dès l'âge de treize ans.

Main (bonne)

VOIR AUSSI
Flexion

Avoir une bonne main, c'est être capable de « parler » gentiment à la bouche de ton cheval. Moins facile qu'il n'y paraît !

L'idée est de tenir les deux rênes ajustées et d'égale longueur et de conserver un contact doux et moelleux avec la bouche de ton cheval. Tu peux jouer avec tes doigts en les pressant comme si tu malaxais de la pâte à modeler. Cela va décontracter sa bouche. Surtout, ne cisaille pas sa commissure !

Douce et légère

Avoir la main douce est indispensable pour ne pas voir apparaître des comportements de défense de la part de ton cheval. Lorsque tu prends sur tes rênes, tu dois rendre immédiatement après. Tu prends et tu relâches. Jamais tu ne tires. Le cheval est bien plus fort que toi ! S'il n'obéit pas, continue à demander. Dès qu'il fait le moindre geste d'obéissance, relâche aussitôt. Tu vas voir, c'est magique ! Au début, ce n'est pas évident. Sois patient·e, surtout si ta monture a pris de mauvaises habitudes. Mais n'oublie pas qu'il faut être deux pour tirer ! Aide-toi de ta voix. Parfois, un petit sifflement suffit à ralentir les chevaux.

Progressivement, tu vas tendre vers la légèreté. Encore appelée tact équestre, la légèreté est la faculté d'affiner ses aides, de les rendre si discrètes que seul le cheval les perçoit, voire les devine. Pas de coups de talon rageurs, de report d'assiette maladroit ou d'indications de main indélicate ! Le frôlement du mollet, le plus léger déplacement du corps, la plus infime rotation de la main suffisent à indiquer au cheval ce qu'il doit faire. Cette équitation subtile demande un peu d'expérience et beaucoup de complicité avec son cheval. Mais quel plaisir !

À GAUCHE ET À DROITE

Quand ton moniteur te demande de prendre la piste à main droite, tu tournes à droite. Ta main droite est dite « main intérieure » et ta main gauche « main extérieure ». C'est l'inverse quand tu vas piste à main gauche.

Le sais-tu ? Enlève tes bagues pour monter et t'occuper d'un cheval. Tu éviteras de gros dégâts si elle reste accrochée sur la selle ou dans les rênes...

VOIR AUSSI
Assiette, Pieds, Jambes

Maintien (position)

Une bonne position permet au cheval d'évoluer sans gêne, de s'exprimer et de trouver le parfait équilibre. Elle n'est jamais acquise et se travaille comme un danseur s'entretient à la barre.

La position permet une bonne assiette et l'emploi d'aides précises et fines. Elle facilite l'équilibre du cheval et lui offre plus de confort. Un poids qui bouge est difficile à porter ! Sans un bon maintien, le cavalier gêne le cheval dans sa locomotion. Il provoque des résistances et des tensions.

Grandis-toi !

Pense à te grandir et à tenir ton dos, tout en restant souple et décontracté·e. Accompagne ton cheval. Si tu es obligé·e de te tenir avec tes mains et tes jambes, corrige ta position et travaille ton assiette. Fais-toi filmer ou regarde-toi dans le miroir du manège. Ne va pas trop vite. Pourquoi trotter avant de savoir marcher ? Mets-toi en équilibre au pas près de ta selle, en étant au-dessus de tes pieds. Quand tu maîtrises ton équilibre au pas, passe au trot.

Le check-up

Visualise-toi comme si tu te regardais à la télé et réponds à chaque question. Est-ce que tu gênes ou non ton cheval ? Es-tu en appui sur tes étriers ? Tiens-tu ton dos ? Tes jambes sont-elles fixes ? Ton regard lointain ? Tes mains accompagnent-elles moelleusement la bouche de votre cheval ? Ton visage est-il relâché ? Pas question pour autant de te figer. Il y a autant de positions que de changements d'attitudes du cheval. Tu dois sans cesse t'adapter.

Le conseil

Agis avec ta position avant de donner une action de mains ou de jambes. Les grands écuyers disent : la position précède l'action. Le poids du corps est une aide. Si tu regardes où tu vas, l'infime mouvement de ta tête va suffire à diriger votre cheval.

Dressage ou obstacle ?

Le centre de gravité du cavalier doit être exactement placé au milieu du cheval. Pour sauter, mets tout ton poids dans tes pieds. Cet équilibre te permet d'accompagner le mouvement et de bouger son haut du corps. Le dos est tonique et s'auto-grandit. En dressage, rallonge tes étriers d'au moins deux trous. Mets également le poids dans tes pieds. Assieds-toi sur les ischions. Ta jambe tombe lourdement et droite.

Le sais-tu ? Les jockeys se font littéralement oublier. En équilibre, ils ne pèsent pas sur le dos et n'entravent pas le mouvement.

Maison

VOIR AUSSI
Pension

Avoir son cheval ou son poney à la maison, c'est le rêve... à condition de se poser les bonnes questions !

J'ai le droit ?

La réglementation française ne permet pas de construire tout ce qu'on veut, même chez soi ! Si le box n'est pas maçonné (box démontable), une autorisation de la mairie est suffisante. Sinon, il faut demander un permis de construire. Si ta commune est soumise à un Plan d'occupation des sols (POS), certaines zones seront classées urbanisables, donc constructibles, d'autres interdites à la construction.

Tu peux aussi te servir d'éléments existants et aménager un garage ou une grange par exemple. Dans ce cas, il n'est pas nécessaire de demander un permis de construire. Si tu habites un lotissement, procure-toi le règlement de copropriété. Parfois, tout abri destiné aux animaux est interdit.

De même, pour construire un abri dans un pré, une simple autorisation de la mairie est suffisante si l'abri n'est pas maçonné. Sinon, une demande de permis de construire doit être formulée par le propriétaire du terrain.

Comment je m'organise ?

Où vas-tu stocker la paille ou les copeaux, le foin, les granulés ? Comment vas-tu te débarrasser du fumier ? Un cheval produit environ une tonne de fumier par mois, ce qui représente l'équivalent de trois grandes poubelles par jour.

Qui va s'en occuper ?

Il mange, salit son box, a besoin de sortir 365 jours par an. Finis les grasses matinées et les week-ends avec les copains. As-tu quelqu'un pour te dépanner en cas d'absence ? L'idéal, c'est que ta famille soit partie prenante. Un cheval à la maison, c'est une affaire de famille !

Où vais-je monter ?

Tu disposes peut-être d'une petite carrière. Mais tu risques vite de t'y ennuyer. Ton cheval ou ton poney va devenir sauvage et s'énerver dès qu'il sortira de la maison. Si tu veux progresser, il faut que quelqu'un te corrige. Peux-tu faire venir un professeur de temps en temps ? As-tu la possibilité d'aller prendre des cours avec ta monture dans un club voisin ? Sinon, pour la balade, les chemins autour de chez toi sont-ils autorisés aux chevaux ?

Mon cheval va-t-il s'ennuyer ?

Si tu as la chance de pouvoir loger ton cheval chez toi, tente de lui trouver de la compagnie, un shetland par exemple. Les équidés adorent vivre en groupe. Tu peux contacter une association de protection des chevaux et offrir tes services d'hébergiste pour un cheval ou un poney à la retraite. L'association t'en confiera un contre tes bons soins. Un cheval isolé peut être très malheureux et tomber malade (colique, déprime, troubles du comportement...).

Un cheval à la maison, c'est un art de vivre !

Mon budget me le permet-il ?

Inutile de se voiler la face. Un cheval coûte cher. D'abord il faut l'acheter, se payer une selle, un filet, le matériel de base. Puis il faut l'entretenir avec, au moins, une visite chez le vétérinaire par an pour les vaccins – si tout va bien –, environ quatre vermifuges par an, le maréchal-ferrant toutes les cinq ou six semaines. Si le cheval se blesse ou tombe malade, les factures vétérinaires atteignent vite des sommes importantes.

Et pendant les vacances ?

Une solution consiste à déposer ton cheval chez un éleveur et lui offrir un mois de pré. La plupart des chevaux adorent ce genre de vacances. D'autres ne supportent pas le pré, surtout en été, à cause des mouches. Tu peux aussi emmener ton cheval en vacances et le mettre en pension dans un centre équestre.

VOIR AUSSI
Éthologie (équitation éthologique), Oliveira (Nuno)

Depuis des siècles, le cheval inspire les hommes et fait couler beaucoup d'encre.

Xénophon avait tout compris !

Vers 430 avant J.-C., ce disciple de Socrate donne déjà de véritables notions de tact avec le cheval. Il montre l'importance du caractère du cheval et comment sa sociabilité envers l'homme doit être encouragée. « Il est indiqué que son écurie soit dans un endroit de la maison tel qu'il se trouve constamment sous les yeux du maître. » Il tient compte de la sensibilité du cheval et de son moral. Pour ne pas l'ennuyer, il prône la variété dans le travail et cherche à obtenir la décontraction. Il réfute la colère et préfère la douceur qui rassure.

Antoine de Pluvinel, premier écuyer du roi

Né en 1555, mort en 1620, ce professeur d'équitation de Louis XIII a écrit l'*Instruction du Roy en l'exercice de monter à cheval*. Il y préconise la discrétion des aides, les méthodes douces et l'emploi de mors simples aux canons brisés. Son principal souci ? Le bien-être du cheval. Il conseille au cavalier d'être « avare de coups et prodigue en caresses ».

François Robichon de la Guérinière, le maître de l'épaule en dedans

Né en 1688, mort en 1751, il est l'auteur de *L'École de cavalerie*, une bible pour des générations de cavaliers. Il est aussi le génial inventeur d'un mouvement : l'épaule en dedans, « la leçon la plus difficile et la plus utile de toutes celles que l'on doit employer pour assouplir les chevaux ». Un mouvement que l'on continue de pratiquer aujourd'hui aussi bien en dressage que pour préparer les chevaux à sauter.
Il s'oppose aux moyens prônés par Grisone pour faire céder le cheval : coups, menace d'une botte de paille enflammée, chat ligoté au bout d'une perche et promené sous le ventre du cheval, seringues d'eau dans les yeux...

1840 : la grande querelle entre Baucher et le comte d'Aure

Au XIXe siècle, l'équitation devient un art à part entière. Deux écuyers représentant deux écoles complètement différentes vont s'affronter. D'un côté, un aristocrate, le comte Antoine Cartier d'Aure, ancien de Saint-Cyr, formé au manège de Versailles. Cavalier d'extérieur, il préconise une monte classique avec usage permanent de la poigne, des gourmettes et des éperons. Il aime la vitesse, encourage les chasses et les courses.
De l'autre, François Baucher, qui se considère comme un saltimbanque et s'exhibe au cirque. Formé en Italie, il a écrit une méthode célèbre qui, bien qu'appréciée par de nombreux mili-

taires, est interdite dans l'armée. Les deux hommes vont se faire une guerre sans merci par journaux interposés.
Mais c'est Baucher qui va marquer notre équitation future ; il invente les changements de pied, travaille l'équilibre du cheval et les flexions. Il prône l'emploi de rênes demi-tendues et d'un léger mors de bridon. Il qualifie les mors durs de son adversaire d'« instruments de torture » et les éperons de « rasoirs dans les mains d'un singe ». C'est lui qui définit le célèbre principe toujours appliqué : « Mains sans jambes. Jambes sans mains. »
Leur querelle devient une affaire d'État quand ils convoitent la charge de l'école de Saumur. C'est le comte d'Aure qui obtient la charge. Mais Baucher remporte le succès du public en présentant Guéricault, un cheval indomptable, au cirque des Champs-Elysées. En six semaines, il réussit à dresser le « fauve » aux changements de pied, appuyers et pirouettes.

En suspension avec Caprilli

Frederico Caprilli (1868-1907) a mis au point une nouvelle façon de sauter. Tandis qu'à Saumur on sautait encore les épaules en arrière avec la main au pommeau, il saute le buste incliné vers l'avant, en équilibre sur ses étriers. Une véritable révolution ! En 1902, il saute 2,08 m ! Il cherche sans cesse à s'adapter au cheval et à le gêner le moins possible.

Jean d'Orgeix, le révolutionnaire

Mort en 2006, le chevalier d'Orgeix a un parcours étonnant. Acteur de théâtre, cavalier olympique, explorateur, champion de voltige aérienne, auteur à l'âge de soixante-dix ans d'un raid en bateau pneumatique qui le conduisit de Marseille à Calcutta, il est l'auteur de nombreux ouvrages et de cassettes expliquant sa méthode. Son grand « dada » : le contrôle. Jean d'Orgeix conseille au cavalier de diriger totalement le cheval dans sa trajectoire au-dessus de l'obstacle. Il s'est également beaucoup intéressé à la psychologie du cheval et a développé une méthode pour capter son attention et l'intéresser au travail. Il prône notamment l'usage de la voix comme aide, au même titre que les mains, l'assiette et les jambes. Il a beaucoup travaillé sur l'équilibre et la position du cavalier. Bref, il a marqué l'équitation.

Maltraitance

VOIR AUSSI
Retraite

Des poneys blessés et laissés sans soin. Des ânes abandonnés au fond d'un pré. Des chevaux aux sabots jamais parés. Et tellement maigres. Ou malades et terrorisés. Impossible de passer devant eux et de ne pas s'arrêter. Mais que peux-tu faire ?

Il arrive que des propriétaires n'apportent pas les soins nécessaires à leurs chevaux ou à leurs poneys. Très vite, l'herbe ne suffit plus, l'eau devient sale, les pieds poussent, les sabots se fendillent… et le cheval est en danger.
Si tu vois un cheval, un poney (beaucoup de Shetlands sont abandonnés) ou un âne maltraité, voilà la marche à suivre. Les mauvais traitements ne recouvrent pas seulement les coups et les blessures. Ils désignent également l'absence de soins, le manque de nourriture adaptée, les pieds trop longs…

Détecter la souffrance

Commence par regarder s'il dispose d'un point d'eau et de nourriture. Essaie de déterminer à qui appartient le cheval. Mène une enquête auprès des voisins, voire de la mairie. Assure-toi que la maigreur ou le mauvais état général de l'animal n'est pas dû à la vieillesse ou à une maladie traitée et surveillée. Essaie de regarder ses pieds. Si les pieds sont parés, l'animal est certainement bien soigné. Si tu penses vraiment que le cheval est en danger, prends des photos mais sans pénétrer dans le pré ou l'enclos. Tu n'en as pas le droit.
Recueille des témoignages sous la forme d'attestations et prends des photos. Avertis la SPA, la fondation 30 millions d'amis, la fondation Bardot, l'association Cheval ou toute autre association de défense des animaux.

Tenter la pédagogie

Le mieux est toujours de résoudre le problème à l'amiable en faisant prendre conscience au propriétaire de l'état de son cheval par une lettre, un coup de téléphone ou une visite. Certaines personnes laissent un cheval sans soin uniquement par ignorance. Elles pensent que les chevaux peuvent vivre seuls dans un pré. Elles ignorent qu'il faut les vermifuger (au minimum deux fois par

COMMENT RECONNAÎTRE UN CHEVAL ÂGÉ

Pas évident de distinguer un cheval âgé d'un cheval maltraité. Chez le cheval âgé, le chanfrein se creuse, la ligne de dessus s'affaisse, la croupe est moins ronde, les pointes de hanche peuvent saillir. Il peut boiter tout simplement parce qu'il a de l'arthrose et tousser. Il n'est pas pour autant maltraité.

an), les faire vacciner, compléter leur alimentation en hiver, faire parer leurs pieds (deux à trois fois par an pour un cheval qui ne travaille pas), vérifier la qualité de l'eau… Avec un enquêteur de l'association que tu as contactée, essaie d'informer le propriétaire de l'état de son cheval et d'arranger les choses ! Par exemple, va voir le propriétaire et dis : « Ils m'ont l'air bien tristes, vos poneys. Ne seraient-ils pas malades ? »

Signaler l'urgence

Si l'état du cheval est tel qu'il nécessite des soins en urgence, alerte la gendarmerie et fais une déposition sur la main courante. Le procureur de la République ou le juge peut autoriser sa prise en charge momentanée par une association.

Les mesures prises

L'agent envoyé par l'association peut porter plainte et se constituer partie civile. Il va également alerter la DD(cs)PP : Direction Départementale de la (Cohésion Sociale et) de la Protection des Populations. Le propriétaire indélicat risque l'attribution à titre définitif de ses chevaux à une association, de la prison avec sursis, des dommages et intérêts, et même l'interdiction définitive de posséder des chevaux.

Sois irréprochable !

Quand tu montes à cheval, remercie-le et soigne-le avant de t'occuper de toi-même.

EN ÉTÉ AUSSI

En plein soleil, sellés, parfois même sanglés, ils attendent le client. Ils sont si bien attachés qu'ils ne peuvent pas s'étirer ou chasser les mouches. Même boiteux, ils continuent de ramer tout au long des vacances dans les zones touristiques. Les bagnes d'été ont fortement diminué. Mais ils existent. À chacun d'être vigilant et de bien choisir l'endroit où il loue un cheval pour une promenade. Ouvre bien les yeux. Ne monte pas sur un cheval blessé, boiteux ou malade.

Le sais-tu ? « Les animaux sont nos miroirs : nos traitements envers eux nous seront retournés », a écrit Voltaire.

Maréchal

Le maréchal soigne les sabots et pose des fers. Un métier très ancien qui s'ouvre aux femmes.

Sa mission

Apporter le plus de confort possible à un cheval. Le métier comporte deux facettes : ferrer et forger. Parfois, le maréchal est amené à fabriquer de véritables fers orthopédiques pour soulager un cheval. Ferrer un cheval demande environ une heure pour les quatre membres. L'opération doit être renouvelée toutes les six semaines.

Formation

L'apprentissage est ouvert aux jeunes de 16 à 26 ans. Pour exercer le métier, il faut obtenir un CAPA, Certificat d'aptitude professionnelle agricole option maréchalerie (se prépare en trois ans après la cinquième ou en deux ans après la troisième) ou un BTM (Brevet technique des métiers option maréchalerie) qui se prépare en deux ans en apprentissage.

Contrainte

C'est un métier physique où l'apprentissage est important et long. Il faut aimer travailler dehors. La rémunération est variable. Le maréchal travaille à son compte. La moyenne nationale du chiffre d'affaires annuel s'élève à 41 600 €.

Les qualités requises :

- être habile de tes mains ;
- avoir un bon dos ;
- aimer te déplacer ;
- adorer travailler auprès des chevaux ;
- ressentir les chevaux ;
- être capable de communiquer avec eux ;
- être indépendant·e ;
- pouvoir travailler en relation avec un vétérinaire.

Le sais-tu ? On compte 1 700 maréchaux-ferrants. Chacun gère environ 210 chevaux.

Comme nous, le cheval adore les massages. Si tu veux lui faire ce cadeau et tisser des liens étroits avec lui, voilà comment t'y prendre :

Quand masser ?

Tu peux le masser après un gros effort pour le délasser et lui éviter douleurs musculaires et courbatures. Tu peux aussi le masser juste pour lui faire plaisir. Le cheval apprécie et en redemande. Cela le calme et le décontracte. Il s'en remet à toi et à tes doigts magiques ! En revanche, évite tout massage si ton cheval a pris un coup ou s'il s'est abîmé un muscle. Tu risques d'aggraver sa lésion !

Comment masser ?

Le massage se fait mains ouvertes avec toute la paume et avec les doigts légèrement repliés. Tu ne peux masser qu'un muscle décontracté. Attends que le cheval soit sur trois pieds pour commencer. Tu démarres par le membre qui n'est pas en appui. Pour les membres, tu vas toujours du haut vers le bas. Le cheval comprend très vite la manœuvre. Quand tu te présentes vers un autre membre, il se décontracte lui-même. Si ce n'est pas le cas, commence par simplement effleurer la zone à masser et appuie progressivement jusqu'à décontraction. Pour la croupe et le dos, monte sur un tabouret et masse en allant vers le cœur. Pour l'encolure, va de la tête vers les épaules. Masse uniquement les zones musculaires de ton cheval (ce qui est charnu) ; inutile de masser les os et les tendons.

Le sais-tu ? Les chevaux de haut niveau ont souvent droit à une ceinture de massage qu'on leur met avant et après l'effort.

VOIR AUSSI
Intelligence, Apprentissage

Le cheval a une mémoire... d'éléphant !

Une banque de données dans la tête

À l'état sauvage, le cheval se sert de sa mémoire pour survivre ! Dès son plus jeune âge, il apprend à identifier les dangers et les situations dans lesquelles il est en sécurité. Au centre équestre, même chose. Le cheval garde en mémoire tout ce qui est sans danger et tout ce dont il faut se méfier.

La mémoire des lieux

Le cheval a une véritable mémoire topographique qui lui permet de retrouver son chemin sans savoir lire la moindre carte ! Il se souvient des lieux où il a eu des sensations désagréables ; il peut alors devenir très nerveux, fébrile et même incontrôlable.

La mémoire des personnes

Il peut prendre son bourreau en haine et se mettre à trembler ou devenir une vraie furie à son approche ; *a contrario*, il reconnaît les gens qui l'aiment, et ceux avec lesquels il se sent bien.

Il apprend vite

Plus le cheval est jeune et plus il apprend vite. Il a simplement besoin d'avoir un professeur intéressant (toi, par exemple !), de bonnes conditions de travail (au calme, sans mouches, à l'ombre...). Il doit aussi être décontracté. Son professeur doit être parfaitement connecté avec lui. Si tu es préoccupé·e par autre chose, pars en balade. Tu ne peux lui apprendre quelque chose qu'en étant vraiment avec lui.

Le revers de la médaille

Le cheval enregistre tout. Si, un jour, il a le dessus sur son cavalier, s'il est puni injustement, il va s'en souvenir ! S'il a peur d'un obstacle et que tu lui cingles les fesses juste avant cet obstacle, il aura encore plus peur ! Dans sa mémoire, il va associer obstacle et coup de cravache. C'est pourquoi les jeunes chevaux doivent être confiés à des cavaliers confirmés ou bien encadrés.

Le conseil

Très sensible, le cheval emmagasine les informations en les reliant avec une émotion. Plus les évènements sont teintés d'une émotion forte, plus ils restent gravés dans sa mémoire. C'est pourquoi, il faut toujours le laisser sur une bonne impression. Termine une séance de travail par quelque chose de facile qu'il va bien réussir et félicite-le chaleureusement. Il gardera un bon souvenir de la séance et se montrera disponible pour la prochaine.

Du temps !

Laisse à ton cheval le temps de comprendre un exercice et de l'assimiler. On veut souvent aller trop vite. En cas de problème, n'hésite pas à revenir en arrière. Ne passe à l'étape n°2 que lorsque l'étape n°1 est parfaitement acquise. Chaque cheval a son rythme. Laisse lui temps de chercher, d'accepter, de mémoriser.

De nouveaux mots

200, c'est le nombre de mots qu'un cheval ou un poney est capable de retenir et de comprendre. Commence par lui apprendre son nom que tu répètes à chaque fois que tu viens le voir. S'il vient, récompense-le avec une rondelle de carotte ou une caresse. À cheval, utilise des mots d'une ou de deux syllabes (Oh, Marche, En place, Galop...). Associe ta voix et tes aides (jambes et mains). Petit à petit, ta voix suffit. Tu peux aussi lui apprendre de nouveaux mots comme « Chapeau » en cachant une carotte dessous. Au début, il trouve la carotte. Puis, tu lui apprends à ramener le chapeau pour avoir sa récompense. Sois patient·e !

Le sais-tu ? Cette jument exprime son désir ou non de porter une couverture en choisissant un symbole qu'elle a appris.

Morphologie

Du bout du nez à l'apophyse zygomatique, en passant par le canon et le boulet, voici un schéma de morphologie équine pour que ton animal favori n'ait plus de secret pour toi. Plus aucun !

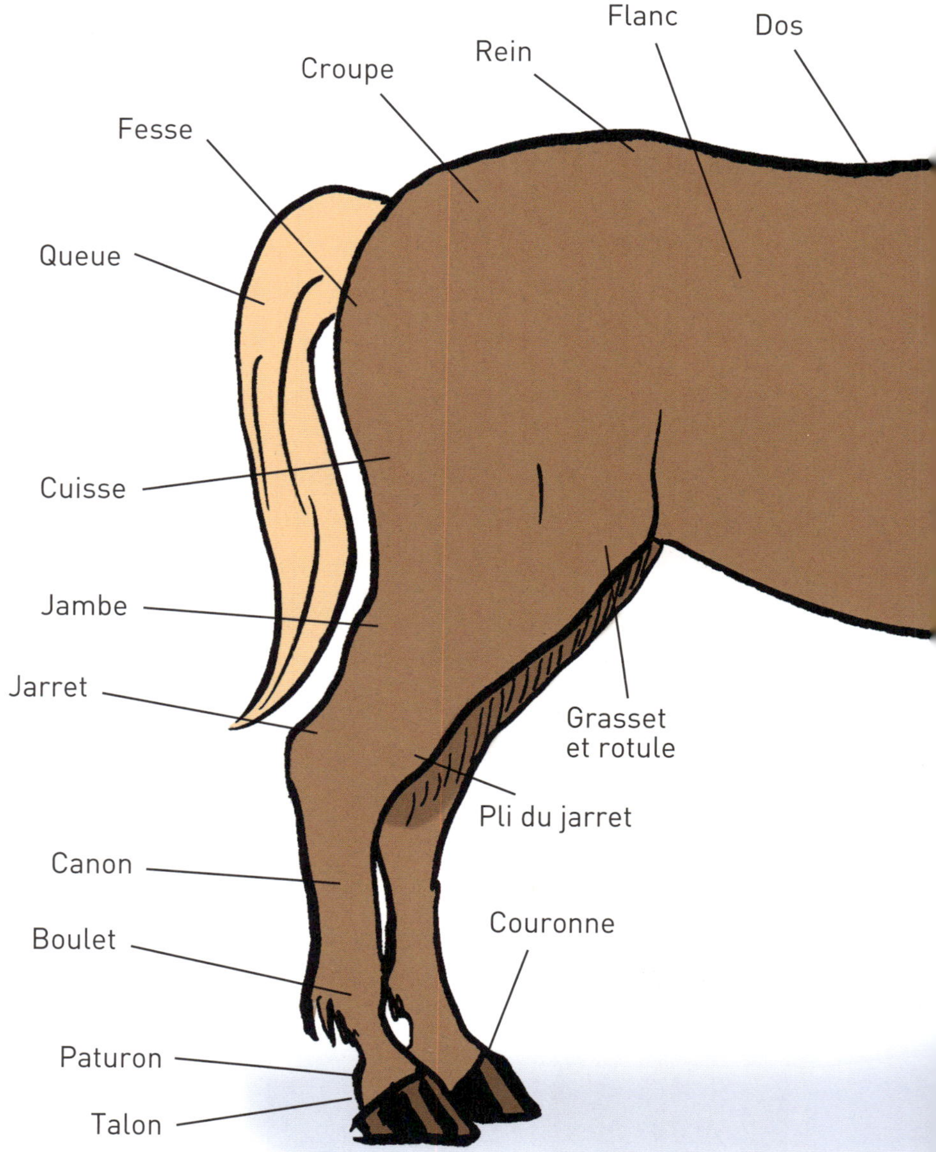

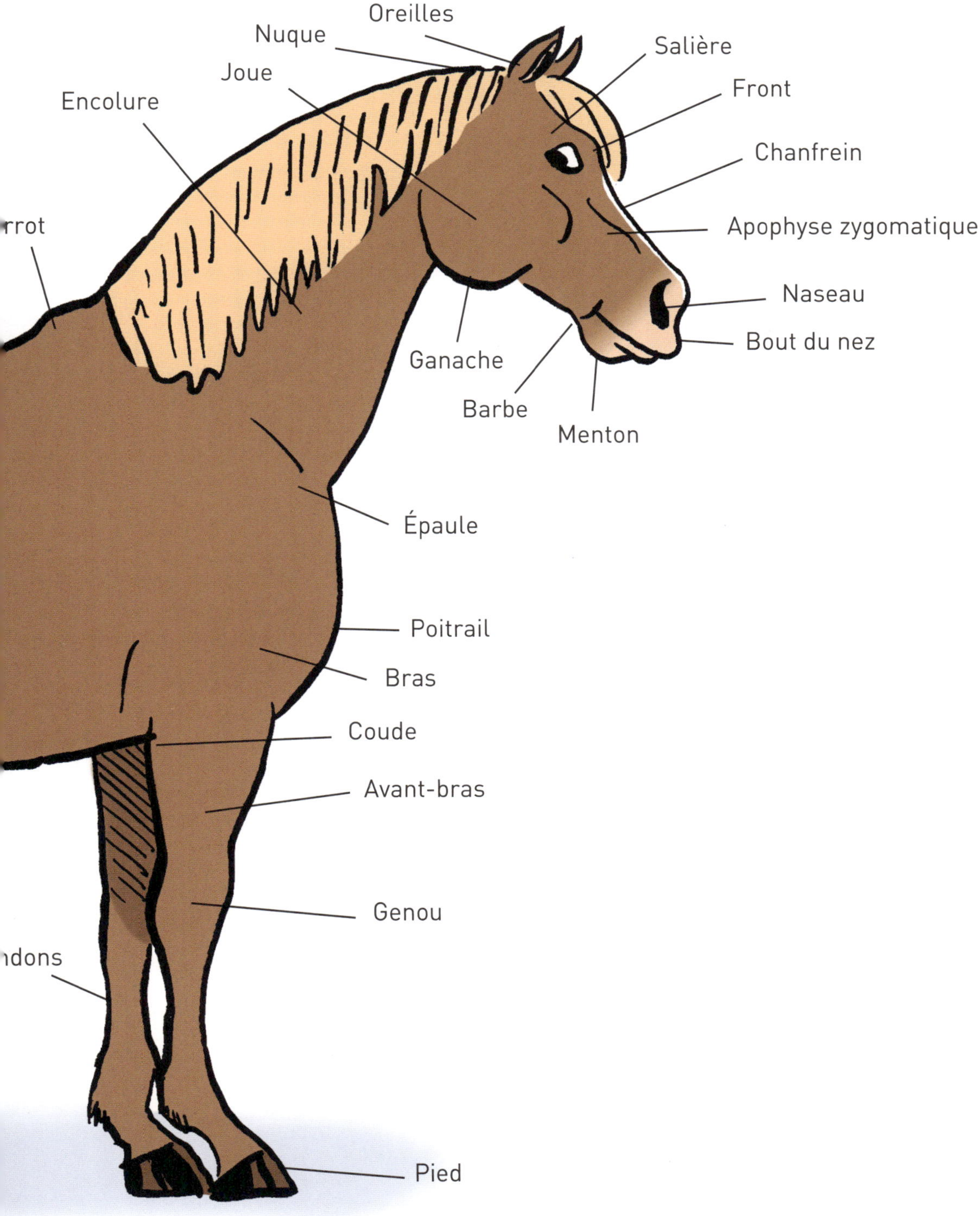

Le sais-tu ? L'hippologie désigne l'ensemble des connaissances concernant le cheval.

Mors

VOIR AUSSI
Filet, Main (bonne)

Appelé également embouchure, il est placé dans la bouche du cheval et permet de le conduire.

Il existe des centaines de variétés de mors. Des livres entiers y sont consacrés ! Grosso modo, on peut les diviser en deux catégories : les mors releveurs et les mors abaisseurs. Les releveurs font relever la tête au cheval lorsqu'on tire sur les rênes. Les abaisseurs lui font baisser la tête. Élémentaire, non ?

Le plus courant

Le mors le plus utilisé est le mors de filet simple. Il a un effet releveur. La partie qui se place sur les barres (partie des gencives dépourvue de dents) est constituée de deux pièces reliées entre elles par des anneaux : ce sont les « canons ». Plus ils sont fins et plus ils sont agressifs pour la bouche du cheval. Le jeune cheval très sensible aura un mors en caoutchouc.

Les fabricants ont inventé des tas de mors avec des petits jouets (boules) qui font saliver le cheval, des torsades qui sont très contraignantes, des doubles mors, des filets brisés avec des parties en cuivre...
Le mors de filet Verdun est très souvent utilisé. Les anneaux en forme de D sur lesquels on fixe les rênes empêchent le mors de sortir de la bouche. Le mors à aiguilles poursuit le même but.
Si le cheval essaie de se soustraire à l'action du mors en ouvrant exagérément la bouche, il suffit de lui mettre une muserolle.

La bride et la gourmette

La bride comprend deux mors (un mors de filet et un mors de bride) et quatre rênes. Elle est réservée aux cavaliers

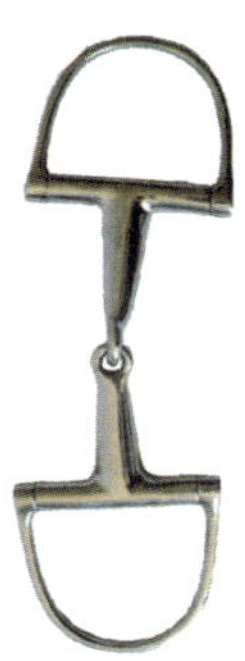

• mors Verdun

• mors à aiguilles

• mors Pelham

• bride et gourmette

confirmés et aux chevaux dressés. Le mors de bride a un effet abaisseur. La gourmette est une chaînette disposée au niveau de la barbe.

Entretien

L'herbe mâchée par le cheval sèche sur le mors et peut blesser sa bouche. Il faut donc laver le mors après chaque utilisation. Tu peux en frotter les recoins avec une brosse à dents.

Astuces

Si ton cheval n'a pas envie d'ouvrir la bouche, inutile d'appuyer le mors contre ses dents comme un forcené ! Tu peux enfoncer ton pouce au niveau des commissures des lèvres, là où il n'y a pas de dents (barres). Le cheval va forcément ouvrir la bouche !

Si ton cheval lève la tête, aide-toi d'une friandise. Peu de chevaux y résistent ! Dès qu'il accepte le mors, récompense-le. Si tu constates une blessure au niveau de la commissure des lèvres, signale-la immédiatement à ton moniteur. La bouche est fragile et très importante. Il faudra sans doute mettre une crème et utiliser un mors mieux adapté à la bouche du cheval.

• hackamore

Pas d'escalade !

Si ton cheval tire, ce n'est pas la peine d'essayer des mors de plus en plus durs. Tu ne feras qu'aggraver son cas. N'hésite pas à te remettre en question : il faut être deux pour tirer. Souvent, lorsqu'un cheval tire, on a le réflexe de résister. En fait, il faut résister un quart de seconde et relâcher aussitôt, puis résister à nouveau et relâcher. Si l'on résiste trop longtemps, le cheval prend appui et tire encore plus. Tu peux aussi reprendre l'éducation de ton cheval. S'il tire dans les lignes droites, mets-le en cercle. S'il tire avant un obstacle, travaille au trot sur des barres au sol... Sois patient·e et plus malin·gne que lui.

Le hackamore

Le cheval n'a pas de mors dans la bouche ! Le hackamore agit par pression sur son nez et sa mâchoire. Il est utilisé par les randonneurs car le cheval peut brouter pendant les haltes sans être gêné par son mors. Certains chevaux de concours de saut d'obstacles sont également montés en hackamore. Attention ! Placé bas avec une gourmette très serrée, il peut avoir un effet violent !

Le sais-tu ? Un cheval « goûte son mors » lorsqu'il le mâchonne en salivant. C'est un signe de décontraction.

Musée du cheval

Installé dans les grandes écuries de Chantilly, le musée abrite une collection d'objets et d'œuvres d'art sur le thème du cheval. Tu peux également y admirer 30 chevaux de différentes races, les applaudir en spectacle et découvrir le métier d'écuyère.

L'histoire

Les grandes écuries ont été construites au XVIIIe siècle pour Louis Henri de Bourbon, septième prince de Condé. La légende raconte que le prince était persuadé de se réincarner en cheval. Il s'était donc fait construire des écuries dignes de son rang. Elles abritaient 240 chevaux et 150 chiens. Elles sont considérées comme les plus belles du monde ! Le musée a été créé en 1982 par l'écuyer Yves Bienaimé. Il a été rénové et a réouvert en juin 2013.

LES QUALITÉS REQUISES POUR DEVENIR ÉCUYÈRE :

- avoir beaucoup de rigueur ;
- ne pas compter tes heures et accepter de travailler pendant les vacances scolaires et les week-ends ;
- aimer parler et te mouvoir en public ;
- avoir une bonne position à cheval ;
- avoir envie de progresser ;
- avoir toujours le sourire.

Les salles

Le nouveau musée présente plus de 200 objets et œuvres d'art liés au cheval et à son histoire. Tu peux y admirer des tableaux, des jouets anciens, des chevaux de carrousel en bois, des mors... et même voir des films.

Les chevaux

Frisons, appaloosas, pure race espagnols, lusitaniens, barbes, boulonnais, shetlands... Ils sont trente à vivre dans les grandes écuries. Il faut y ajouter l'âne Séraphin et les poneys miniatures.

Les spectacles

Tous les jours, des démonstrations pédagogiques te permettent de découvrir le travail des chevaux (pas espagnol, révérence, couché...). Un spectacle des poneys est donné pendant les vacances scolaires et un spectacle de Noël au mois de décembre. Un grand spectacle a lieu également sous le dôme des écuries à certaines dates, mené par l'écuyère Sophie Bienaimé et mis en scène par sa sœur Virginie.

Les écuyères

Pour revêtir la tunique rouge des écuyères du musée (seules les filles sont admises), les candidates doivent

avoir le monitorat, une jolie silhouette et une très belle position à cheval. Elles recevront une formation (cours de dressage, de théâtre) et devront prendre soin des chevaux, les sortir, les travailler et les présenter en spectacle.

Au départ, les écuyères reçoivent le SMIC. Elles sont logées et obtiennent des primes, lors des spectacles et à Noël.

Le sais-tu ? « Plus le cheval se sent aimé et plus il donne. » Sophie Bienaimé

Natte (de queue)

Voir aussi
Tresses

Une belle natte de queue rendra ta monture encore plus belle pour un concours ou un spectacle. Arme-toi de patience car, au début, il faut s'entraîner !

Tu as besoin de :

- une brosse à cheveux ;
- un peigne ;
- une éponge ;
- deux élastiques de la même couleur que la queue.

1. Préparer

Démêle soigneusement les crins avec une brosse à cheveux. Ne mets pas de démêlant. Les crins seraient trop glissants pour être nattés. Passe le peigne doucement sur la partie haute de la queue. Mouille légèrement la queue avec une éponge.

2. Tresser

Saisis une mèche de crins de chaque côté de la queue, le plus haut possible. Tresse avec une mèche prise au centre. Chaque fois que tu ramènes un brin vers le milieu, tu en rajoutes un pris du même côté. Continue jusqu'à la partie dure de la queue. Noue la natte avec un élastique.

3. Terminer

Continue ta natte de façon classique sans rajouter de brins comme précédemment et ferme avec un élastique. Si tu as fait ta natte la veille d'un concours, pose une bande de queue pour qu'elle ne s'abîme pas.

Odorat

Le cheval possède un odorat bien plus développé que le nôtre.

En alerte !

Dans la nature, le cheval est une proie. Son odorat lui permet de détecter d'éventuels dangers. Si le vent est favorable, il peut percevoir un prédateur à un ou deux kilomètres de distance. Son odorat lui permet aussi de détecter un point d'eau à distance, ou d'identifier les plantes toxiques.

Pour se reconnaître

Le cheval communique avec son odorat. Le lien olfactif entre la jument et son poulain est très fort. Juste après la naissance de son petit, la mère le lèche et le renifle. Elle se familiarise avec son odeur. Lorsque deux chevaux se rencontrent pour la première fois, ils se sentent longuement et se soufflent mutuellement dans les naseaux. De même, les étalons laissent des crottins à des endroits stratégiques. Lorsqu'un étalon passe à proximité d'un crottin, il le renifle pour savoir s'il appartient à un autre mâle. Si oui, il le recouvre de son propre crottin.

Pas trop de parfum !

Pour faire connaissance avec un cheval, tu peux lui présenter le dos de ta main à renifler. Certains cavaliers portent toujours le même parfum pour ne pas perturber le cheval. D'autres ont l'impression que leur cheval n'aime pas les parfums. À toi de voir !

Le flehmen

Ce terme allemand peut se traduire par grimace. La lèvre supérieure retroussée, l'encolure tendue vers le haut, le cheval essaie de reconnaître une odeur inconnue ou de détecter si une jument est en chaleur.

Le sais-tu ? Les chevaux s'identifient grâce à leurs odeurs.

Oliveira (Nuno)

Ce grand écuyer portugais considérait l'équitation comme un art. Il recherchait avant tout la légèreté et le respect du cheval. Il a marqué le XXe siècle.

Dès six heures du matin, il travaillait les chevaux en écoutant des airs d'opéra. Des quatre coins du monde, les cavaliers les plus prestigieux venaient prendre des cours avec lui. Cet immense artiste parvenait à tirer des airs savants de n'importe quel cheval, pas forcément des plus doués ! Pourtant, il est mort à 60 ans (1925-1989) en Australie avec un compte en banque si bas que son fils a dû vendre ses chevaux pour rapatrier son corps. Mais il laisse un héritage équestre immense.

Sa philosophie

Nuno Oliveira recherche avant tout l'entente avec son cheval. Pour lui, la technique n'est pas suffisante sans l'adhésion psychologique du cheval. En selle, il ne faut jamais cesser d'observer. Le cheval ayant des réflexes plus rapides que l'homme, il faut être à 100 % à l'écoute.

Ses maximes

« Délaissez la technique et montez avec votre cœur. »

« Prenez l'habitude de caresser quand le cheval s'est donné. »

« Je demande aux cavaliers qui me lisent et qui dressent leurs chevaux de regarder leur monture lorsqu'ils mettent pied à terre après une séance de travail, de contempler son œil et de faire un examen de conscience pour se demander s'ils ont bien agi envers cet extraordinaire être vivant, ce compagnon adorable : le cheval. »

« On a tendance, de nos jours, à oublier que l'équitation est un art. Or, l'art n'existe pas sans amour. Mais celui qui n'a pas la discipline nécessaire et qui ne possède pas la technique ne peut prétendre à l'art. L'art, c'est la sublimation de la technique par l'amour. »

« L'art équestre commence par la perfection des choses simples. »

« Faites du cheval un compagnon et non un esclave, vous verrez quel ami extraordinaire il est. »

« Avec les chevaux, de la douceur, est-ce que cela en vaut la peine ?... Oui, toujours ! »

VOIR AUSSI
Communication

Ouïe

Le cheval a le sens de l'ouïe très développé. N'hésite pas à lui parler !

Bien équipé

Ses oreilles largement ouvertes peuvent pivoter à 180 degrés. Il entend très loin puisqu'il est capable de détecter des sons à 4 400 mètres. Mais, pour situer d'où vient le son, sa marge d'erreur est de 20 degrés (3 degrés pour le chat). Il n'a pas besoin de savoir localiser précisément le bruit, puisqu'il se contente de partir en sens inverse. Dans la nature, rappelons-le, son salut face à un prédateur, c'est la fuite !

Paroles, paroles !

Rien ne remplace la parole, surtout avec un cheval. Les chevaux sont très sensibles aux intonations de ta voix. Grave, douce et traînante, elle les ramène au calme. Claquante ou sévère, elle les réprimande. Tonique, elle les encourage... C'est l'aide la plus facile à utiliser, qu'on soit débutant ou confirmé. Inutile de crier ! Le cheval entend tout...

Enrichis son vocabulaire

Les chevaux peuvent comprendre jusqu'à 200 mots pourvu qu'on fasse l'effort de les leur apprendre ! Bien sûr, il faut bien se souvenir du vocabulaire mis en place, pour ne pas perdre le cheval. Si on partage un cheval, le mieux est d'écrire la liste des mots que l'on emploie.

Musique maestro !

Certains dresseurs l'incluent dans leur dressage. Elle mettrait les chevaux dans un état plus réceptif, leur donnerait du rythme. D'autres pensent que la musique distrait les chevaux et les empêche de se concentrer. Preuve qu'ils y sont sensibles ! De nombreux éleveurs mettent de la musique dans l'écurie ou dans le camion pour calmer les jeunes chevaux. Quand un cheval a peur, tu peux toujours lui chanter une petite chanson. Cela peut permettre de faire baisser la pression. Comme pour un enfant !

Le sais-tu ? Ses oreilles peuvent bouger dans n'importe quelle direction, indépendamment l'une de l'autre.

Ourasi

C'est une belle et triste histoire. Belle parce qu'elle raconte l'histoire d'un trotteur, un crack qui a enflammé les foules avec 58 victoires dont 4 prix d'Amérique ! Triste parce que ceux qui l'ont côtoyé se sont déchirés.

Une bouche de plus à nourrir ! Voilà comment a été accueilli l'alezan Ourasi, le 7 avril 1980, par des éleveurs normands qui ne parvenaient plus à payer leurs factures.
Quand son propriétaire, Raoul Ostheimer, l'a vu pour la première fois, il l'a trouvé pataud. Quelques jours plus tard, il le traitait de « gros bœuf qui manque de nerf ». Ce n'était pas l'avis de Rachel, son ex-épouse, avec laquelle il vivait toujours.

Bébé dédaigneux

Poulain, Ourasi était déjà hors du commun. Il ne sursautait nullement à l'approche de l'homme. Il n'éprouvait pas le besoin de se réfugier contre sa mère, comme le font tous les poulains. Non, il ne montrait que du dédain.

Un trotteur au galop

Son débourrage est un enfer ! C'est Rachel qui s'en charge. Elle a vite compris qu'il ne faut en aucun cas entamer un rapport de force avec lui. Le jeune intrépide ne supporte pas les contraintes. Il rue dans les brancards, casse le sulky et n'en fait qu'à sa tête. Pour sa première course, le trotteur prend le galop. Les autres courses ne sont pas plus glorieuses. Raoul voudrait vendre ce cheval difficile mais Rachel croit en lui. Elle le dorlote, son « Papouille ». À l'entraînement, elle le trotte deux fois plus longtemps que les autres.
Très vite, elle doit se rendre à l'évidence. Pour progresser, son champion a besoin d'être conduit par le meilleur. Ce sera Jean-René Gougeon ! Celui que l'on surnomme le pape de Vincennes comprend qu'il doit composer avec ce fauve qui ne supporte pas le moment où on l'attelle.

Un Droopy des champs de courses

Ourasi enchaîne les succès. Mais il reste un peu grassouillet et toujours aussi impassible. Sa personnalité inspire les journalistes qui le comparent à Droopy, le chien endormi de Tex Avery. Puis il devient un génie, l'extraterrestre, le surdoué, le cheval du siècle... Les plumes célèbrent son coup de reins formidable, sa force, son envergure, sa capacité de récupération, son mental de guerrier, son intelligence.

Quatre prix d'Amérique

Le roi voyage dans le monde entier, pulvérise les records et se paye quatre prix d'Amérique ! Là, l'histoire bascule. Raoul propose à Rachel de se remarier. Celle-ci refuse et signe sa ruine. Raoul « oublie » de lui donner une part des gains d'Ourasi. Puis, sans la

prévenir, il vend la moitié du champion pour 1,86 million d'euros. Rachel apprend la nouvelle par la presse. Elle fait un procès et elle perd. Il lui est désormais interdit d'approcher son cheval chéri.

Sans Rachel

Ourasi a perdu sa plus fidèle alliée. En plus, il souffre d'un problème urinaire chronique. Suit alors une période de repos, d'analyses et de mauvais résultats. En 1990, il se relève et pulvérise le record du prix d'Amérique en 1'15"2 !

Retraite et déprime

Quatre jours plus tard, escorté par les journalistes et les photographes, le champion part pour un haras où un nouveau job l'attend : devenir reproducteur. Mission : faire 130 saillies par an à 14 000 euros l'une. Une aubaine pour les investisseurs ! L'étalon montre un bel appétit sexuel. Mais en vain. Sa semence est déficiente. De plus, il déprime. L'arrêt brutal de la compétition lui a porté un coup. Finalement, on décide de le mettre au vert au haras de Gruchy, dans le Bessin, près de Bayeux.

Tout ça pour des pommes

Ourasi est mort à l'âge de 33 ans. Jusqu'à ses derniers jours, le roi avait de l'allure. Il allait au pré, surveillait les allées et venues des juments du haras et venait manger les pommes que lui apportaient ses fans.

Le sais-tu ? Homéric raconte la vie d'Ourasi dans *Ourasi le roi fainéant* (éditions Favre).

Pansage

VOIR AUSSI
Boîte à pansage, Massage

Un pur moment de plaisir, pour ton cheval d'abord, et ensuite pour toi. Une nécessité aussi pour nettoyer ta monture et vérifier sa bonne santé.

Pansage nature

Pour se nettoyer mais aussi pour se masser le dos, le cheval se roule. Il adore se débarrasser ainsi de ses cellules mortes et de la poussière. Il peut également se frotter contre un arbre ou demander à son meilleur ami de le gratouiller avec ses lèvres (voir : Groom).

Pansage plaisir

Fais du pansage un vrai moment de bonheur pour ton cheval. Pour cela, sois calme et détendu·e. Prends ton temps.

TES INSTRUMENTS :

- une étrille, sorte de grattoir en métal ou en caoutchouc ;
- une brosse à chiendent ou bouchon ;
- une brosse douce ;
- un chiffon propre ;
- deux éponges (une pour les naseaux, l'autre pour l'anus) ou des lingettes pour bébé ;
- un peigne ;
- une brosse pour la crinière et pour la queue ;
- un cure-pied.

En option : un spray de démêlant, très utile pour démêler la queue sans abîmer les crins !

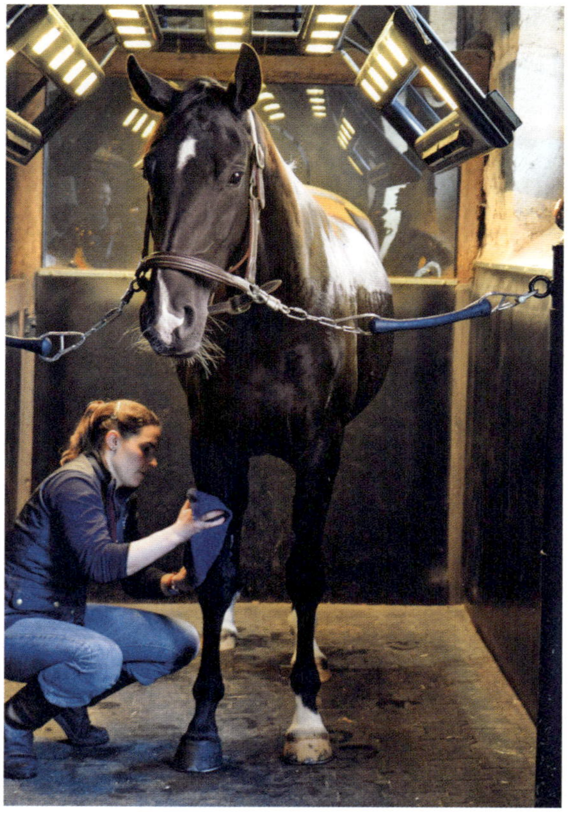

Cherche les endroits où il aime être gratté. Respecte ses goûts. S'il déteste quand tu lui passes le bouchon sur le ventre, prends une brosse douce.

Pansage bien-être

Un dicton dit : « Un bon pansage vaut une ration d'avoine. » Il relaxe le cheval, fait briller son poil, active la circulation sanguine.

Pansage découverte

Le pansage est un bon moyen d'entrer en relation avec un cheval, mieux connaître ses réactions, découvrir son corps mais aussi son caractère. Laisse-le te renifler, jouer avec une brosse, attraper un chiffon...

Pansage inspection

Profite de l'occasion pour t'assurer qu'il n'a pas de blessures, de parasites comme les tiques. Vérifie également l'état de ses pieds.

Comment t'y prendre ?

Commence par enlever la boue et décoller la crasse avec l'étrille. Frotte uniquement les parties charnues du cheval. Évite sa tête et ses articulations. Poursuis avec le bouchon, à rebrousse-poil, puis dans le sens du poil. Lisse la robe et nettoie la tête avec la brosse douce. Tu peux la faire briller avec un chiffon légèrement humide. Démêle la queue et la crinière de ta monture à la brosse, sans arracher les crins. S'ils sont trop emmêlés, vaporise un peu de démêlant. Avec une éponge propre et humide, nettoie-lui les naseaux. Si le bout du nez est sec, applique un peu de vaseline ou d'huile d'amandes douces. Avec une autre éponge, nettoie bien l'anus. Enfin, cure-lui les pieds.

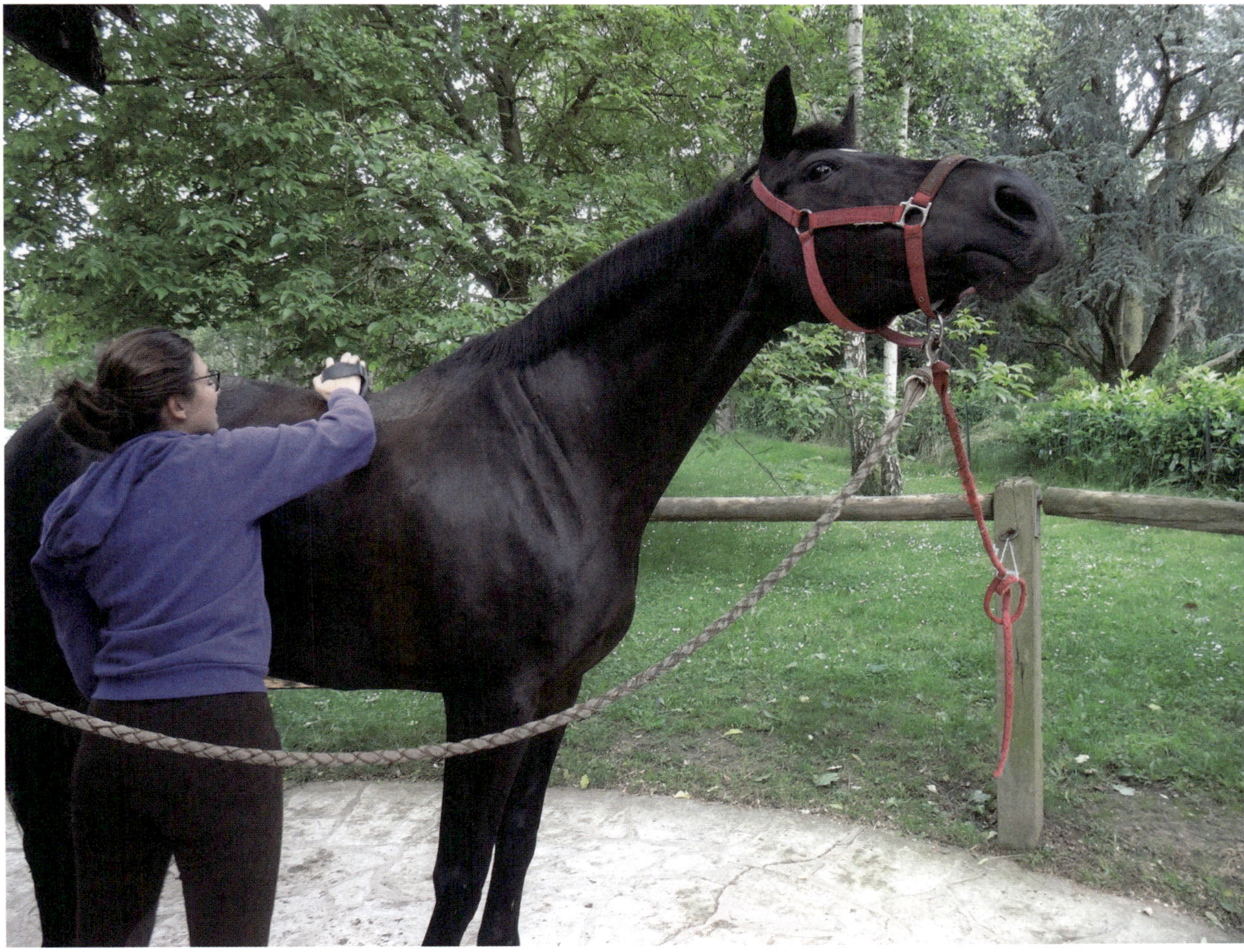

Papiers

VOIR AUSSI
Achat, Choix

Acheter un cheval ou un poney, c'est avant tout une histoire… d'amour ! Mais comment s'y reconnaître entre les sans-papiers, les pleins papiers, les documents d'identification ?

Tous les chevaux et tous les poneys ont une carte d'immatriculation (sorte de carte d'identité à remettre à l'acheteur si l'on vend son équidé) et un document d'accompagnement. Ce document est destiné à identifier l'animal. Il peut être demandé lorsque ton cheval ou ton poney est transporté. Il comporte le relevé des marques naturelles de l'équidé, son carnet de vaccinations et son immatriculation dans le fichier central.

Livret de famille

Lorsqu'on parle de papiers pour un cheval ou un poney, il s'agit non pas de son carnet d'immatriculation mais de son « livret de famille » sur lequel sont notés le nom de ses parents, de ses grands-parents… Les pleins papiers ont un père et une mère connus. Les demi-papiers ont l'un des deux parents inconnu. Si une jument mérens est croisée avec un étalon selle français, son poulain sera un « cheval de selle ». Il pourra faire des concours. De même, une jument sans-papiers croisée avec un selle français donnera un cheval de selle. En revanche, les sans-papiers ont un père et une mère inconnus. On les appelle les OI (Origine inconnue) ou ONC (Origines non constatées). Un arrêté du ministère de l'Agriculture, du 1er janvier 2007, a autorisé les poulains nés d'un étalon non approuvé à posséder des papiers. On les nommera les « OC » (Origines constatées). Pas évident, tout ça !

Sans-papiers plein d'avantages

Le grand avantage des chevaux sans-papiers, c'est leur prix. Une « Reine des prés » vaut dix, vingt, trente fois moins cher qu'une descendante d'étalons célèbres comme Papillon rouge ou Quidam de Revel ! Ce qui ne l'empêchera pas d'être un cheval magnifique avec de belles allures et un cœur gros comme ça.

Qualités rustiques

Autre avantage : les sans-papiers sont généralement rustiques. Élevés à la dure et habitués à vivre dehors, ils sont souvent moins fragiles que leurs cousins « de la haute » couvés et surprotégés. Ils ne disposent pas d'une panoplie de plusieurs couvertures selon la saison. Ils ne portent pas de bandes de repos, ne travaillent pas uniquement sur de bons terrains parfaitement entretenus. Au bout du compte, ils toussent et ils boitent souvent moins que leurs cousins pleins papiers !

Hors compétition

En revanche, impossible de faire des compétitions officielles avec eux. Pour les disciplines olympiques (CSO,

Le sais-tu ? La France compte 1 060 000 équidés.

complet, dressage), seuls les « concours club » sont ouverts aux OI. Mieux vaut y réfléchir à deux fois avant de te laisser aller à ton coup de cœur. Au bout d'un moment, tu vas progresser. Toi qui n'avais nullement envie de faire du concours, tu vas peut-être t'y intéresser. Et tu seras limité·e par ces fameux papiers !

Le Trec sans tracas

De toute façon, tu peux faire du Trec (Techniques de randonnée équestre de compétition). Sangria, deux fois championne du monde de Trec avec Tristan Gracient, est une jument d'origine inconnue. Cette discipline est très complète puisqu'elle te fera travailler l'endurance de ton cheval, son dressage et sa franchise. Tu peux également faire de la voltige. Dernier élément à prendre en considération : l'avenir de ta monture. Si c'est un hongre, pas de regret. Si c'est une jument, tu pourras la faire reproduire. Mais son poulain aura une valeur marchande moindre.

La puce

Désormais obligatoire, la puce, ou transpondeur électronique, permet d'identifier les chevaux et les poneys. Introduite sous la peau par le vétérinaire sur l'encolure des chevaux, elle n'est pas plus grosse qu'un grain de riz. En passant un « lecteur » sur l'encolure, on peut voir son numéro d'identification. Depuis sa généralisation, les vols d'équidés sont beaucoup moins nombreux !

Quand tu regardes les papiers d'un cheval, son signalement comporte les marques blanches. Celles-ci permettent de différencier un cheval d'un autre.

Les marques de la tête

Selon leur emplacement, les marques portent un nom :

- sur le chanfrein : la liste est une bande de poils blancs qui descend des oreilles à la bouche. Elle peut être étroite, large, déviée… ;
- sur le front : l'en-tête peut présenter la forme d'une étoile, d'une pelote, d'un losange… ;
- entre les naseaux : une marque blanche a pour nom le ladre. Lorsque toute la région du nez, lèvres et naseaux compris est blanche, on dit que le cheval « boit dans son lait ».

La liste.

Sur les membres

La balzane peut être plus ou moins étendue. Une « petite balzane » va de la couronne jusqu'au boulet ; une « grande balzane » s'étend de la couronne au genou. Certains chevaux ont de jolies balzanes qui ressemblent à des chaussettes ! Les herminures sont les taches noires qui apparaissent sur les balzanes.

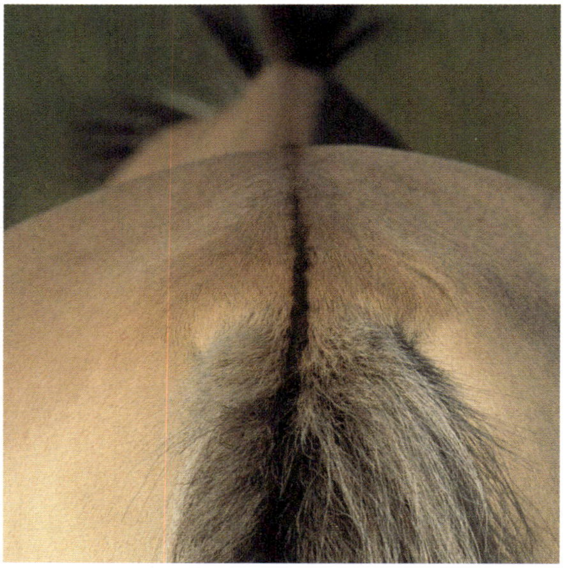

La raie de mulet.

Les particularités du corps

- La raie de mulet est une bande sombre sur le dos qui va de la crinière à la queue. On la retrouve chez certains poneys comme le fjord.
- Le coup de lance est une petite dépression que l'on trouve sur l'encolure. Certains pensent qu'elle porte chance.

VOIR AUSSI
Allures

Pas

C'est une allure agréable et réconfortante.

Relax

Laisse-toi aller. Au pas, on se sent un peu comme un bébé dans les bras de sa mère. On est bercé !

Au début et à la fin

C'est l'allure à laquelle il faut échauffer ton cheval ou ton poney. Puis, à la fin de la séance, c'est l'allure du retour au calme.

Au boulot !

Une fois ta monture échauffée, raccourcis tes rênes, tu peux travailler les figures de manège et les pas de côté, avant de les aborder au trot. Tu peux marcher lentement au pas compté, puis allonger le pas sans trottiner ; cet exercice est plus difficile qu'il n'y paraît ! Les grands écuyers travaillent beaucoup au pas !

Le pas espagnol

Surtout montré en spectacle, le pas espagnol est un pas énergique et cadencé dans lequel le cheval élève et étend ses antérieurs. Il s'enseigne au cheval d'abord à pied en tapotant les antérieurs avec une badine, puis monté. Plus les antérieurs s'élèvent et plus le pas espagnol est spectaculaire. Mais cet exercice ne fait pas partie des reprises de dressage classique. Les chevaux ibériques sont spécialement doués pour le pas espagnol, bien évidemment !

Le sais-tu ? La vitesse du pas est comprise entre 6 et 8 km/h.

Pension

Voir aussi
Maison

Tu as enfin réalisé ton rêve : tu possèdes ton propre cheval. Pour l'héberger, tu as le choix entre plusieurs formules. Le mieux, c'est de tout prévoir au départ !

Partager ou non ?

Si tu veux mettre ton cheval en pension dans un club, plusieurs possibilités s'offrent à toi. Tout dépend de tes objectifs et surtout... de ton porte-monnaie ! Dans l'hébergement au pair, il n'y a pas de pension à régler mais le cheval peut être monté par d'autres élèves.
En ce qui concerne la demi-pension au club : tu payes une partie des frais, mais ton cheval peut être monté par des cavaliers ayant atteint un certain niveau.
Tu peux aussi le mettre en pension complète : tu payes la pension et le cheval ne peut être monté que par toi.

Demi-pension, totale attention !

Enfin, tu peux le mettre en demi-pension avec un autre cavalier. Vous partagez les frais et vous vous arrangez pour ne pas le monter en même temps. Formule intéressante, mais attention à bien t'entendre avec ton demi-pensionnaire. Cadre tout parfaitement dès le départ. Précise l'utilisation du cheval que pourra faire le demi-pensionnaire (ex : saut d'obstacles, rando, compétition), la durée de location, le lieu de stationnement du cheval, la répartition des frais (tonte, vermifuge, ferrure...).

Tout prévoir (enfin, essaie !)

Quelle que soit la formule choisie, les débuts sont toujours beaux. Mais aux premiers obstacles (blessure, vacances, appel du vétérinaire...), des difficultés peuvent survenir. Pour éviter tout problème, tu peux établir un contrat complet, prévoyant tous les cas de figure. Écris les obligations de chacun, date ce protocole, fais-le signer par les deux parties. Chacun en conserve un exemplaire.

Le cheval au pré

Un cheval peut vivre au pré toute l'année pourvu qu'il dispose d'un abri et soit nourri quand l'herbe vient à manquer (environ 8 mois de l'année). C'est une formule idéale pour le cheval de loisir. N'hésite pas à établir un contrat avec le fermier pour bien définir les obligations de chacun. Note s'il doit laisser ton cheval toute l'année en pâture, le rentrer le soir, le rentrer uniquement par mauvais temps. Précise également quel type d'alimentation ton cheval doit recevoir, le coût de la pension (avec ou sans TVA), les modalités de paiement, un délai de préavis...

Tout vérifier

Vérifie que le fermier est assuré en responsabilité civile pour le gardiennage des chevaux. Enfin, inspecte bien le pré. Les clôtures sont-elles correctes (pas de barbelés) ? L'eau est-elle fraîche et propre (pas un tas de boue) ? Les autres chevaux sont-ils en bon état ?

Plutôt beau gosse, Rodrigo Pessoa a quarante-sept ans, parle six langues et a tout gagné en concours de saut d'obstacles.

Le fils prodigue

Son père Nelson Pessoa est l'un des meilleurs cavaliers de sa génération. « Les choses ont été faciles pour moi. J'ai eu de bons chevaux tout de suite et j'ai profité de l'expérience de mon père. » Il a disputé côte à côte avec son père de nombreuses compétitions. Et, pour prendre part à ses premiers Jeux mondiaux à Stockholm, Rodrigo a demandé une dérogation : il n'avait pas encore dix-huit ans !

Le prix de la réussite

« J'ai tout sacrifié, raconte Rodrigo. Tu ne peux pas sortir, t'amuser, ne pas travailler et y arriver. » Perfectionniste, Rodrigo est un bosseur, un minutieux. Quarante week-ends par an, il est en concours aux quatre coins du monde avec trois ou quatre chevaux différents. Il est également doué pour les affaires et décroche de nombreux sponsors aussi chics que Rolex. Son seul hobby : la formule 1.

Installé en Belgique

Brésilien, né à Paris, Rodrigo Pessoa vit près de Fleurus, en Belgique. Son cœur est au Brésil où, depuis son titre de champion du monde, il règne une véritable « Rodrigomania ». De plus en plus de jeunes veulent monter à cheval et lui ressembler. En Belgique, son écurie abrite une cinquantaine de chevaux, dont seize qui sont à lui !

Rodrigo Pessoa et un autre de ses chevaux, Harry Potter.

Le sais-tu ? Son cheval fétiche s'appelait Baloubet du Rouet. Il était le fils de Galoubet A.

Peur

VOIR AUSSI
Chutes, Préparation mentale

Avoir peur à cheval, c'est normal ! La plupart des cavaliers sont passés par là ! L'équitation est un sport à risque et la petite montée d'adrénaline fait partie du charme.

Quelques trucs pour maîtriser ta peur

La peur, chacun la connaît un jour à tous les niveaux. D'abord, on a peur d'approcher le cheval, de lui prendre ses pieds, de galoper. Puis on a peur de ne pas maîtriser la vitesse, de sauter un obstacle, passer un bidet, monter un jeune cheval...

Choisis un club sympa

Même si les enseignants ont fait des progrès en pédagogie, tous n'ont pas la même écoute. Choisis plutôt un moniteur qui sait te rassurer et qui ne te met pas en difficulté. Tu as peur de galoper ? Derrière un cheval calme ou dans une montée, cela te paraîtra très facile. De même, si ton moniteur organise un parcours ludique, tu seras tellement pris·e au jeu que tu en oublieras d'avoir peur ! À fuir : les moniteurs qui te font faire des choses trop difficiles et qui te mettent en danger.

N'en fais pas un drame !

Tu es tombé·e ? Ce n'est pas grave ! Tu rapporteras un gâteau. Une chute, ça se fête ! Si tu n'es pas blessé·e, essaie de remonter tout de suite après la chute. C'est très important, sinon la peur peut se transformer en phobie. Mieux vaut se confronter immédiatement à la situation qui nous a fait peur. Ton moniteur doit alors te faciliter le travail, en baissant les barres par exemple, ou en te donnant un cheval plus facile.

Ne crie pas, parle !

Essaie de ne pas faire n'importe quoi en t'agitant dans tous les sens et en criant. Tu risques de faire peur à ta monture qui, elle aussi, va se mettre à faire n'importe quoi. Un cheval a besoin de calme et de sérénité ! Respire profondément et n'hésite pas à parler de ta peur à ton moniteur. Essaie de faire le point. Si ta peur t'enlève tous tes moyens, il faut peut-être que tu passes par quelques leçons particulières, voire une mise en selle sur un cheval longé. Si tu as peur à cheval, tu peux monter un poney. Il ne faut surtout pas brûler les étapes. Si ta reprise est un peu trop difficile pour toi, essaie de changer de reprise.

Anticipe

L'imprévu fait peur. Quand ton cheval fait un écart par exemple, tu ne l'as pas prévu et tu peux paniquer. Mais si tu sais qu'il peut faire un écart parce que tu passes à côté d'un sac en plastique, par exemple, tu peux t'y préparer. Tu essaies de te relâcher, de rester souple, de regarder où tu vas, bref, tu te concentres, tu agis et tu oublies ta peur. L'action supprime la peur.
Plus tu vas progresser, et plus tu auras des réponses quasi automatiques à tous

les imprévus. Des réponses à tous les problèmes !

Relax !

Apprends à respirer par le ventre et à te relaxer. Respirer calmement et profondément permet une meilleure décontraction. Cela te servira également quand tu passeras le bac, un Galop® ou le permis de conduire ! La technique du relâchement musculaire marche également très bien. Tu apprends à contrôler puis à relâcher chaque muscle.

Relativise

La peur de la chute n'est pas la seule ! La peur de mal faire ou de décevoir est également fréquente. Si tu fais des concours, ne te laisse pas mettre la pression par tes parents ! Même si l'équitation est une passion, ce n'est qu'un sport, un loisir. Savoir accepter l'échec est essentiel pour progresser. En équitation, on connaît des hauts et des bas, et l'on progresse pendant toute une vie !

Concentre-toi

La concentration, c'est la parade qui marche à tous les coups. Quand tu te concentres sur ton galop, par exemple, tu oublies... d'avoir peur ! Avant une compétition ou un examen, concentre-toi pour donner le meilleur de toi-même. Chacun a son truc : l'un utilise son tapis de selle fétiche, l'autre écoute de la musique, le troisième s'isole et se met dans une « bulle ». Sois positif·ve et confiant·e. Oui, tu es prêt·e, parfaitement entraîné·e. La piste est bonne, ta monture en pleine forme. Rien ne peut t'atteindre...

BONNE TROUILLE

Bien gérée, la peur est une assurance vie. Elle te permet de prendre conscience du danger. Elle te responsabilise !

Pieds et jambes

VOIR AUSSI
Maintien

Les jambes stabilisent l'équilibre et stimulent l'impulsion. Quant aux pieds, ils doivent être bien chaussés !

Bien en place

Les jambes doivent tomber naturellement (par leur propre poids), les mollets au contact mais pas serrés, les étriers chaussés au tiers du pied, talons bas. Trop de cavaliers prennent l'habitude de tambouriner les flancs de leurs chevaux pour les mettre en avant. Résultat : les chevaux, blasés, ne répondent plus à la jambe. Tu dois maintenir la cadence de ta monture uniquement avec ton assiette. Si celle-ci ne suffit pas, sers-toi de tes jambes en exerçant des petites pressions simultanées des mollets en arrière de la sangle. Pour réveiller ton cheval, varie le travail, surprends-le, change régulièrement d'allure, de main, d'exercices. Évite de porter des éperons tant que ta jambe bouge un peu.
Pour t'arrêter droit, conserve tes jambes au contact et grandis le haut de ton corps. Lorsque tu utilises tes jambes, desserre un peu tes doigts pour libérer ton cheval vers l'avant.

La leçon de jambes

Pour le mettre en avant, s'il ne répond pas à tes jambes, tu peux mettre un coup de cravache juste en arrière de ta jambe. Saisis la crinière pour ne pas punir ta monture d'un coup de sonnette au moment où elle se met en avant et mollis dans tes doigts.

La longueur des étriers

Tu régleras tes étriers plus longs pour faire du dressage, plus courts pour sauter. Plus les étriers sont courts et plus ton buste doit s'incliner vers l'avant, à la manière des jockeys. Pour juger si tes étriers sont à la même longueur, avance de quelques pas. En position normale, le plancher de l'étrier déchaussé doit arriver à la hauteur de la cheville. Exerce-toi à chausser et à déchausser tes étriers au pas, au trot puis au galop. Cela pourra te servir si un jour tu les perds…

Quel pied !

En été, les bottes en caoutchouc tiennent trop chaud. Pour peu que tu transpires, des mycoses peuvent apparaître entre tes orteils. Ces champignons microscopiques se traitent à l'aide de crèmes. Pour les éviter, observe une hygiène rigoureuse (pieds lavés tous les jours et bien séchés), chaussettes propres en coton ou dans des matières respirantes (chaussettes de sport). Si tu ne peux pas te faire offrir des boots en cuir, enlève tes bottes dès que tu as fini de monter à cheval.

Astuces

Essaie tes nouvelles bottes ou tes boots de préférence en fin de journée, lorsque ton pied a un peu gonflé. Attention ! Il n'est pas question de t'approcher d'un cheval en tongs ! Par inattention, pour s'amuser ou pour nous tester, les chevaux prennent un malin plaisir à nous marcher sur les pieds !

Une belle jambe !

Mais non, tu ne vas pas ressembler à Lucky Luke parce que tu montes à cheval. Contrairement à une idée encore répandue, l'équitation ne rend pas les jambes arquées. Non, mais !

Des genoux tout doux

À cheval, la face interne des genoux est exposée aux frottements. D'où la nécessité de porter un pantalon d'équitation ou de longues chaps, comme les cow-boys ! Sinon, aïe ! Ça brûle !

Us et coutumes

- Les amazones et les handicapés se servent d'une badine pour remplacer leurs jambes.
- Les cavaliers de dressage mettent de la colle sur leurs bottes pour éviter que leurs jambes ne bougent !
- Les chevaux d'équitation western maintiennent leur allure jusqu'à ordre contraire sans que le cow-boy utilise ses jambes.

Le sais-tu ? Une selle de dressage va mieux « caler » ta jambe. Une selle d'obstacle te facilitera la position en équilibre.

Poney

VOIR AUSSI
Grand·e (trop pour ton poney)

Ils sont mignons, les poneys. Et tellement sympas ! Dur, dur de passer à cheval...

Rien de mieux que les pony games pour acquérir de l'assurance.

La nostalgie shetland

Toutes celles et ceux qui ont eu la chance de débuter en shetland en gardent un souvenir extraordinaire. Et l'on se retrouve encore à treize ou quatorze ans ravi d'aller faire une balade à shetland. Et tant pis si les jambes des cavaliers sont trop longues. Le shetland est une force de la nature !

Les poneys C et D

En grandissant, tu vas passer sur des poneys C (jusqu'à 1,40 m) et des poneys D (jusqu'à 1,49 m). De vrais petits chevaux miniatures avec des tempéraments de poneys ! Plus joueurs, plus rustiques, moins susceptibles que les chevaux, ils font le bonheur des ados.

Le phénomène poney de sport

Avec les progrès vient l'envie des concours. Là, le poney connaît un engouement incroyable ! Ce n'est plus une mode. C'est une folie ! à Lamotte-Beuvron, début juillet, où se dispute le Generali Open de France Poneys, plus de 8000 poneys concourent au titre de champion de France. Le virus s'attrape généralement grâce aux « concours club ». On peut sortir à partir du Galop® 2 en shetland jusqu'à l'âge de dix ans. Les plus grands peuvent faire les « concours club » et préparer les championnats en individuel ou par équipe.

La « folie poney » est telle que des citadins vont s'installer à la campagne pour pouvoir élever deux ou trois poneys chez eux. Certaines familles sont tellement accros qu'elles n'hésitent pas à s'endetter pour acheter un poney. L'argent est au cœur du phénomène. Au début, faire du poney, même en concours, reste abordable. Mais au fur et à mesure que le cavalier progresse et change de catégorie, les poneys deviennent de vrais athlètes et se négocient à prix d'or.

Le passage à cheval

La compétition à poney est fermée aux plus de dix-huit ans. Mais, dès quatorze ans, il est bon d'envisager son passage à cheval, si l'on ne veut pas garder une équitation trop poney. Les chevaux sont souvent plus susceptibles, moins tolérants. Ils demandent généralement plus de finesse, et surtout beaucoup de rigueur. Et puis, il faut accepter de grandir, quitter le poney-club qui a bercé ton enfance pour aller jouer dans la cour des grands. Un passage qui peut se négocier à l'occasion d'un stage.

Futurs grands

De nombreux grands cavaliers ont débuté à poney, à commencer par Jean d'Orgeix, Alexandra Ledermann, Éric Navet, Philippe Rozier, Simon Delestre, Eugénie Angot...

Le sais-tu ? L'âge minimum pour débuter à poney est généralement de quatre ans.

Poulains

VOIR AUSSI
Débourrage

Il est trop mignon ! Après onze mois passés dans le ventre de sa mère, le poulain naît en quelques minutes. Très vite, il se met debout et commence à téter.

C'est le printemps !

Les poulains naissent le plus souvent entre avril et juin. Il fait moins froid et l'herbe est tendre. En liberté, la jument choisit généralement la nuit ou le petit matin pour mettre bas dans un endroit tranquille. En box, elle est surveillée jour et nuit par vidéo. Elle peut pouliner debout ou couchée. Les antérieurs sortent en premier puis la tête et le corps tout entier. La naissance ne prend le plus souvent que quelques minutes (entre 15 et 30 minutes très exactement).

Tout beau, tout propre et déjà bien éveillé !

Le poulain ouvre les yeux, essaie de redresser la tête et regarde autour de lui. Il pèse entre 40 et 60 kilos, 20 kilos pour un poney. Sa mère se penche vers lui et lui touche le nez en poussant un petit hennissement. Elle le renifle, le lèche et le mordille pour le réchauffer et activer sa circulation sanguine. En même temps, elle s'imprègne de son odeur, et lui apprend à reconnaître la sienne. Désormais, elle le reconnaîtra toujours dans un groupe de poulains. Puis elle l'incite à se lever en lui donnant des petits coups de nez. À la différence des chiots et des chatons, qui naissent sourds, aveugles et qui ne savent que ramper les premiers jours, le poulain voit et marche tout de suite. C'est une espèce nidifuge (née hors du nid), qui a besoin de pouvoir fuir en cas de danger. Bref, un précoce !

Ses premiers pas

Déjà, il tente de se lever sur ses grandes jambes tremblantes. Il vacille, titube et… retombe, malgré les coups de langue de sa mère. Mais il parvient à se mettre debout en 20 minutes pour les plus doués. Le poulain va téter le colostrum, premier lait de sa mère, qui lui apportera les anticorps nécessaires pour lutter contre les maladies. Ce lait est riche en vitamines et en énergie.

TECHNIQUE D'APPROCHE

Pour approcher un poulain, commence par prévenir la jument en lui parlant et en la flattant. Ne t'interpose pas entre elle et son bébé. Accroupis-toi devant lui pour être à sa hauteur et ne pas l'effrayer. Fais des gestes lents et doux. Parle-lui.

La vie devant lui !

Curieux de tout, le poulain inspecte son environnement et s'étonne du moindre bruit. Il suit sa mère partout, dort et tète (toutes les demi-heures environ). En un mois, il va doubler son poids de naissance ! Puis il s'aventurera un peu plus loin de sa mère et ira jouer avec les autres poulains.

IDÉE !

Si tu as la chance d'avoir une naissance dans ton club, prends ton appareil photo et fais un album. Tu peux noter ses progrès, établir son arbre généalogique, suivre sa croissance, raconter ses bêtises...

Le sais-tu ? Au pré comme au box, les chevaux doivent disposer d'une pierre à sel pour couvrir leurs besoins en minéraux.

Brouter toute la journée au grand air avec ses copains, c'est le sabot !

Au pré, le cheval redevient... un vrai cheval ! Il peut se livrer à ses activités favorites : marcher, brouter et vivre en groupe.

Lieu de vie

Un cheval peut vivre toute l'année au pré. Pour cela, il doit disposer d'au moins un demi-hectare de bon pâturage, d'un abri, d'un abreuvoir et il doit être nourri lorsque l'herbe n'est pas suffisante. Le pré doit être entretenu et les clôtures régulièrement inspectées (pas de barbelés). S'il vit en groupe, il faut vérifier qu'il n'est pas dominé par les autres et qu'il mange à sa faim. Sinon, il faudra le nourrir séparément. La vie au pré est une solution moins onéreuse que dans un club, et attrayante pour le cheval. Elle peut présenter un inconvénient : il arrive parfois que le cheval ne supporte pas d'être retiré de son groupe quand tu viens le monter !

Cour de récré

L'idéal est de pouvoir mettre son cheval au pré ou dans un paddock plusieurs heures par jour. De cette façon, il se dépense et a des contacts avec d'autres chevaux. Dans certains clubs, les chevaux sont lâchés dans des paddocks individuels où ils ne risquent pas de se blesser mutuellement. Mais on peut aussi mettre les chevaux deux par deux lorsqu'ils se connaissent bien. Un premier essai avec les postérieurs déferrés est recommandé.

Le lâcher

Ouvre-lui la porte, referme-la et tourne ton cheval face à la porte. Défais doucement son licol. Il ne doit pas partir comme un sauvage en t'arrachant la longe. Si c'est le cas, reprends son éducation à pied. Apprends-lui à rester 10 secondes immobile. Récompense-le par une caresse ou une friandise. Si ton cheval n'a pas été lâché depuis longtemps et que tu as peur qu'il « pète les plombs », tourne-le à la longe pendant une demi-heure ou monte-le avant de le libérer.

L'attraper

Pour mettre toutes les chances de ton côté, n'hésite pas à prendre une carotte ou une poignée de granulés. N'oublie pas de refermer la barrière derrière toi. Préviens aussi le cheval de ton arrivée et avance vers lui sans te précipiter. Marche doucement mais avec assurance. Aborde-le par le côté pendant qu'il regarde ta carotte, et profites-en pour lui passer la longe autour de l'encolure. Donne-lui la friandise et mets-lui son licol. Sois patient·e. Les chevaux ont tout leur temps. Ils n'ont pas de rendez-vous ni de contrôle à réviser !

À chaque race son herbage

Selon leur race, les chevaux et les poneys « profitent » plus ou moins bien de leur herbage. Un selle français a besoin d'une herbe riche et de bonne qualité. Un camargue se contente de la nourriture frugale des marais. Un shetland peut tomber malade si la prairie est trop riche ! Si tu veux acheter un cheval et le mettre au pré, tiens-en compte lors de ton choix.

Les vermifuges

Les chevaux sont porteurs de vers parasites. Ils en sont infestés lorsqu'ils se grattent la queue, que leur robe est terne et leur ventre ballonné. En regardant avec une loupe, on peut retrouver des vers dans les crottins ! Même en l'absence du moindre signe de parasitisme, il est préconisé de vermifuger les chevaux à date fixe, en variant les marques de vermifuges. Les vermifuges se présentent sous forme de pâte qu'on fait avaler aux chevaux à l'aide d'une seringue. Ils s'achètent chez le vétérinaire ou en pharmacie, au minimum quatre fois par an.

Le sais-tu ? Les pâturages doivent être entretenus et fauchés régulièrement.

Préparation mentale

Voir aussi
Chutes, Sécurité

Pour être efficace en concours, tu dois être concentré·e mais aussi relâché·e, à l'écoute de ton cheval... Bref, tu dois dominer ton émotivité et gérer ton stress. Facile, non ? Heureusement, cela s'apprend !

Un parcours de concours hippique ne dure que 60 à 90 secondes. De même, en cross, les obstacles arrivent vite. En dressage, la concentration doit être totale pendant 5 ou 6 minutes car la moindre petite faute est sanctionnée. En horse-ball, il faut également décider vite et, entre deux possibilités, choisir la bonne. Le jour de la compétition, on ne parviendra à prendre ces décisions rapides qu'avec une bonne préparation.

À l'écoute de tes sensations

Oblige-toi à ressentir ce qui se passe quand tu es à cheval. Es-tu capable de percevoir si tu galopes sur le bon pied sans regarder ? Ton cheval est-il droit ? Est-il en équilibre ? Dans le bon train ? Si tu t'es habitué·e à analyser tes sensations, le jour du concours tu les rechercheras instinctivement.

Développe des plans d'action

Une fois que tu as de bonnes sensations (exemple : la sensation d'un saut juste), développe des plans d'action. Ton cheval est sur le mauvais pied, que fais-tu ? Tu arrives sur un obstacle dans une mauvaise foulée, comment réagis-tu ? À force, tu te construis une petite bibliothèque de solutions à toutes les situations.

Fais de la gym mentale

La concentration est une pratique de tous les jours. Il faut donc la travailler quotidiennement ! Se concentrer, c'est rester dans le présent. Les sportifs disent : « Ici et maintenant. » Tu peux t'aider de techniques de maîtrise de soi comme le yoga, la sophrologie, la méditation. À la base de toutes ces techniques, on retrouve la relaxation, c'est-à-dire la maîtrise musculaire. On se relâche complètement pour obtenir le calme musculaire, cardiaque et respiratoire. Dans cet état proche du sommeil mais conscient, on peut faire un travail psychique et mental de concentration sur les objectifs à venir. En CSO, le simple fait de se concentrer uniquement sur sa cadence de galop suffit à faciliter les abords.

Respire

Respirer calmement et profondément permet une meilleure décontraction. Respire par le ventre pendant une ou plusieurs minutes. Tu inspires avec le nez en soulevant ton ventre. Souffle lentement et profondément.

Le sais-tu ? Le cheval est un vrai professeur de vie ! Il développe la confiance en soi et le sens des responsabilités.

Définis tes objectifs

N'essaie pas d'aller trop vite. L'équitation est un sport qui demande énormément d'expérience. Les objectifs peuvent être progressifs. Par exemple en CSO : réaliser des parcours maîtrisés, puis des sans-fautes, puis se classer, et enfin gagner.

Que l'on gagne ou que l'on perde, l'essentiel c'est de donner son maximum sur chaque obstacle ou sur chaque figure en dressage. Une épreuve, ce n'est rien d'autre qu'une expérience de plus. Pour que cette expérience soit enrichissante, analyse tes fautes. Ensuite, tu peux t'imaginer refaire le parcours sans les fautes. Ce petit travail te servira pour le prochain concours !

Le jour J

1. Arrive à l'heure, ou mieux, en avance pour ne pas t'ajouter de stress.
2. Ne laisse pas tes parents te mettre la pression. Tu n'as pas l'obligation de réussir pour eux ! L'équitation n'est qu'un sport, un loisir ! La recherche du plaisir doit primer sur la peur de décevoir.
3. Positive ! Oui, tu vas bien faire. Oui, tu es capable ! Tu as un moral d'acier. Ton cheval est bien préparé... La moindre hésitation, le plus petit doute suffisent à déclencher une série d'événements négatifs.
4. Visualise. Imagine ton parcours très bien dessiné ou ta reprise parfaitement bien déroulée dans ta tête. Fais-toi un petit film.
5. Concentre-toi. Juste avant la compétition, tu te places dans un bocal, tu t'isoles.

Protections

VOIR AUSSI
Transport

Elles protègent les membres du cheval des chocs et des coups. Les protections sont surtout nécessaires à la longe, à l'obstacle, pendant le transport, ou si tu montes un jeune cheval fougueux et maladroit. Quant aux bandes, elles protègent plutôt le cheval de dressage.

Les « protec »

Les protège-tendons sont réservés aux antérieurs, les protège-boulets aux postérieurs. La languette ou la fixation en velcro doit prendre place sur le côté externe du membre et être dirigée vers l'arrière. Elle doit être bien ajustée mais pas trop serrée. Tu dois pouvoir y glisser un doigt. Ne te mets pas derrière ton cheval pour lui poser les protège-boulets. Tiens-toi accroupi·e à ses côtés. Après la séance, n'oublie pas de nettoyer tes protections avec une éponge humide et de les faire sécher.

Le plus : tu peux accorder tes protections à ton tapis de selle. En synthétique, il en existe de toutes les couleurs. En cuir, elles sont beaucoup plus chères. Tu peux alors les assortir à ta selle.

LES BANDES DE REPOS

- Elles peuvent être utilisées pour le transport ou pour soulager les tendons d'un cheval.
- Elles évitent qu'après un effort et lors d'une station debout immobile et prolongée, les jambes du cheval gonflent et laissent s'accumuler des toxines. Certains privilégient la récupération active après un effort en faisant marcher le cheval, d'autres associent récupération active puis bande de repos.

Les bandes

Les bandes de travail s'utilisent pour protéger un cheval monté (en dressage le plus souvent). Elles doivent se poser par-dessus des sous-bandages qui absorbent bien les chocs. Veille à les mettre en place très soigneusement, ni trop serrées, ni trop lâches. Les bandes de polo sont plus faciles à mettre (pas besoin de sous-bandages).
Le plus : il existe des bandes de toutes les couleurs. Tu peux vraiment faire preuve de créativité et les assortir à ton tapis ou à ta tenue.

Les protections de transport

Il faut absolument protéger le cheval, qui peut se blesser en montant ou en descendant du van ou du camion, ou encore pendant le transport. En tissu épais doublé de mousse, les protections montent suffisamment pour mettre tout le membre du cheval à l'abri. Elles se ferment à l'aide de Velcro. Elles peuvent être complétées par des cloches. Un protège-queue est indispensable. Pour les chevaux qui ont tendance à s'énerver, un protège-nuque est utile. Les protections peuvent être remplacées par des bandes de repos.

Le protège-dos

Il limite les petits chocs répétés de la selle sur le dos du cheval. Il est recommandé en saut d'obstacles pour amortir le poids du cavalier à la réception du saut. En caoutchouc, en laine naturelle ou en polymère, il se place entre le tapis et la selle.

Les cloches

Sortes de bracelets en caoutchouc, elles protègent les paturons des antérieurs et évitent les atteintes provoquées par le choc des postérieurs aux grandes allures. Avec du Velcro, elles sont faciles à mettre. On en trouve en feutre qui sont moins irritantes que celles en caoutchouc, notamment pour un long transport. Les cloches sont également très utiles pour un cheval qu'on met au pré afin d'éviter qu'il ne se déferre en jouant.

Le sais-tu ? Une atteinte est une blessure causée par un objet, ou lorsque le cheval se touche avec ses propres fers.

Punitions

VOIR AUSSI
Aborder un cheval, Difficile

Les uns cravachent leur cheval pour un oui ou pour un non. Les autres lui laissent tout passer. Faut-il punir son cheval ?

Pas question d'entrer en guerre contre un cheval qui pèse 600 ou 700 kilos. Mais ce n'est pas une raison pour se faire mener par le bout du nez !

« Non » !

Un cheval ne doit n'y mordre, ni taper. Tu as beau l'aimer, il a besoin d'un certain nombre de limites. La plupart du temps, un « non » ou un « stop » lancé d'une voix ferme avec un regard noir suffit à le remettre dans le droit chemin. S'il mord ou tente de mordre, tu répliques par une petite tape. Mais celle-ci doit être simultanée. Il faut être aussi rapide que lui ! Puis reprends le sourire et change-lui les idées.

Respect

Pas question de monter sur un cheval qui ne te respecte pas. Établis les règles à pied. Prends une cravache de couleur assez longue. Il doit marcher à tes côtés, sans te dépasser ni te marcher sur les pieds. Quand tu dis « stop », il doit s'arrêter. Caresse-le aussitôt. Sinon, tapote-le avec ta cravache sur le poitrail. Puis demande-lui de trotter quand tu cours, de s'arrêter et de rester immobile. Tu comptes jusqu'à 10 et tu repars. Ce travail très simple change tout !

Dressage

Pour que ton cheval t'obéisse, demande-lui plutôt des choses simples, mais sois hyperexigeant·e. Ne tolère aucune désobéissance. Au montoir, le cheval ne doit pas bouger. Dans le manège, il doit faire les coins, etc. Récompense-le largement.

Du temps

C'est toi qui dois avoir le dernier mot. Il ne faut surtout pas le braquer mais rester ferme. Montre-lui que tu as tout ton temps mais que tu ne céderas pas. S'il persiste à ne pas vouloir t'obéir, sois malin·gne. Demande-lui quelque chose de plus facile. S'il accepte, caresse-le. C'est toujours bien de terminer la séance par quelque chose de facile qui va te permettre de le récompenser et de lui garder toute sa motivation. Il ne faut jamais se dire, ce n'est pas grave, je ferai ça demain. Le cheval va retrouver son box et avoir 23 heures pour penser à ce que tu as fait. Si tu l'as laissé gagner, il s'en souviendra.

Un seul coup de cravache

Pas question de donner plusieurs coups de cravache à ton cheval. Un seul coup suffit. Dès qu'il obéit, caresse-le et relâche tes aides. À savoir : lorsque tu es vraiment complice avec un cheval, le seul fait de lui montrer la cravache suffit à le remettre dans le droit chemin !
Ne te sens pas obligé·e de te servir de ta cravache. Tu peux aussi utiliser ta voix. Une punition trop sévère peut avoir des effets dévastateurs sur le moral du cheval, sa gaieté, sa bonne humeur. Très

émotif, il peut devenir agressif ou, au contraire, complètement inhibé, replié sur lui-même, voire obstiné. N'oublie pas que le cheval est un être sensible et timide. Lui faire mal, c'est perdre sa confiance. Cela peut prendre plusieurs mois avant de la retrouver.

Pas touche à sa bouche !

Une punition ne doit jamais être donnée sur la bouche du cheval. La bouche est sacrée.

Pas les éperons

Ils ne doivent jamais servir à punir. Ne mets des éperons que si tu as acquis une parfaite fixité des jambes. Ceux-ci doivent te servir à appuyer ta demande, mais jamais à tambouriner le ventre du cheval.

La punition doit être comprise

La plupart du temps, un cheval n'obéit pas parce qu'il ne comprend pas ce qu'on lui demande. Par exemple, il ne veut pas partir au galop. Mais as-tu bien placé tes aides ? Pose-toi toujours la question. Est-ce de ta faute ? Dans le doute, abstiens-toi de le punir et redemande l'exercice en t'appliquant bien. Si tu n'es pas sûr·e de ta technique, n'hésite pas à utiliser ta voix. Il est rare qu'un cheval ne comprenne pas le sens des mots : « au pas », « galop », « ho ! »...

Le cheval au refus à l'obstacle

Si un cheval s'est fait peur ou s'est fait mal à l'obstacle, inutile de le matraquer à la cravache. Tu ne feras qu'accentuer sa peur. S'il pile plusieurs fois de suite et qu'à chaque fois tu le corriges, il va prendre l'obstacle en aversion et tu ne pourras plus rien en tirer. Reprends plutôt le travail à la base avec des petits obstacles... et beaucoup de récompenses.

Dans la majorité des cas, les fautes à l'obstacle sont à mettre sur le dos du cavalier et pas du cheval. Pourtant, on n'a jamais vu un cavalier se donner un coup de cravache après une faute !

PRUDENCE

Ne donne pas un coup de cravache sur la croupe de ton cheval si tu es suivie de près par un autre cavalier, ce dernier risquerait de recevoir un coup de pied par réflexe.

Pur-sang arabe

VOIR AUSSI
Endurance

Surnommé le seigneur du désert, le pur-sang arabe est un grand séducteur. Beau et fringant, il est également endurant et énergique. C'est le cheval le plus utilisé au monde pour la création ou l'amélioration d'autres races.

Le cheval de Mahomet

C'est l'une des plus anciennes races du monde. Il était utilisé par les nomades du Proche et du Moyen-Orient. Mahomet en fit un cheval de guerre pour accompagner ses expéditions. Il a été introduit en France au VIIIe siècle (bataille de Poitiers) et pendant les croisades. Séduit par ses qualités, Napoléon en imposa l'élevage en race pure.
Grâce à sa pureté génétique, le pur-sang arabe a amélioré de nombreuses races : il est à l'origine du pur-sang anglais, puis de l'anglo-arabe.

Tellement distingué

Plutôt petit (1,56 m maximum), il est élégant, fougueux et racé. Sa tête respire la noblesse, avec un front large, un profil rectiligne ou concave, des oreilles bien dessinées et mobiles, des grands yeux expressifs, des naseaux bien ouverts, les ganaches écartées, la lèvre inférieure courte et petite. La tête est portée par une encolure longue et peu épaisse, aux crins soyeux.

Cheval du désert

Il sait se contenter d'une alimentation frugale et parcourir des kilomètres sans s'épuiser. Dans le désert, on dit qu'il se nourrit de dattes et de lait de chamelle. Fiable et courageux, il est proche de l'homme. Il apprend vite. Polyvalent, il est très recherché pour l'équitation de loisir et l'équitation western. Taillé comme un marathonien, il rafle les premières places dans les courses d'endurance.

Coureur de fond

Le pur-sang arabe représente les trois quarts des inscrits aux courses d'endurance. Il est la star incontestée de ces courses qui se disputent sur 20 à 160 kilomètres et mettent en valeur ses qualités naturelles. La France est l'un des principaux pays d'élevage et de valorisation des pur-sang arabes d'endurance.

Roi du show

Il participe à des concours de show, sortes de concours de beauté pour pur-sang arabes. Toiletté, savamment tondu, lustré, il a trois minutes pour se faire juger sous toutes les coutures : conformation, expression du visage, allures.

Le sais-tu ? « Lorsque Dieu voulut créer un cheval, il dit au vent du sud : je veux faire une créature comme toi. Prends corps. » Dicton arabe

Races (quiz)

VOIR AUSSI
Akhal-téké, Connemara, Fjord, Frison

Des noirs, des pie, des grands, des petits, des longilignes, des sportifs... ils sont tous beaux les chevaux ! Mais connais-tu les caractéristiques des races les plus connues ? Pour le savoir, amuse-toi à répondre à ce quiz.

1. Le poney français de selle est :
a. un shetland français.
b. le produit de croisement entre des ponettes françaises et des étalons arabes, connemaras, new forest ou welsh.
c. une race pure.

2. Quel est le cheval le plus populaire du monde avec 4 millions de chevaux inscrits au stud book ?
a. Le pur-sang arabe.
b. Le new forest.
c. Le quarter horse.

3. Comment reconnaît-on le haflinger ?
a. À sa robe alezane ou rubican avec des reflets dorés et ses crins d'un blond très clair.
b. À sa robe tachetée.
c. À sa crinière rasée et sa raie de mulet.

4. Le lipizzan est le cheval de haute école :
a. du Cadre Noir.
b. de l'école de Vienne.
c. de l'école de Jerez.

5. Parmi ces races, laquelle se distingue en saut d'obstacles ?
a. Le selle français.
b. Le pinto.
c. Le frison.

VOIR AUSSI
Pur-sang arabe,
Selle français,
Trotteur

6. Les races allemandes (Hanovrien, Holstein, Trakehner) excellent dans quelle discipline ?
a. Le horse-ball.
b. L'endurance.
c. Le dressage.

7. Quel est le cheval le plus rapide du monde ?
a. L'akhal-téké.
b. Le pur-sang arabe.
c. Le pur-sang anglais.

8. Parmi ces chevaux, lesquels servent de montures aux cavaliers marocains lors des fantasias (charges à cheval avec coups de fusil) ?
a. Le pur-sang arabe.
b. Le barbe.
c. L'appaloosa.

9. Le shire est le plus grand, le plus lourd, le plus fort de tous les chevaux du monde. Mais quelle taille fait-il ?
a. 2,20 m.
b. Entre 1,62 m et 1,72 m mais il dépasse parfois 1,90 m.
c. 2,10 m.

10. Le pinto se définit par sa robe pie. Comment celle-ci est-elle apparue ?
a. À l'origine, la robe façon camouflage permettait aux chevaux, lorsqu'ils restaient immobiles, de se confondre avec le paysage et d'échapper aux prédateurs.
b. C'est un défaut de fabrication.
c. Elle est le fruit de manipulations génétiques.

11. Quel est le mode de vie du camargue ?
a. Il vit en box.
b. Il vit en liberté par petits groupes appelés manades.
c. Il vit dans la montagne.

12. Sa robe isabelle, presque dorée, te fait rêver. Ses crins sont encore plus clairs que sa robe (blanc ivoire, blanc argent). Qui est-il ?
a. Le palomino.
b. Le new forest.
c. Le mérens.

STUD BOOK

Le standard, c'est l'ensemble des caractères qui permettent de décrire et de définir une race. Le stud book désigne le livre généalogique d'une race.

Réponses : 1b. 2c. 3a. 4b. 5a. 6c. 7c. 8b. 9b. 10a. 11b. 12a.

Randonnée

Partir dans la nature, s'enfoncer dans les bois, se payer un petit galop sur la plage, franchir des montagnes, traverser des déserts, c'est le rêve ou… la galère ! Pour un long raid ou une petite balade, la « rando » demande un minimum de préparation.

Ton compagnon de route

Tu peux faire une randonnée à cheval ou à poney. Veille à choisir une monture calme et en bonne santé. L'été, de nombreux loueurs exploitent de pauvres chevaux au-delà de leurs forces. Ne va surtout pas les cautionner ! Avant de partir, entre dans le box du cheval qu'on te propose. S'il te regarde, les oreilles dressées, c'est bon signe. A-t-il le poil brillant ? Ses pieds sont-ils en bon état ? Vérifie qu'il n'a pas de blessure au garrot, au passage de sangles et à la commissure des lèvres. Essaie de juger de son état général. Des côtes saillantes ne présagent rien de bon. Les naseaux sont-ils secs, sa respiration régulière ? De même, la litière en dit long sur les soins que son propriétaire lui prodigue. Est-elle propre ? Son eau est-elle claire ? Mets-lui un licol et sors-le de son box. Fais-le marcher quelques minutes pour qu'il se dégourdisse les jambes, puis mets-le au trot. S'il boite, refuse de le monter.

REMISE EN SELLE

Si tu es débutant·e ou que tu n'as pas monté depuis longtemps, quelques séances de mise en selle ou, mieux, un stage s'imposent. Tu vas retrouver tes sensations, t'assouplir et reprendre confiance.

Rando sauvage ou balade pépère

De la randonnée sauvage avec bivouac au circuit gastronomique avec nuit à l'hôtel en passant par la balade du dimanche, toutes les formules sont possibles. À toi de voir si tu aimes coucher dans la paille, dormir en gîte, camper ou aller à l'hôtel. Question de goût et de budget !

L'équipement

Le pantalon d'équitation t'évitera frottements et brûlures. Tu peux choisir des bottes en daim ou en cuir qui protègent le mollet et te permettent de marcher. Tu peux aussi mettre des baskets et des chaps. Le truc qui tue ? Les mollets dénudés sur un jean qui remonte ! Tu ne tiendras pas longtemps ! Une paire de gants t'évitera de t'abîmer les mains et te sera utile si tes rênes sont rendues glissantes par la pluie. Le pull et l'imperméable sont indispensables, ainsi que le casque. Il existe maintenant des casques confortables, légers et ventilés. De plus, il te servira de bouclier contre les branches de la forêt. Une chemise en toile légère avec manches longues protège du soleil et des insectes. Prévois un produit pour éloigner les mouches et autres insectes piqueurs pour ta monture.

Sur la route

Fais boire régulièrement ton cheval. Profite des ruisseaux et des fontaines (évite les mares et les étangs à l'eau stagnante). Monte plutôt rênes longues en gardant un contact léger avec la bouche. Ton cheval a besoin du libre jeu de son encolure. Ne le laisse pas manger à tout bout de champ. Il aura tout le loisir de se régaler pendant la pause. Sois attentif·ve au bruit des fers. Un fer qui vibre risque de tomber et tu seras obligé·e de finir à pied ! En alternant dix minutes de pas et dix minutes de trot, tu avances à 9 km/h en moyenne. Ne galope que rarement, jamais en pleine chaleur et toujours sur un bon terrain. Ne trotte pas dans les descentes pour ne pas fatiguer ses tendons. Termine l'étape au pas ou en marchant à côté de ta monture, rênes flottantes, pour lui permettre de baisser la tête et de sécher.

À l'arrivée

Priorité : ton cheval. Tu te reposeras après ! N'hésite pas à le féliciter et à le récompenser avec une carotte ou une friandise. Mets-le à l'ombre et douche-le, si le temps le permet. Insiste sur les tendons. Fais-le boire. Bouchonne-le bien avec une poignée de paille sèche qui va absorber l'humidité et réactiver la circulation. Cure et graisse ses pieds. Assure-toi qu'il n'a aucune blessure. S'il a envie de se rouler, offre-lui ce petit plaisir. Après l'avoir nourri, tu pourras enfin t'occuper de toi !

Le sais-tu ? « Être heureux à cheval, c'est être entre ciel et terre, à une hauteur qui n'existe pas. » Jérôme Garcin, écrivain, journaliste et cavalier

Reconnaissance du parcours

Avant un concours, tu vas reconnaître le parcours à pied. Un moment crucial !

Repérage

Fais une première fois le parcours à pied en essayant de mémoriser les obstacles. Tu en passes trois, tu te les récites et tu continues. De temps en temps, tu t'arrêtes et tu récites tout depuis le début. À toi de retenir le numéro, le genre de l'obstacle, sa couleur.
Fais une deuxième reconnaissance en regardant tout, cette fois. Trace à pied les tournants que tu vas faire. Repère d'où vient le soleil. Si, sur le parcours, tu risques d'avoir le soleil dans les yeux, mieux vaut le savoir. Les points d'ombre peuvent également jouer, rendant les obstacles plus sombres, moins visibles.
Ferme les yeux et répète le parcours dans ta tête. Imagine-toi en train de bien aborder chaque obstacle.
Si tu as le temps, regarde les premiers passer et repère les difficultés du parcours.
Prête bien attention aux nombres de foulées entre deux obstacles. Petites ou grandes foulées ? Faut-il retenir ou pousser le cheval ?

Les fanions

Ce sont les petits drapeaux posés de chaque côté de l'obstacle. Ils déterminent le sens du franchissement de l'obstacle. Le fanion rouge est toujours à droite de l'obstacle, le blanc à gauche.

Le dessin d'un parcours

Gagner du temps dans une épreuve chronométrée, c'est d'abord savoir dessiner son parcours. Pour cela, tu dois étudier ton tracé du poteau de départ à celui d'arrivée. N'oublie pas : raccourcir son tracé d'un mètre, c'est gagner 1/6e de seconde.
Si tu veux performer et que ton cheval en est capable, tu peux sauter en biais, sauter à la sortie d'un tournant, virer immédiatement à la réception. Sois très rigoureux·se. Il faut prendre chaque obstacle exactement à l'endroit prévu. Au moment où tu sautes, regarde déjà le prochain obstacle. Prends des repères. Tu dois tourner au niveau du grand cèdre, regarder la tribune du jury…

La vitesse

Il faut rechercher la meilleure vitesse par rapport au cheval monté. En moyenne, un cheval galope de 300 à 400 m par minute. Même pour un parcours non chronométré, il faut que le cheval avance. On dit qu'il doit « être dans son train ».

Le sais-tu ? Ton cheval n'a pas reconnu le parcours ! Anticipe et prépare bien tes courbes pour ne pas le surprendre ou le tromper !

Pas toujours évident d'enclencher la marche arrière ! Une allure qui n'est pas naturelle pour le cheval. Il faut la lui demander gentiment !

Certains cavaliers font reculer leur cheval en tirant sur les rênes tout en donnant des jambes. Bref, ils demandent au cheval d'avancer tout en l'en empêchant ! Une méthode qui manque un peu de tact ! Mieux vaut fermer les mains et reculer les deux jambes. C'est un code plus logique pour le cheval.

À terre !

Si ton cheval ne sait pas reculer, descends ! Pour lui apprendre, fais-le reculer à pied en tapotant légèrement ses antérieurs avec une badine et en disant : « Recule. » Dès qu'il fait un pas vers l'arrière, arrête et récompense-le. Fais cela plusieurs jours de suite au même endroit. Puis demande à un·e ami·e de venir à pied à tes côtés, et monte sur ton cheval. Demande à ton cheval et à ton ami·e de reculer. Récompense-le bien. Puis demande-lui sans que ton ami·e fasse la même chose.

À dire !

Si ton cheval ne comprend pas, ton ami·e touchera les antérieurs avec sa badine. N'oublie pas de dire « Recule » bien distinctement. Très vite, ton cheval va comprendre. Au début, contente-toi d'un ou deux pas. Ne sois pas trop gourmand·e !

Regard

VOIR AUSSI
Maintien

Rassurant ou inquiétant, enjôleur ou dominateur, énergétique... notre regard a un pouvoir sur le cheval. Il permet de communiquer avec lui.

Le regard est le grand oublié des manuels d'équitation. Certains l'utilisent, d'autres non. Pourtant, le cheval y est particulièrement sensible.

Capter son attention

Le fait de regarder un cheval permet de capter son attention. Les moniteurs qui enseignent à des débutants ont l'habitude de garder à l'œil un cheval un peu turbulent. Se sentant surveillé, ce dernier se tient à carreau pendant la durée de la reprise. Quand tu tournes ton cheval à la longe, ton regard est très important. Si tu regardes les postérieurs par exemple, ton cheval va pousser sur ses postérieurs.

Donner la direction

À cheval, le regard permet de donner une direction au cheval. Quand le cheval a peur de quelque chose, ne regarde surtout pas l'objet de sa peur. Regarde plus loin, là où tu veux aller.
En concours hippique, le regard est très important. Le champion Michel Robert insiste sur l'importance du regard panoramique du cavalier qui permet d'analyser et de prévoir. Pour lui, le cheval t'emmène là où tu regardes ! D'où l'intérêt de se donner toujours quelque chose à regarder au loin.

Engager la conversation

Le cheval est un grand émotif. Si tu regardes un cheval avec des yeux doux, tu vas faire tomber sa peur. Si tu lui lances un regard noir, tu peux le faire reculer.

Un regard panoramique.

Pour tourner, tu disposes de plusieurs solutions. Mais d'abord, ajuste tes rênes !

Pour préparer ton effet, regarde où tu veux aller et pivote légèrement ton buste dans la direction voulue. Ton cheval va déjà comprendre. Plus tu vas progresser, et plus tes actions de main vont devenir imperceptibles. Surtout, ne tire jamais vers l'arrière. Les rênes sont fermement tenues par le pouce et l'index. Les autres doigts sont à demi fermés, souples et capables de s'ouvrir et se serrer afin de maintenir le contact avec la bouche du cheval.

Effet direct

Tu peux tourner par une rêne directe, encore appelée rêne d'ouverture. Pour tourner à droite, tu tournes les ongles de ta main droite vers le haut, tu portes ta main droite vers la droite et ta main gauche avance, pour permettre à l'encolure de s'incurver vers la droite.

Effet contraire

Tu peux tourner par une rêne contraire ou rêne d'appui. Pour tourner à droite, ta main gauche vient en appui contre l'encolure. Elle ne dépasse pas l'axe de l'encolure. La main droite avance légèrement pour permettre à l'encolure de s'incurver vers la gauche.

Les deux rênes dans une main

Porte la main qui tient les deux rênes dans la direction où tu veux tourner.

SANS LES RÊNES !

N'imite pas cette photo sans entraînement. Monter sans les rênes ne s'improvise pas. À essayer uniquement dans un endroit clos et avec une monture parfaitement dressée. Il faut commencer par monter en licol et savoir bien utiliser son assiette, sa voix, son regard et le poids de son corps.

Retraite

VOIR AUSSI
Bonheur, Pré

Mettre son cheval à la retraite, ce n'est pas l'abandonner au fond d'un pré ! C'est lui offrir une nouvelle vie avec des compagnons, des soins et... beaucoup de tendresse.

L'heure de la retraite

L'âge de la retraite est très variable. Il dépend du passé du cheval, de son utilisation, de son moral. Certains chevaux sont mis à la retraite très jeunes en raison d'une blessure. Pour un cheval de sport, l'âge de la retraite se situe entre quinze et vingt ans. En courses, les galopeurs sont mis à la retraite vers cinq ou six ans. Quant aux trotteurs, ils arrêtent avant l'âge de dix ans.

L'état physique est déterminant, mais également le moral. Certains chevaux sont usés psychologiquement. Ils n'ont plus envie de se plier aux exigences de l'homme. Tout semble les irriter, les fatiguer. Il faut songer à les mettre au repos.

La retraite, ça se prévoit !

On dit qu'une année de vie d'un cheval équivaut à trois ans de vie d'un homme. À quinze ans, il en aurait quarante-cinq ; à vingt ans, soixante. Et il peut vivre trente, voire quarante vraies années. La retraite constitue donc une longue période qu'il faut assumer financièrement. Lorsque la retraite n'est pas prévue, inutile de se voiler la face. C'est l'abattoir qui attend le cheval. Généralement, le cavalier vend son cheval à un marchand pour ne pas faire lui-même la démarche. Il espère que son cheval sera vendu. Il ne veut pas voir, pas savoir. Le pauvre animal risque fort d'être embarqué sans ménagement dans une bétaillère, acheminé pendant des heures sans eau ni nourriture, puis parqué avec d'autres malchanceux en attendant son tour.

La retraite idéale

Un pré, un abri, des compagnons, des visites, de la nourriture, des soins... un cheval à la retraite a des besoins. Il doit être visité tous les jours. La personne chargée de la surveillance va vérifier si le cheval est en bonne santé, si l'eau est propre, s'il dispose de suffisamment de nourriture... Bien sûr, cette surveillance a un prix : environ 1 500 euros par an.

Pour un cheval qui a toujours vécu en club, la mise au pré doit être progressive. Sinon, il risque de paniquer ou de déprimer. L'idéal est de pouvoir organiser une période de transition où le cheval est rentré la nuit et où son propriétaire continue de le monter de temps en temps (au pas et au trot, en balade). Le mieux est de le mettre au pré en automne ou au printemps.

À la retraite, un cheval a besoin de compagnie. Certains vieux chevaux ne peuvent pas vivre avec des jeunes qui ont envie de jouer ou d'imposer leur domination. Ils seront mieux avec d'autres chevaux âgés ou des poulinières calmes.

Sa nouvelle vie

Enlève son licol qui peut s'accrocher et provoquer des accidents. Raccourcis sa queue et sa crinière deux fois par an. Mais ne rase pas cette dernière, il en a besoin pour lutter contre les insectes. Prévois une visite du vétérinaire ou du dentiste pour contrôler ses dents une fois par an. N'oublie pas de lui administrer quatre vermifuges par an. Pour les fers, demande conseil à ton maréchal. Le plus souvent, il commence par enlever les fers des postérieurs. Puis, quand la corne aura bien poussé, il va déferrer les antérieurs. Il faut que le cheval s'habitue. Le cheval âgé a tendance à maigrir. Attends-toi à voir ses muscles fondre, au niveau du dos, de la croupe et des cuisses, surtout les premiers mois. Isole-le le temps du repas pour être sûr qu'il mange réellement sa ration. Surveille-le bien car il ne doit pas être trop gros.

À TOI DE JOUER !

Côté clubs, la retraite des chevaux reste un problème tabou. Quand un cheval ou un poney de ton club devient trop vieux pour travailler, renseigne-toi sur son avenir. N'hésite pas à mobiliser les autres cavaliers. Kermesse, caisse de retraite, ventes de gâteaux, concours, fêtes... fais travailler tes méninges pour financer une retraite décente à ces chevaux qui ont tant donné.

Le sais-tu ? Le plus vieux cheval du monde a atteint 62 ans !

Robert (Michel)

Plusieurs fois médaillé aux JO, aux championnats du monde et aux championnats de France, Michel Robert se consacre désormais à l'enseignement. Passionné par les philosophies orientales, il pratique le yoga et la méditation.

Il débute en complet

Il a commencé sa carrière à l'âge de quatre ans sur le dos... d'un mouton qu'il faisait sauter par-dessus les rosiers de son jardin. À sept ans, il passe sur les chevaux d'attelage de son père médecin qui lâchera la médecine pour créer un club hippique près de Chambéry. À dix-neuf ans, le monitorat en poche, Michel apprend son métier chez l'un des meilleurs cavaliers de complet de l'époque, Jean Sarrazin. Il devient champion de France de complet en 1970. Puis il décide de passer au saut d'obstacles.

Sa leçon de style

Michel Robert est l'un des plus beaux cavaliers à voir monter. Son style est fluide, sans à-coups, en parfaite harmonie avec son cheval. « Je suis encore loin de la perfection, dit-il. Ce n'est pas une démarche délibérée de vouloir faire beau. Mon but est de travailler bien, d'être proche de mon cheval, de sentir mon cheval, sentir ce que je fais. »

Sa leçon de vie

Adepte de la culture orientale, du bouddhisme et du yoga, Michel Robert essaie de mieux comprendre le fonctionnement mental des chevaux. « Je considère le cheval comme un être intelligent. D'ailleurs, on se reconnaît dans son cheval ! Les chevaux ont leur propre manière de fonctionner. Aux cavaliers d'avoir l'esprit assez ouvert pour les comprendre. » Pour lui, le mental prime. « Plus j'avance et plus je me rends compte de l'importance du mental. C'est une recherche que je fais sur moi-même. »

MÉTHODE DE PRO

Son livre, *Secrets et méthode d'un grand champion*, aux éditions Arthésis Communication, est la bible de nombreux cavaliers de saut d'obstacles. Il y insiste sur la préparation mentale des cavaliers. Il privilégie également la qualité du galop et l'utilisation du regard panoramique. À l'inverse du regard focal, où l'œil fixe un point et occulte le reste, le regard panoramique permet de recevoir un maximum d'informations sur le tracé, l'abord, la réception... Il partage des vidéos et propose des exercices sur Horse Academy.

« Il faut être soi-même. Si on est en osmose avec soi-même, le cheval comprend tout. » Michel Robert

Voici une petite sélection des robes les plus tendance !

Les basiques

Les poils et les crins sont de la même couleur.

• Noir

Quand tout est noir, c'est noir ! Quelques poils fauves sur les naseaux, les flancs, le ventre et la robe devient noir pangaré. C'est une robe indémodable. Elle est toujours très demandée car elle fait beaucoup d'effet ! Le frison la porte très bien !

• Alezan

Les poils et les crins sont fauves. C'est la robe la plus répandue. Cuivrée, foncée, brûlée... elle existe dans plusieurs nuances.

• Crème

Les poils sont crème, les crins blancs à grisâtres, les yeux clairs. C'est le top du top en ce moment, surtout chez les chevaux de spectacle. Pourtant, il y a vingt ans, personne n'en voulait ! Du blanc au crème soutenu en passant par l'ivoire, le cremello et le perlino, le crème a la cote ! Salissant, évidemment !

Les robes composées

• Bai

Elle se définit par des poils fauves et des crins noirs. Plusieurs nuances : bai clair, bai, bai foncé, bai cerise. C'est l'une des robes les plus prisées en CSO. Le bai, c'est glamour !

• Isabelle

Les poils sont jaunes et les crins noirs. Elle se décline en isabelle clair, isabelle, isabelle foncé. Sur les terrains de concours, on les appelle les blondes !

• Palomino

Les poils sont dorés, les crins plus clairs que les poils. Le roi Henri IV montait un cheval palomino pour entrer dans Paris. Très prisé, il est difficile à trouver. Il faut le retenir à sa naissance !

Alezan

Noir

Crème

Bai

Palomino

Isabelle

Les mélangées

• Gris

Les poils sont mélangés (blancs et colorés), tout comme les crins. Plusieurs nuances : gris clair, gris, gris foncé, truité, moucheté, tourterelle.

• Aubère

Ce mélange de blanc et d'alezan est assez prisé.

• Louvet

En version noir et alezan. Plus rare !

• Rouan

Blancs, rouges et noirs, trois poils sont mélangés. On aime ou… on n'aime pas !

Les panachées

• Pie

Deux couleurs et beaucoup de déclinaisons : tobiano, overo, sabino, etc. Cette couleur a donné naissance à une race : le Paint Horse, qui est, en fait, un Quarter Horse à la robe pie. C'est le comble du chic pour les amateurs d'équitation western.

• Tacheté

Le léopard est reconnaissable à sa robe blanche avec des taches de couleur.

Le sais-tu ? Zain : cheval dont la robe foncée n'a pas de poils blancs.

Saut d'obstacles

VOIR AUSSI
Reconnaissance du parcours

Franchir des obstacles les uns après les autres en conservant la même cadence et en négociant bien ses virages, cela paraît simple. Mais cela exige un sacré entraînement. Sensations comprises !

Les différents obstacles

- L'obstacle droit : il est composé le plus souvent de plusieurs barres placées les unes au-dessus des autres. Certains ont des aspects différents, comme la barrière, la demi-lune, les palanques, le mur, la haie ;
- l'oxer : c'est un obstacle plus large que le droit, constitué de plusieurs barres droites ou croisées. Il exige un mouvement ample ;
- le spa : il est formé de barres s'étageant sur un support en biais. La première barre est la plus basse, la dernière la plus haute. Il se saute comme un oxer et pose surtout problème dans la partie descendante de la trajectoire ;
- la rivière : le cheval ne doit pas mettre les pieds dans l'eau. Il faut avancer et libérer le cheval au moment du saut pour qu'il saute bien toute la largeur de la rivière. Le bidet est une rivière peu large mais garnie de barres ;

Le sais-tu ? Tutoyer, c'est frôler un obstacle sans le faire tomber !

• les combinaisons : constituées de deux obstacles qui se suivent, elles forment un double. Avec trois obstacles, il s'agit d'un triple. En général, les obstacles d'un double de petite série sont séparés de 7,50 m pour un double à une foulée ; 10,50 m pour un double à deux foulées. C'est le premier obstacle qui compte ! Il conditionne la suite. Il faut simplement garder le cheval dans les jambes avec un juste contact des mains. Vise bien le milieu de l'obstacle et arrive droit.

Une foulée

Elle correspond à la distance entre deux posers du même pied. La longueur de la foulée dépend de la taille du cheval, de sa vitesse et de la nature du sol. Pour un cheval de 1,65 m au garrot, on compte une foulée moyenne de 3,50 m à 4 m. Pour allonger la foulée, il faut augmenter la cadence du galop. Pour la raccourcir, il faut reprendre son cheval à chaque foulée.

La bonne position

Il faut avoir un contact léger dans les mains et dans les jambes, se redresser un peu à l'abord et bien suivre le mouvement du saut mais sans se jeter en avant. Le cavalier doit être en suspension, toujours bien souple. N'agite pas les mains et ne laisse pas tes rênes flotter. Ouvre les doigts pendant le saut pour permettre au cheval d'étendre son encolure. Attention : ouvrir les doigts ne signifie pas mettre le cheval dans le vide. Le contact avec sa bouche doit être constant. Ne précède pas le cheval. Suis son mouvement.

Les fautes

• La dérobade : si ton cheval esquive l'obstacle à droite, il faut le bloquer et le faire tourner à gauche. Tu donnes des jambes sans venir de trop loin, tu redresses le haut du corps et tu viens bien droit en regardant loin devant ;
• le refus : si ton cheval pile, essaie de rester dessus pour ne pas être éliminé·e. Tu le grondes à la voix et tu reviens sur le parcours dans un train énergique mais sans précipitation. Tout un art ;
• la barre : faire tomber une barre, c'est rageant mais c'est souvent de la faute du cavalier. Surtout, ne te retourne pas pour voir si la barre est tombée. Tu vas déconcentrer, voire déséquilibrer ton cheval.

L'encyclo du CSO

• CSO : concours de saut d'obstacles.
• Prendre un taxi : le cheval part de loin et fait un saut très grand. Le cavalier reste à la traîne ! Mieux vaut alors laisser filer les rênes pour ne pas bloquer l'encolure et risquer de meurtrir la bouche du cheval.
• Venir dans le pied : prendre son appel très près de l'obstacle (pour le cheval).
• Faire une georgette : précéder son cheval sur le saut.
• Il en retape une : le cheval aborde franchement l'obstacle mais il s'aperçoit que la dernière foulée le place très loin. Prudent, il fait une petite foulée supplémentaire (un petit pied) avant de sauter.
• Partir grand : partir de loin.

Le sais-tu ? Le record du saut en hauteur est détenu par un capitaine chilien qui a sauté 2,47 m en 1949.

Les chevaux sont gentils mais… imprévisibles ! En cas de peur, ils peuvent paniquer et provoquer un accident. Sois toujours conscient·e du danger et prends de bonnes habitudes.

- Ne passe jamais derrière ton cheval sans le prévenir. Il n'a pas des yeux derrière la tête ! Si tu le surprends, il peut réagir par une ruade. Parle-lui de loin et, si tu le contournes, pose ta main sur sa croupe pour le prévenir que tu vas passer derrière ;
- évite tout geste brusque ou désordonné. Si tu n'es pas calme et serein·e, demande de l'aide ;
- si ton cheval s'agite dans son box pendant le pansage, attache-le. Tu peux le sortir de son box et l'attacher entre deux longes ;
- ne pose pas tes genoux par terre quand tu t'occupes des pieds. Si ton cheval bouge, tu peux être déséquilibré·e ;
- si ton cheval est chatouilleux, n'insiste pas avec l'étrille. Prends une brosse douce ;
- n'enroule jamais une longe autour de ton poignet ou de ta main ; si ton cheval tire, tu peux te faire arracher la main ;
- quand tu conduis un cheval en main, passe au large des autres. Chaque cheval a son caractère. Certains sont sociables, d'autres plus grincheux, voire agressifs ;
- quand tu lâches un cheval au pré ou au paddock, tourne-le et ramène son nez vers la porte. Tu éviteras ainsi d'être touchée par un « coup de cul » de gaieté ;
- avant de monter, fais un check-in de pilote. L'état du matériel, la position de la selle, le sanglage… tout doit être vérifié ;
- à cheval, garde tes distances avec le cavalier qui te précède ;
- ne laisse rien traîner. Un cure-pied dans la paille, une fourche, une brouette mal rangée… peuvent provoquer des accidents ;
- il est fortement déconseillé de fumer et particulièrement dans les écuries. Avec la paille, le feu se propage à toute vitesse ;
- quand tu arrives au club ou quand tu t'en vas, referme bien le portail.

VOIR AUSSI
Cuirs

Selle

Posséder sa propre selle, c'est le rêve et tellement plus confortable !

Selle anglaise

C'est la selle la plus courante. Elle permet de pratiquer toutes les disciplines. Certaines sont plus conçues pour le saut d'obstacles, d'autres pour le dressage ou pour les deux (selles mixtes).

Selle western

On l'appelle américaine mais elle a une petite sœur camarguaise. Étudiée pour que le cow-boy puisse rester à cheval toute la journée et travailler le bétail, elle est dotée d'une solide corne au pommeau sur laquelle le cow-boy peut attacher son lasso. C'est la selle préférée des randonneurs, qui peuvent y fixer des sacoches, une gourde, un sac de couchage...

En cuir ou en synthétique

Les selles en cuir sont particulièrement jolies et solides ; mais elles sont chères. Des fabricants proposent des selles synthétiques beaucoup plus abordables. Certaines sont très bien conçues. Et elles ne nécessitent pas ou peu d'entretien.

À ta taille

Quand tu choisis une selle, essaie-la. Plusieurs tailles existent selon la largeur de ton bassin et ton poids. Évite de prêter ta selle à quelqu'un de bien plus fort que toi ! Si tu es en pleine période de croissance, attends un peu ou achète-toi une selle d'occasion.

Bien adaptée à ton cheval

La selle doit être confortable pour le cheval et bien à sa place. Entre la selle et le tapis, tu peux ajouter un amortisseur en mouton. Il va permettre de mieux répartir ton poids sur le dos du cheval. En plus, c'est joli ! Il en existe de toutes les couleurs.

À ranger soigneusement

Ne jette jamais ta selle par terre mais pose-la délicatement sur ton tapis de selle. Quand tu la ranges, protège-la avec une housse (vendue avec la selle). Nettoie ta selle toutes les semaines avec un savon glycériné. De temps en temps, graisse-la soigneusement.

Le sais-tu ? Les chevaux peuvent être montés à cru (sans selle) pour de brèves durées et à de faibles allures.

Selle français

Le selle français possède une génétique qui s'exporte dans le monde entier.

De tout !

Des grands, des petits. Des massifs, des fins. Bons pères tranquilles ou petites bombes près du sang. Des selle français, il y en a pour tous les goûts. Contrairement au frison ou au pur-sang arabe, le selle français se distingue par sa diversité. Ses origines sont mélangées : demi-sang, trotteur, pur-sang anglais, anglo-arabe. Son standard n'est pas franchement défini. Il est souvent grand (entre 1,65 m et 1,70 m), avec une ossature robuste, de la force et du sang. C'est un athlète. Normal, depuis des générations, il est sélectionné pour sauter des barres. Il est élevé en Normandie et dans toute la France. Voilà quelques-unes de ses qualités :

- La classe !

Ces dernières années, les selle français se sont affinés et sont devenus de plus en plus harmonieux. Ils ont souvent de très jolies têtes. Toutes les robes sont admises. La tendance est au gris mais le bai brun et l'alezan crin lavé sont très en vogue également.

- Un cœur en or

Le selle français se met en quatre pour satisfaire son cavalier. C'est un bon élève qui aime apprendre, pourvu qu'il rencontre le bon prof.

- La force

De la force, il en faut pour sauter ou pour piaffer.

- L'équilibre

Le selle français est un cheval équilibré, à la fois physiquement et mentalement.

- Le respect

Il n'a pas envie de toucher les barres. C'est une qualité essentielle pour un cheval de saut d'obstacles. Pour Rodrigo Pessoa, c'est même une condition *sine qua non*. « Tout peut s'apprendre, mais pas le respect », explique le champion du monde, heureux cavalier de Baloubet du Rouet.

- L'intelligence

C'est vraiment un cheval de concours intelligent et réactif. Il est capable de s'adapter à toutes sortes de situations.

- La polyvalence

C'est un excellent cheval de promenade, de club, de trec et même de dressage ; il a un engagement naturel et une bonne propulsion.

Quelques selle français célèbres

Papillon rouge, Quidam de Revel, Baloubet du Rouet, Dollar du Mûrier, Cigale du Taillis, Castle Forbes Myrtille Paulois, Grand Veneur, Jalisco B, Furiso II, Cor de la Bryère, Nino des Buissonets...

Sentiments

VOIR AUSSI
Communication, Grégaire (instinct), Groom

Oui, le cheval a des sentiments. Il aime, il souffre, il est jaloux ou en colère...

Le cheval est moins démonstratif que le chien. Mais il est tout aussi sensible. Il montre ses sentiments par un certain nombre de postures, de regards et même de sons.

Il t'aime

Tu rêves d'une entente parfaite avec ton cheval ou ton poney. S'il pouvait te suivre en liberté dans la prairie, deviner tes pensées, avoir envie de galoper en même temps que toi... Mais comment savoir s'il t'aime ? Entre dans son box, reste longtemps auprès de lui. S'intéresse-t-il à toi ? Tourne-t-il la tête vers toi ? Se sent-il en confiance ? Peux-tu caresser toutes les parties de son corps sans qu'il se contracte ?

S'il fait mine de te mordiller ou de voler ta brosse, surtout ne le gronde pas. Ce sont des signes d'affection (voir aussi : Grooming sur la page Groom).

Apprends-lui seulement à ne pas mordiller car tu n'as pas l'épaisseur de peau d'un autre cheval. Il suffit de lui dire « non ! » d'un ton sec. Inutile de le taper. Dis « oui » quand il se contente de te lécher, « non » quand il mordille. Il va très vite comprendre la différence !

Enfin, un cheval ou un poney qui t'aime accueillera généralement ton arrivée par un petit ronflement discret. Surtout, il t'attendra en cas de chute.

Il déteste

Les chevaux et les poneys ont souvent des congénères qu'ils détestent. Cela peut être un Shetland pour un étalon, un cheval blanc pour un bai brun. Bizarrement, les antipathies viennent souvent de la couleur de la robe.

Quand un cheval déteste un autre cheval, il couche les oreilles et montre les dents. Il émet souvent un couinement, son aigu et bref qui montre son mécontentement. Il peut charger son adversaire et donner des ruades. Mais la plupart du temps, les deux ennemis évitent l'affrontement.

Dans une écurie bien tenue, les chevaux et les poneys sont placés par affinités.

Il a un meilleur ami

Les chevaux se choisissent très souvent un meilleur ami, celui avec lequel ils passent la majeure partie de leur temps. Parfois, deux chevaux ou deux poneys deviennent inséparables. Quand l'un part en balade sans l'autre, les deux poussent des hennissements de détresse. La séparation peut même les rendre fous ! Un cheval est capable de sauter des barrières, défoncer des portes, rentrer au triple galop... pour retrouver son meilleur ami. C'est pourquoi il est important de séparer, dès le départ, les amis pour travailler. Ils doivent prendre l'habitude de s'éloigner puis de se retrouver.

Il est heureux

Aujourd'hui, on définit le bonheur pour un cheval par l'absence de mal-être. Pourtant, on peut reconnaitre qu'il est heureux quand il est gai et confiant. Si tu le lâches au paddock après plusieurs heures au box, il va piquer un petit galop, faire quelques sauts de mouton, des ruades, ou tout simplement agiter son encolure en signe de contentement. De même, lorsqu'il est monté et qu'il sait qu'il a bien fait, il manifeste sa joie. Il suffit de se mettre en suspension et de le laisser faire. Il est très important de lui garder ce bon moral et cette envie de bien faire. C'est par exemple le jeune cheval ravi d'avoir sauté un oxer ou une rivière, et qui donne une ruade accompagnée ou non de petits pets sonores pour exprimer sa joie !

Il est en colère

Si ton poney met ses oreilles en arrière, méfie-toi, il risque de mordre ou de taper. Lorsqu'il se grandit, encolure haute, queue sortie, muscles tendus, il est prêt à... l'attaque ! Celui qui se soumet se fait, au contraire, le plus petit possible, encolure basse, la queue entre les jambes. Quand un cheval fouaille violemment de la queue, il exprime son irritation. C'est le cas lorsque son cavalier le sollicite trop rudement avec ses éperons.

Il est triste

Un cheval peut être triste parce qu'il est séparé de son meilleur ami ou à la suite d'un choc psychologique : dressage manqué, changement d'écurie ou de soigneur...

Amorphe, tête basse, il ne s'intéresse à rien. Il perd l'appétit et se déplace en traînant les sabots. Il faut vérifier qu'il n'est pas malade, puis s'occuper de son moral. Parfois, il suffit de le changer de box, le mettre au pré, l'emmener en balade, lui trouver un compagnon... et surtout s'intéresser à lui !

Il est généreux

On lui demande de sauter des obstacles, faire dix fois le même cercle, jouer au horse-ball, partir au galop sur un pied puis sur l'autre... lui qui n'a qu'une envie : plonger la tête dans l'herbe ! Parfois même, on lui donne des ordres contradictoires ou maladroits, et lui répond (presque toujours) présent ! Quelle noblesse !

Le sais-tu ? « Seul l'homme qui aime le cheval, qui le comprend et qui le sent, peut posséder le tact équestre. » (Nuno Oliviera)

Sixième sens

VOIR AUSSI
Caractère

Les chevaux ressentent nos humeurs. Ils savent si on est triste, soucieux ou décontracté. On a parfois l'impression qu'ils devinent tout.

Certains chevaux savent qu'ils vont partir en concours avant de percevoir le bruit du camion. D'autres s'agitent dans leurs box ou montrent des signes d'impatience quelques minutes avant l'arrivée de leur cavalier. D'autres encore s'énervent à la veille d'une tempête ou d'un tremblement de terre... Ces phénomènes troublants nous laissent perplexes. Les chevaux pourraient communiquer autrement qu'avec leurs cinq sens. Ils auraient une sorte de sixième sens. Ce n'est pas démontré scientifiquement, le contraire non plus d'ailleurs. En tout cas, plus on vit près des chevaux et plus on a l'impression qu'ils entendent une petite voix qui sait tout.

Ils communiquent à distance

Lorsqu'on observe des chevaux en groupe, on s'aperçoit qu'ils se transmettent des informations sans se voir, ni se toucher, sans hennir ou faire le moindre geste. Ils se communiquent des idées simples comme « Arrêtons-nous ici », « Partons » ou encore « Il y a à manger »... Faut-il en déduire qu'ils utilisent une communication extrasensorielle ?
L'Américain Henri Blake a fait des expériences étonnantes. Il a formé des paires de chevaux selon leurs affinités. Il les a habitués à vivre ensemble. Puis il les a séparés et mis chacun dans un endroit où ils ne pouvaient ni se voir ni s'entendre. Quand il en nourrit un, quelle que soit l'heure de la journée, instantanément l'autre réclame son repas. S'il sort un des deux chevaux en balade, l'autre dresse ses oreilles et s'agite dans son box.
Quand il parle à l'un des chevaux et le caresse, l'autre donne des signes de jalousie. Il commence à marcher et faire le tour de son box...

Transmission de pensée

Comme les chiens et les chats, les chevaux pourraient être télépathes. La télépathie, c'est la transmission d'une image mentale. Par exemple, tu penses à un objet, et ton ami·e pense au même objet en même temps. Aujourd'hui, c'est sûr : l'homme ne semble plus disposer de cette faculté !

La communication intuitive

Plusieurs chercheurs travaillent sur la communication avec les animaux et les chevaux, en particulier.
Pour Corine Dewolf, spécialiste en kinésiologie animalière, il faut retrouver son âme d'enfant. « Vers l'âge de sept ans, l'enfant perd la capacité de ressentir. Or, les animaux fonctionnent au ressenti. Pour communiquer avec eux, il faut recouvrer ce ressenti. C'est la communication non verbale. La relaxation nous aide à nous mettre dans cet état de perception qui n'est rien d'autre qu'une écoute ultra-fine. »

Vétérinaire acupuncteur, Anna Ewans parle de communication intuitive. Depuis une vingtaine d'années, elle anime des ateliers pour « vivre autrement avec nos animaux et mieux nous faire comprendre ». Elle a mis au point des exercices simples pour éveiller cette aptitude innée mais souvent négligée. L'animal s'exprime sous formes d'images, de sons et de ressentis. À nous d'apprendre à recevoir ces informations.

Vases communicants

On commence seulement à étudier le comportement des chevaux. Mais l'on sait déjà qu'ils sont des êtres hypersensibles. Ils sont sensibles sur le plan physique, émotionnel et sentimental. Ils sentent si on les aime. À peine entre-t-on dans un box que son habitant sait déjà dans quel état d'esprit nous sommes. Aussitôt il s'adapte. Tu es triste : il se montre sage et tranquille. Tu es gai·e et il devient espiègle ! En concours hippique, s'il te sent déterminé·e, il ne touchera aucun obstacle. Tu te relâches et il commet une faute.

TÉMOIGNAGE

Frédéric Pignon, artiste équestre, travaille ses chevaux en liberté. Son spectacle *Cavalia* a fait le tour du monde. « On commence seulement à étudier le comportement des chevaux, dit-il. Dans une dizaine d'années, je suis persuadé qu'on le connaîtra beaucoup mieux. On saura mieux communiquer avec lui. À force de vivre avec mes chevaux, je ressens cette capacité à communiquer avec eux, juste par la pensée. Quand ils sont en liberté, je leur parle avec des gestes et avec ma voix. Puis je fais de moins en moins de gestes et je ne parle plus. Et ils me comprennent ! »

De vrais baromètres !

Les chevaux prévoient la pluie et le beau temps. Comme beaucoup d'animaux, ils pressentent l'arrivée d'un orage ou d'un tremblement de terre. Par temps orageux, la plupart des chevaux sont agités. Ils remuent leur queue dans tous les sens, s'effraient d'un rien et ne parviennent pas à maintenir leur attention.

Le sais-tu ? « Les chevaux nous voient de l'intérieur », dit Bartabas, le célèbre fondateur de Zingaro.

Sommeil

VOIR AUSSI
Litière

C'est un petit dormeur. Il ne s'allonge jamais très longtemps, mais il dort plusieurs fois par jour. Et surtout, il est capable de dormir debout !

En fractionné

Un cheval dort en moyenne cinq heures par jour, réparties en plusieurs petits sommes de 30 à 40 minutes. Sous la garde de leur mère, les poulains sommeillent beaucoup plus. Jusqu'à l'âge de trois mois, ils passent la moitié de leur temps à dormir. Le plus souvent, le cheval dort la nuit et aux heures chaudes de l'après-midi. Au pré, il adore se reposer à l'ombre. Quand il vit à l'écurie, il aime se coucher lorsque son box vient d'être paillé. Les besoins de sommeil varient d'un cheval à l'autre, surtout pour ceux qui vivent en box. Le stress peut empêcher un cheval de dormir convenablement. De même, certaines races, comme les pur-sang arabes ou les anglo-arabes, sont plus nerveuses, et passent plus de temps éveillées que des races comme les trotteurs ou les chevaux de trait.

SON EMPLOI DU TEMPS

Dans la nature, en dehors de ses heures de sommeil, le cheval est un animal très occupé. Il est tout le temps en train de faire quelque chose, ne serait-ce que mastiquer ! Pas étonnant que certains chevaux s'ennuient au box…

- Se nourrir : 15 h par jour pour une jument, 13 h pour un mâle ;
- dormir : 5 à 6 h par jour ;
- surveiller : 1 h 30 pour la jument, 3 h pour l'étalon ;
- marcher : 2 h.

Il dort beaucoup moins que le lion, qui dort 16 à 18 heures par jour !

Sur le qui-vive

À l'extérieur, le cheval ne dort que d'un œil. Même quand il se repose, il se tient toujours prêt à fuir en cas de danger. Pour éviter de finir dans la gueule du loup ou du lynx, il dort le plus souvent debout. L'encolure un peu abaissée, il se tient immobile avec, souvent, un membre postérieur légèrement fléchi. Sa respiration est calme, ses paupières sont à demi fermées, sa lèvre inférieure pendante.

À quoi rêve-t-il ?

Quand il se sent bien en sécurité, il s'allonge sur le côté, membres étendus, et dort plus profondément pendant une demi-heure ou une heure. Il peut aussi se coucher « en vache », les membres repliés sous le corps. Dans les troupeaux sauvages, un ou deux chevaux restent éveillés et montent la garde. Parfois, les chevaux rêvent. Comme les chiens, ils peuvent s'agiter dans leur sommeil et pousser quelques cris étouffés. Mais nul ne sait à quoi ils

rêvent… Et ils ronflent, surtout les poulains. En revanche, ils ne bâillent pas quand ils ont sommeil ou quand ils se réveillent. Ils bâillent lorsqu'ils ont une douleur au ventre, par exemple. Comme nous, ils adorent s'étirer. Ils étirent les postérieurs l'un après l'autre mais aussi les deux antérieurs en même temps en creusant leurs reins. Une position vraiment craquante !

Le sais-tu ? Comme l'homme, le cheval rêve pendant sa phase de sommeil paradoxal.

Le cheval fait beaucoup mais... il ne fait pas tout ! Monter est un véritable sport qui exige forme physique, technique et concentration.

Rien que du muscle !

L'air de rien, l'équitation fait appel à de nombreux muscles. Les muscles des jambes travaillent et particulièrement les adducteurs (qui servent à rapprocher les cuisses). Les articulations du genou, de la cheville et des hanches sont également sollicitées. Enfin, le dos tient un grand rôle. Les abdominaux jouent à plein pour maintenir la colonne vertébrale. Ils sont comme les haubans du mât d'un bateau. Sans des haubans bien réglés (les muscles), le mât ne peut pas résister aux tempêtes !
Cette musculation des abdominaux se fait naturellement au pas, puis au trot assis. De même, lorsque tu te grandis en redressant le buste et en rentrant le ventre, tu passes d'une position avachie à une position dynamique. C'est bon pour ta position et pour ton dos.
L'équitation sollicite également le cœur. Plus la vitesse du cheval augmente et plus la fréquence cardiaque du cavalier accélère.

Un sport technique

L'équitation exige réflexes, souplesse et équilibre. Plus ton cheval est vif et plus tu dois être capable d'anticiper ses réactions comme un skieur en descente. Les qualités principales du cavalier de saut d'obstacles ou de concours complet évoquent celles du skieur : précision, anticipation, équilibre. Comme en ski, le cavalier recherche les sensations justes et des gestes maîtrisés.
L'équitation aiguise la proprioception, c'est-à-dire la capacité instinctive à adapter notre position au changement. À cheval, tu la travailles continuellement.

C'est une véritable école de coordination. Pas évident de faire fonctionner toutes les parties de son corps indépendamment les unes des autres ! En plus, il faut être tonique tout en étant relâché comme dans l'accomplissement de nombreux gestes sportifs (golf, tennis). Enfin, le contact des mains avec la bouche du cheval s'affine au fur et à mesure de nos progrès. Plus tu es à l'écoute de ta monture et plus tu développes ta sensibilité tactile.

Prépare-toi !

Comme tout sportif, entretiens ta condition physique. Une bonne forme physique va te permettre de mieux profiter des plaisirs de l'équitation avec moins de fatigue, de courbatures et de souffrances. Par exemple, tu pourras suivre un stage sans avoir mal partout !
Si tu fais de la compétition, la forme t'apportera le petit plus nécessaire pour accéder au meilleur niveau. Pour soigner ta condition physique, tu peux pratiquer un sport complémentaire. La natation, la course à pied ou le cyclisme permettent d'améliorer ton endurance. L'idéal est d'en faire deux ou trois fois par semaine. Si tu n'as pas le temps, suis bien tes cours de sport à l'école, marche le plus souvent possible, évite de prendre l'ascenseur, joue un peu à la corde à sauter…

La souplesse du dos, des chevilles, des hanches et des genoux se travaille grâce à des étirements. L'idéal est d'en faire tous les jours. Une alimentation équilibrée va te permettre de puiser l'énergie dont tu as besoin pour monter. Plus tu auras une bonne condition physique et plus ce sera facile pour le cheval de te porter.

Le sais-tu ? L'équitation est le troisième sport en France après le foot et le tennis. C'est le premier sport féminin.

Stages

VOIR AUSSI
Galops® (examens), Licence

Pour progresser, te faire des amis, vivre avec les chevaux ou les poneys 24 heures sur 24, fais un stage !

Des progrès à la clé

Tu montes une ou deux fois par semaine, toujours les mêmes poneys ou chevaux, avec le même moniteur dans les mêmes installations en compagnie des mêmes élèves. Bien sûr, tu progresses mais… lentement ! Un stage va te remettre en question et te faire progresser d'un bond !

Des journées entières avec les chevaux

Faire un stage, c'est rester toute la journée au club. Du matin au soir, tu vas pouvoir observer les chevaux, savoir ce qu'ils mangent, comment ils communiquent entre eux, comment ils se reposent, ce qu'ils aiment… Tu sauras pourquoi Oscar tape dans la porte de son box, pourquoi la jument pie couine, comment Léon appelle son copain Dagobert, etc. Et Helton qui est jaloux, Mistria qui s'ennuie, Hugo qui joue les planqués… Il se passe tout le temps quelque chose dans une écurie ! Outre les rapports humains avec les salariés, tu découvriras aussi les rapports… équins !

Un cheval rien que pour toi !

Très souvent, un cheval ou un poney te sera attribué en début de stage. Même si tu en montes d'autres, tu en seras responsable. À toi de le nourrir, de le panser, lui curer et lui graisser ses pieds, vérifier s'il dispose d'eau fraîche, toiletter sa crinière, le sortir au paddock, inspecter son état général… Tu devras également t'occuper de l'entretien de son harnachement, de son tapis, de ses protections.

Un nouvel univers

N'hésite pas à faire un stage dans un autre centre équestre que le tien. Cela sera l'occasion de découvrir de nouveaux chevaux, des installations, des enseignants. Chaque moniteur enseigne en fonction de ses goûts et de ses expériences. Un moniteur qui ne te connaît pas va te regarder avec un œil neuf. Il peut par exemple corriger un défaut que ton moniteur habituel ne voit même plus !

Amuse-toi à explorer d'autres univers. Tu adores le saut d'obstacles, mais tu as peut-être plein de choses à apprendre en dressage ou en voltige. Si tu passes toute l'année en manège ou dans une carrière, tu apprécieras l'extérieur. Et si l'occasion se présente, essaie l'équitation western, le horse-ball ou le hunter.

Même pas peur !

En montant plusieurs heures de suite, sur des chevaux différents, tu vas prendre de l'assurance. Présent·e du matin au soir, tu restes bien « dans le coup ». Ton appréhension va vite s'évanouir, et monter à cheval deviendra aussi naturel pour toi que marcher ou manger !

La théorie

Pas facile d'apprendre la théorie toute seule dans son coin. L'anatomie, les lésions du pied, le mécanisme des allures... cela peut être rébarbatif. Mais, sous la houlette d'un moniteur qui t'explique et d'autres élèves qui te font réciter, c'est tout de suite plus motivant ! Et puis, tu peux t'exercer à mettre des protections de transport, tresser une queue, poser des bandes... Souvent, le stage te permet de passer un Galop® correspondant à ton niveau.

Trucs pas bêtes

- Fixe-toi un objectif pour l'année. Tu peux avoir envie de passer un Galop®, d'être capable de partir en randonnée, de participer à tes premiers concours, de passer à cheval...
- Un stage en Angleterre ou en Irlande te permettra en plus de pratiquer l'anglais !

Staut (Kévin)

VOIR AUSSI
Leprevost (Pénélope)

C'est l'un des plus grands cavaliers de saut d'obstacles du monde et… le chouchou du public. Un travailleur acharné qui met toutes les chances de son côté !

La vie avec les chevaux

Il passe douze heures par jour avec les chevaux. Il ne se contente pas de les monter, il les observe, les câline, joue avec eux. À 39 ans, Kévin Staut cherche continuellement la méthode qui convient à chaque cheval. « J'aime vivre avec le cheval. Le cheval, c'est mon bureau ! » dit-il.

Parcours

Sa mère montait chez les Delaveau en Normandie (Dans la famille Delaveau, Patrice est devenu l'un des grands cavaliers mondiaux). Très vite, Kévin remporte le critérium junior au Touquet. Adolescent, il quitte l'école pour suivre des études par correspondance. Il s'installe à son compte en Normandie, aidé par ses grands-parents.

Globe trotteur

À 23 ans, il boucle ses valises pour aller chez Pierre Baldeck, marchand de chevaux réputé installé en Alsace. Pendant trois ans, il monte un nombre incalculable de chevaux, puis il va s'installer en Suisse pour travailler sa technique avec Thierry Pomel, vice-champion du monde. En 2008, il s'installe à Petit-Mars, près de Nantes et devient le cavalier du Haras de Hus. L'année suivante, il s'empare du titre européen à Windsor. Il part pour les écuries d'Écaussinnes près de Bruxelles, un lieu stratégique pour le commerce des chevaux. Aujourd'hui, il est de nouveau en Normandie et fait partie du Team Jump Five.

SON PALMARÈS

- Champion olympique par équipe à Rio de Janeiro en 2016.
- N°1 mondial de juillet 2010 à avril 2011.
- Vice-champion du monde par équipe lors des Jeux Équestres Mondiaux de Lexington en 2011.

Le sais-tu ? Ses chevaux les plus connus sont Silvana HDC, jument grise KWPN, Kraque Boom, selle français et Rêveur de Hurtebise.

Plutôt sport ou plutôt traditionnel ? Les deux tendances se côtoient en compétition. À toi de choisir.

La veste

Elle est « so chic » ! Coupée très près du corps dans des matières élastiques et confortables, la veste de concours rivalise d'élégance avec de jolis boutons, des galons au col, des empiècements façon coudières…

Le gilet Airbag

Intégré à la veste ou porté par-dessus, il est de plus en plus porté par les cavaliers de concours hippique. Léger, il ne gêne pas les mouvements et se gonfle en cas de chute. Il protège le dos et le haut du corps évitant le coup du lapin. Il est réutilisable. Il suffit de changer sa cartouche.

Polo ou chemise

Quand il fait chaud, les juges peuvent donner l'autorisation de concourir en polo qui doit, lui aussi, être homologué par la Fédération. La chemise doit être fermée par une cravate, un nœud, ou un col montant pour les femmes.

Le casque

Tu peux utiliser ton casque habituel. N'hésite pas à lui donner un petit coup d'éponge avant le concours ; certains casques passent en machine. En hunter ou en dressage, les cheveux longs doivent être attachés et tenus par une résille.

Les bottes

Tes bottes habituelles peuvent faire l'affaire mais pense à bien les nettoyer. Tu trouveras un produit qui rénove le caoutchouc dans toutes les selleries. Bien sûr, les bottes en cuir sont plus élégantes. Mais elles nécessitent un vrai budget. Un cadeau à te faire offrir quand ta taille de pied sera stabilisée…

La culotte

Elle est blanche ou beige. Pour éviter de la salir avant le concours, tu peux mettre un pantalon de survêtement par-dessus, ou encore de longues chaps.

Encore appelés vices d'écurie, les tics sont liés au stress ou à de mauvaises conditions de vie. Certains chevaux ne supportent pas l'enfermement.

Les tics sont des réponses aux conditions de vie du cheval à l'écurie. Il ne supporte pas de rester attaché ; il s'ennuie, manque de contacts sociaux. Son alimentation en granulés est trop vite avalée, il ne dispose pas de paille… Les tics touchent entre 10 et 15 % des chevaux.

Le tic rongeur

Il consiste pour le cheval à ronger tout ce qui est à sa portée, et en particulier le bois.

Le tic aérophagique

Le cheval avale de l'air souvent en prenant appui avec ses dents contre le bord de sa mangeoire ou de sa porte. Ce tic peut lui causer des troubles gastriques.

Le tic de l'ours

Il danse sur place en balançant sa tête continuellement.

Pour les éviter

Certains cavaliers affligent leur cheval d'un collier antitiqueur. D'autres ferment les fenêtres ou placent des barreaux sur les portes des box. Ces mesures ont, généralement, peu d'effet, le cheval développant d'autres tics. Il est beaucoup plus satisfaisant de s'attaquer au fond du problème en offrant une meilleure vie à son cheval.

- Monte-le et promène-le tous les jours ;
- Mets-le au pré ou au paddock ;
- Offre-lui beaucoup de foin pour l'occuper ;
- Donne-lui un jouet, comme un ballon ;
- Veille à ce qu'il ait de la compagnie, qu'il voie ce qui se passe hors de son box.

VOIR AUSSI
Natte (de queue), Tresses

Toilettage

Si ton cheval participe à un concours ou une fête, un bon pansage ne suffit pas. Fais-le beau comme un top model !

Et que ça brille !

La robe se lustre avec un chiffon à peine humide. Si tu n'as pas le courage de frotter, tu peux acheter des produits lustrants. Certains grooms passent du monoï sur la robe. D'autres mettent une goutte de vinaigre blanc. Attention ! Ne mets surtout pas de produits à l'endroit de la selle, elle risque de glisser et de se retrouver sur les reins du cheval !

Petites finitions

Les yeux et les naseaux se nettoient avec une éponge humide. Tu peux mettre un peu d'huile d'amande douce ou une noisette de vaseline autour des yeux et sur le bout du nez. Cela donne un aspect brillant du plus bel effet !

Original

Tu peux réaliser un dessin sur la croupe à l'aide d'un pochoir (un damier par exemple ou une flamme). Il suffit de brosser à rebrousse-poil tout ce qui émerge des trous. Puis tu fixes avec de la laque.

Pieds nickel

Pour entretenir des balzanes blanches, il suffit de les nettoyer avec un shampoing pour bébé. N'oublie pas de graisser les pieds !

À la chasse aux poils superflus !

Utilise des ciseaux à bouts ronds pour couper les poils qui dépassent des oreilles. Tiens l'oreille avec une main en rapprochant les deux bords, puis coupe les poils dans la direction opposée aux yeux de ton cheval, pour éviter de le blesser s'il tourne la tête brusquement. Taille aussi les longs poils du menton et de la mâchoire inférieure en les soulevant à l'aide d'un peigne. Ne coupe surtout pas les poils de la barbe, appelés vibrisses, qui jouent un rôle tactile important pour le cheval. Enfin, tu peux raccourcir les fanons (longs poils à l'arrière du boulet). Ne les coupe pas trop court car ils servent de « gouttière » en empêchant l'eau de rester sur le pied.

Le sais-tu ? Chaque année à Lamotte-Beuvron, l'épreuve « Top model » récompense les chevaux les plus beaux et les mieux présentés.

Touzaint (Nicolas)

À quarante ans, le champion d'Europe de concours complet est un bosseur acharné. Un cavalier prodige au palmarès exceptionnel.

Dans le bain

Nicolas Touzaint est issu d'une famille de cavaliers. Son père Jean-Yves et son oncle Thierry (entraîneur de l'équipe de France) ne sont pas étrangers à sa vocation. Pourtant, jusqu'à l'âge de treize ans, il avait peur des chevaux. Il préférait jouer au foot ou au tennis. Le poney Poly a réussi à lui faire changer d'avis. Avec lui, il passe tous ses Galops® en six mois ! À dix-huit ans, il obtient son bac gestion comptabilité. Il arrête les études pour travailler avec son père. Parallèlement, il passe son monitorat puis son brevet d'instructeur à Saumur.

Un prénom !

Pas si facile de se faire un prénom quand le sélectionneur de l'équipe de France n'est autre que son oncle ! « J'ai la chance d'être bien conseillé et de monter d'excellents chevaux. Mais, au début, j'avais besoin d'avoir plus de résultats que les autres pour bien justifier ma sélection ! »

Sa philosophie

« En évoluant, je respecte le cheval encore plus. J'ai pris conscience des efforts qu'il fournit. Quand un cheval ne veut pas faire, je ne l'oblige pas. Je ne me bagarre pas. Je cherche pourquoi il résiste. Est-ce un problème physique ? Mental ? Est-ce que je demande trop ? Le cheval n'est pas une moto. Il peut avoir mal au dos ou souffrir des pieds. Pas question de le prendre au box, lui demander des efforts et le remettre au box. Il faut s'en occuper, lui faire des soins, l'emmener se promener, le distraire... Le cheval nous apprend la vie. Avec lui, j'ai eu de grosses déceptions et de belles surprises. Tu travailles un cheval qui ne te le rend pas. Tu penses avoir perdu ton temps. Mais non ! Tu apprends toujours quelque chose. »

Le sais-tu ? Nicolas Touzaint a été champion olympique par équipe en 2003 et plusieurs fois champion d'Europe.

Nicolas Touzaint et l'anglo-arabe Tatchou.

Ils étaient trois millions au siècle dernier. Ils sont moins de 30 000 aujourd'hui. Pourtant, le cheval de trait semble retrouver sa place dans la société. Silencieux, économique et écologique, il est de retour en ville comme à la campagne. Attelé ou monté, il devient un véritable acteur du développement durable.

Le cheval de trait retrouve son nom et sa noblesse. En 1976, un décret l'avait, en effet, transformé en cheval lourd, une appellation qui le destinait à devenir une « bête à viande ». Mais la viande de cheval ne fait plus recette et de nombreux passionnés se battent pour défendre l'avenir du cheval de trait. Son vrai salut, le cheval de trait le trouvera dans le travail.

À la ville

Doucement mais durablement, les chevaux reviennent dans les villes. Ils trouvent leur place dans les parcs et les jardins des grandes villes, là où le public vient pour chercher le calme. Ils sont alors chargés du nettoyage des poubelles, du gravillonnage des allées, du ramassage du bois mort et des feuilles, de l'arrosage des jardinières... Ils deviennent les adjoints efficaces des jardiniers, des cantonniers. Ils peuvent également transporter touristes et visiteurs. Les calèches qui font visiter les centres historiques font de plus en plus recette.

LES COUPS DE CŒUR DE L'ENCYCLO

- Le Percheron : sélectionné depuis dix siècles dans les herbages du Perche, il est la coqueluche des Japonais et des Américains. Puissant et rustique, il est néanmoins très élégant. Sa robe est grise ou noire. Son poids peut atteindre les 1 100 kilos.
- Le Comtois : c'est le cheval de trait le plus répandu en France. Il est reconnaissable à sa robe alezan foncé ou cuivré crins lavés.
- Le Shire : il fait la fierté du peuple britannique. C'est le plus grand et le plus puissant équidé du monde. Plus d'une tonne de tendresse ! Sa robe est noire ou baie et les extrémités de ses membres sont recouvertes de fanons fournis mais raides appelés « plumes » par les Anglais.
- Le Boulonnais : ce colosse gris clair est menacé de disparition. Pourtant, c'est l'un des chevaux de trait les plus élégants à l'attelage. Son sang arabe lui donne distinction et fougue.

Rustique et puissant, le breton peut être attelé mais aussi monté.

Le cheval incarne l'engagement écologique d'une ville ou d'une station comme Avoriaz. La station de ski a purement et simplement interdit les voitures. Des cobs et des comtois tirent de magnifiques traîneaux pour le plus grand plaisir des vacanciers.

À la campagne

De plus en plus, on ressent le besoin d'une nature protégée et de produits sains. On est las des produits chimiques et du bruit des moteurs. On fait les comptes et l'on s'aperçoit que le cheval, dans certaines conditions, est bien plus rentable qu'un tracteur, qu'une tondeuse, qu'une camionnette. Ce n'est pas une mode ! C'est un véritable mouvement de fond ! La traction animale s'inscrit aujourd'hui dans les préoccupations de l'agriculture durable. En forêt, le cheval est employé comme débardeur. Il ne supplante pas encore les engins à moteur bruyants et souvent destructeurs. Mais il les complète et peut les remplacer dans certaines zones fragiles. Il préserve l'environnement (pas d'ornières ni de compactage) et limite les travaux de remise en état après débardage.

Dans les vignes, le cheval de trait revient car il n'abîme pas le sol. Voilà pourquoi de nombreux grands crus font appel à des vignerons à cheval.

Le sais-tu ? 9, c'est le nombre de races de chevaux de trait reconnues en France.

Transport

Pour éviter le stress du transport, prépare ton voyage longtemps à l'avance !

Bien équipé

Pour protéger le cheval d'un choc éventuel, tu lui mettras des guêtres de transport. Comme son nom l'indique, un protège-queue évitera que sa queue ne s'abîme par frottement contre la paroi du camion. Tu peux lui ajouter un protège-nuque, des cloches et une couverture, si besoin.

En concours

Pas question de laisser le cheval attaché en plein soleil dans un camion pendant des heures. Veille à la température qui règne à l'intérieur du van ou du camion. N'oublie pas de donner de l'eau à ton cheval.

Habitué

Si ton cheval n'est jamais entré dans un van ou un camion, il risque d'avoir peur. Habitue-le longtemps avant le départ prévu. Commence par vérifier que ton cheval est bien éduqué. Il doit t'obéir à pied et avoir confiance en toi. Tu dois pouvoir passer partout avec un cheval zen qui ne s'arrête pas et qui ne tire pas sur sa longe. Prends ton temps. Laisse le renifler le pont. Prévois des friandises. Fais-toi aider d'un adulte calme et sûr de lui. C'est un moment très important. Il ne faut surtout pas stresser ton cheval. Récompense-le beaucoup et donne-lui à manger à l'intérieur du camion. Ne te tiens surtout pas derrière. Il pourrait reculer violemment et te renverser s'il avait peur d'un bruit...
Plusieurs techniques cohabitent. Les adeptes de l'équitation éthologique travaillent beaucoup à pied puis font entrer le cheval devant eux. D'autres font suivre le cheval derrière eux. Tu peux aussi t'approcher avec le cheval puis reculer, de façon à lui donner envie de revenir. Cela s'appelle la technique de l'approche-retrait. Le calme, la patience et la détermination sont essentiels. Ne laisse personne paniquer ton cheval avec un balai ou une chambrière. Monter dans un camion doit être une chose normale et rassurante pour lui.

Des camions loft pour traverser l'Europe

Les poids lourds rivalisent d'imagination pour transporter chevaux et cavaliers, et leur permettre de vivre plusieurs jours sur le lieu des concours. Les appartements dépassent les 15 m^2 avec un logement supplémentaire pour le groom. Ils sont équipés d'une salle de bains, d'un W.-C., d'une cuisine, d'un chauffage autonome, de la climatisation, sans oublier la sellerie et les coffres pour le matériel. Bien sûr, des caméras surveillent les chevaux qui disposent d'une mangeoire, d'un abreuvoir, d'un râtelier, d'un auvent pour les protéger du soleil, d'un aérateur électrique mais aussi... d'un coin douche et d'un solarium !

Trec

VOIR AUSSI
Disciplines

Se balader en pleine nature, lire une boussole, sauter des obstacles naturels mais aussi ouvrir une porte, monter un escalier, galoper le plus lentement possible... Le trec s'adresse à tous ceux qui aiment vraiment tout faire avec leur cheval.

En trec, il faut savoir ouvrir et fermer les portes !

Un sport français

En anglais, le mot *trek* signifie « randonnée » et, en arabe, « chemin ». Mais l'origine de l'acronyme trec, Techniques de randonnées équestres de compétition, est française. La discipline est née à la fin des années 1980 de l'imagination de cavaliers randonneurs désireux de mesurer leurs chevaux et leurs compétences équestres. Depuis, le trec a été parfaitement organisé. Il s'est développé en Allemagne, en Belgique, en Italie, en Espagne et commence à intéresser les Américains et les Canadiens.

Quatre épreuves

Le trec se compose de quatre épreuves destinées à évaluer le couple cavalier-cheval. Entre les deux, la complicité doit être parfaite !

1. La présentation du couple :

La première épreuve consiste tout simplement à se présenter. Chaque concurrent dispose de cinq minutes pour expliquer pourquoi il a choisi tel équipement. Inutile de mettre des gants blancs ou de natter son cheval. Mais le cavalier doit disposer d'une trousse de pharmacie personnelle et vétérinaire, une trousse de maréchalerie, une trousse d'écolier (crayons, gomme), une lampe frontale, une lumière rouge type cyclistes, un brassard ou un baudrier réfléchissant, des bandes réfléchissantes, une longe et un licol… Sans oublier les papiers du cheval et du cavalier. Bref, le minimum indispensable à tout randonneur qui se respecte !

2. Le POR, parcours d'orientation et de régularité :

Les concurrents vont dans la salle de cartes et disposent de quinze à vingt minutes pour découvrir et recopier un itinéraire d'une longueur de 5 à 55 kilomètres selon le niveau de l'épreuve. Il faut ensuite calculer le kilométrage à l'aide d'un calque gradué. Puis, on insère la carte dans un porte-carte, et en route !

Pour pimenter la compétition, des vitesses sont imposées : entre 6 et 12 km/h selon les tronçons. Résumé : tu as donc dans la main une carte, un chronomètre pour gérer l'allure, un autre pour calculer les distances et une boussole. Tu as intérêt à avoir un cheval calme ou… qui connaît la carte ! Heureusement, tu peux faire équipe. À trois ou à quatre, c'est plus facile. L'un se charge des chronos, l'autre de la carte, le troisième montre le chemin…

3. La maîtrise des allures :

Galop lent et pas rapide sont les allures demandées au cheval de trec. L'épreuve consiste à passer dans un couloir au galop rassemblé à l'aller, puis au pas allongé au retour. Le cheval doit rester bien au milieu et ne jamais trotter. Pas si facile à réussir surtout en ligne droite.

4. Le PTV, Parcours en terrain varié :

Le PTV est composé de 12 à 18 difficultés sur une distance de 2 à 5 kilomètres à franchir dans le calme, le cheval étant monté ou tenu en main. Les obstacles ne sont pas très hauts (jusqu'à 1,10 mètre) mais la franchise et le style du couple sont notés.

Les difficultés sont variées : tronc, passerelle, haie, portail, fossé, contre-haut, slalom, escalier… Plus le niveau augmente, plus c'est subtil !

Avec quel cheval ?

On peut faire du trec avec n'importe quel cheval ou poney, avec ou sans origines connues. Il suffit qu'il ait plus de cinq ans, soit inscrit au SIRE (le Service d'identification et de reconnaissance des équidés dépendant des Haras nationaux) et à jour de ses vaccinations. En fait, c'est le mental qui prime. Il doit être froid dans sa tête, savoir s'économiser, être capable de se promener seul et n'avoir peur de rien. Il n'est pas trop grand (1,60 m) pour pouvoir passer partout. Tous les chevaux peuvent progresser avec un bon entraînement.

La philosophie

Ce n'est pas une discipline de frime ! Entraide et convivialité sont les maîtres mots des « trecistes ». Un trec dure parfois deux jours, une bonne occasion de se retrouver entre passionnés pour faire la fête.

Le sais-tu ? Avec Sangria, petite jument d'origine inconnue, Tristan Gracient a été deux fois champion du monde de trec.

Tresses

VOIR AUSSI
Natte (de queue), Toilettage

Avant un concours ou une présentation, tu peux natter ton cheval ou ton poney. Une crinière bien tressée, c'est la classe !

Les nattes donnent une sacrée allure à ta monture ! Elles mettent en valeur son encolure et lui donne un aspect soigné et net. Tu peux faire des tresses sur une crinière courte ou mi-longue. Brosse-la bien et enlève les crins morts à l'aide du peigne. Une fois la crinière effilée et parfaitement égalisée, humidifie-la à l'aide d'une éponge.

Tu as besoin de :

- une éponge ;
- des élastiques à crinière ;
- un peigne ;
- un petit tabouret pour être à la bonne hauteur ;
- et... du temps. Compte au moins une heure devant toi si tu débutes !

1. Commence à natter à partir de la tête. Sépare la partie de crins à natter en trois brins réguliers. Tresse les trois brins en les serrant très fort.
2. Ferme la tresse avec un petit élastique de la même couleur que la crinière.
3. Plie chaque tresse sur elle-même, par en dessous, en deux ou trois petits plis. Entoure d'un élastique chaque petite boule. Cela s'appelle un pion.

La natte espagnole

Plus rapide et plus facile à réaliser que le traditionnel « piontage », elle exige pour le cheval d'avoir des crins suffisamment longs. Mouille bien la crinière. Tu démarres juste derrière le garrot avec trois mèches. Chaque fois que tu dois croiser la troisième mèche, celle-ci est prise dans la crinière. Quand il faut de nouveau croiser la troisième mèche, tu reprends une poignée de crins dans la crinière... et ainsi de suite. Tu peux agrémenter la natte d'un ruban assez large (4 cm) pour être visible et que tu termines par un nœud.

VOIR AUSSI
Allures

Trot

Au début, on se fait un peu secouer ! Mais, avec l'habitude, on peut rester des heures au trot.

Le trot enlevé

Tu te soulèves de ta selle à la première battue, tu t'assieds à la suivante. Très vite, tu vas trouver le rythme. C'est une allure confortable pour toi et pour ton cheval car elle ménage son dos. Pour savoir de quel côté tu trottes, regarde les épaules de ton cheval. Si tu te soulèves quand il avance l'épaule droite, tu trottes à droite.

Et maintenant, assis·e !

Décontracté·e, tu amortis les chocs avec ton bassin et tu restes collé·e à ta selle. Surtout ne te retiens pas aux rênes. Si ton équilibre est instable, attrape la crinière. Installe-toi confortablement au pas et détends-toi bien avant de demander le trot. Enlève tes étriers pour que ta jambe tombe bien en place. Tu devras trotter assis·e pour effectuer les figures de manège (volte, demi-volte...).

Le trot allongé

La plupart du temps, tu travailleras le trot allongé dans la diagonale et tu repasseras au petit trot en arrivant sur la piste. Tu rechercheras des foulées amples sans précipitation. Poussé à l'extrême, le trot allongé aboutit au trot de course. Le cheval se méjuge d'autant plus que l'allure s'accélère. Ses postérieurs se posent devant les traces des antérieurs.

Le trot rassemblé

Appelé également trot d'école, il doit être régulier et bien cadencé. Il est le prélude aux airs de haute école que sont le piaffer et le passage. À ne pas confondre avec le trottinement qui est l'allure précipitée et énervée du cheval qu'on oblige à marcher au pas contre son gré ou qui veut rentrer à l'écurie. Pour l'éviter, reste calme et décontracté·e. Parle à ton cheval et ne t'accroche pas aux rênes !

Le sais-tu ? Pour savoir si un cheval boite, fais-le trotter sur un sol dur.

Trotteur

VOIR AUSSI
Ourasi, Races (quiz), Courses

Élevé pour les courses de trot, c'est aussi un bon cheval de cross, de balade et de club. Il a un cœur gros comme ça !

D'où vient-il?

Sélectionné depuis le XIXe siècle, époque des premières courses de trot, il est issu de croisements entre des pur-sang et des trotteurs norfolk venus de Grande-Bretagne.

Qui est-il?

Courageux et volontaire, c'est un cheval généreux dans l'effort. Il se donne à fond ! Plus calme que le pur-sang, il est particulièrement sociable.

Que fait-il?

À Vincennes, Enghien, Cherbourg ou Cagnes-sur-Mer, il est le roi. Adulte à cinq ans, sa carrière commence dès l'âge de trois ans. Il peut trotter attelé à un sulky ou monté. Comme cheval de selle, il est parfois inconfortable mais il tient sa place en concours de saut d'obstacles et en cross.

À quoi ressemble-t-il?

Cheval compact, il est de taille moyenne (environ 1,60 m). Sa robe est le plus souvent baie ou alezane. La poitrine est très ouverte, les jambes longues. Au trot, il dégage une puissance incroyable.

Les « stars »

Ourasi, Reine de Corta, Arcadia, Une de Mai, Ténor de Baume, Roquépine... de nombreux trotteurs sont entrés dans la légende.

Le sais-tu ? De nombreux trotteurs sont confiés à l'adoption après une carrière en courses.

Coliques, boiteries, accidents, mises bas… le vétérinaire n'arrête jamais ! Un métier réservé aux passionnés.

Formation

Après un bac S, il faut faire un an ou deux de prépa pour présenter le concours d'entrée dans les écoles nationales vétérinaires. Un concours très sélectif que tu ne peux passer que deux fois. Puis tu suis des études pendant six à neuf ans.

Profession libérale

Tu peux installer ton propre cabinet, t'associer avec d'autres vétérinaires ou devenir salarié·e dans une clinique vétérinaire. Selon ton lieu d'implantation et ta clientèle, tu gagneras bien ta vie. (Environ 6 000 euros brut par mois sur lesquels il faudra déduire les frais, le matériel…)

Contraintes

Les chevaux n'ont pas d'horaires ! Ils peuvent tomber malades le dimanche ou en pleine nuit. Bien sûr, un service d'urgence va intervenir. Mais le vétérinaire doit également être très disponible. Non seulement, il s'occupe des chevaux mais il entretient de bonnes relations avec ses clients, leur donne un conseil par téléphone, leur explique une maladie, fait face à un imprévu…

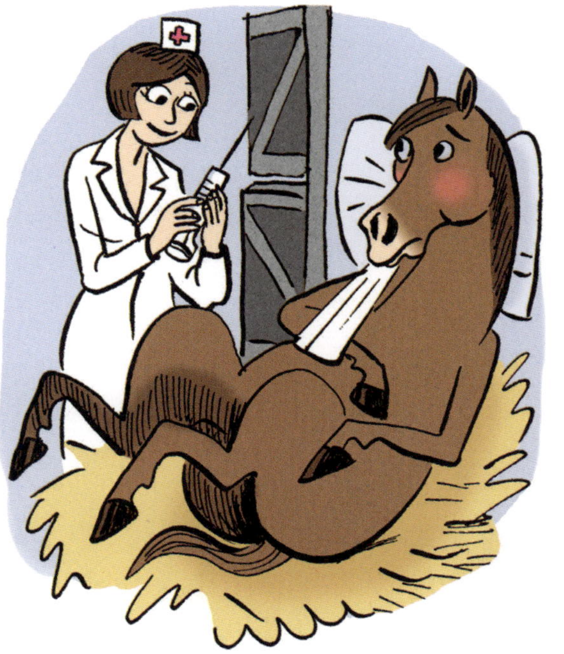

LES QUALITÉS REQUISES :

- être fort·e en sciences, en langues étrangères et en français pour passer le concours ;
- aimer soigner, soulager, établir des diagnostics ;
- être courageux·se ;
- ne pas compter ses heures ;
- être organisé·e.

Le sais-tu ? L'Auxiliaire Spécialisée Vétérinaire (ASV) est le bras droit du vétérinaire.

Voltige

Voir aussi
Amazone, Disciplines

C'est un mélange de danse, de gymnastique et d'équitation. Et la meilleure façon de se mettre en selle, de s'assouplir et de se mettre en confiance. À ton tour ?

Tu tournes en rond

Le longeur dirige le cheval. Le voltigeur évolue, avec grâce, sur son dos.

Tu fais des figures

Tu montes et descends de ton cheval au galop, tu te mets debout, fais la planche...

Tu joues en équipe

La voltige est avant tout un sport d'équipe. Les concours individuels ne sont ouverts qu'à partir de onze ans. Mais le plus amusant est de trouver une véritable chorégraphie pour toute l'équipe.

Ta panoplie de concours

Une combinaison en Lycra moulante (pour que le jury puisse bien apprécier tes mouvements) et des chaussons de gymnastique.

Ton cheval

Peu importe sa race ! Le cheval de voltige est un cheval calme, régulier, confortable, bien équilibré et pas trop grand. Et surtout, il a bon caractère ! Il obéit à la voix et porte un surfaix spécial muni de deux poignées. Si, en compétition, il tourne à main gauche, il doit être entraîné aux deux mains. Les voltigeurs répètent leurs figures et leurs enchaînements sur un tonneau ou un cheval d'arçon avant de se lancer sur un vrai cheval. Ils doivent alors se glisser dans le mouvement du cheval... Sensations garanties !

TU AIMERAS LA VOLTIGE SI :

- tu es souple ;
- tu as le sens de l'équilibre ;
- tu as de la volonté.

Le sais-tu ? Le Français Matthias Lang a été, pendant plusieurs années, un grand champion international.

Le cheval a un œil de très grande taille. Mais contrairement à une idée encore répandue, il ne voit pas pour autant plus grand ! Voilà ce que voit ton cheval :

Il voit plus large que toi !

Ses yeux sont plus grands que ceux d'un éléphant ou d'une baleine ! Placés de part et d'autre du chanfrein, ils offrent une vision panoramique proche des 360 degrés. Le cheval peut ainsi détecter les prédateurs qui s'approchent. En revanche, il ne voit pas juste devant lui et juste derrière. Par exemple, il ne voit pas la main qui le caresse sur le front. Il faut donc le prévenir. Il ne voit pas non plus la barre au moment où il la saute. Il doit se souvenir de ce qu'il a vu deux ou trois foulées avant. Il ne peut pas non plus distinguer une personne qui arrive derrière lui. D'où, encore, l'intérêt de le prévenir.

Il distingue moins bien les détails

Son acuité visuelle serait de 40 % inférieure à la nôtre. Il distingue moins bien les détails que nous. En revanche, il est capable de voir des formes ou quelque chose bouger de loin. Il est très sensible au mouvement.

Il voit la nuit

Comme le chat, il voit aussi bien le jour que la nuit. En revanche, ses yeux s'adaptent lentement aux changements de lumière. Un rayon de soleil dans un manège obscur peut l'effrayer ! De même, le passage de la pénombre à la lumière le déroute quelques instants.

En couleurs

On a longtemps cru que le cheval ne voyait qu'en noir et blanc. Les dernières expériences montrent que le cheval distingue de nombreuses couleurs. Contrairement à l'homme qui a une vision en rouge, vert, bleu, le cheval aurait une vision en rouge et bleu. Il serait daltonien. C'est pourquoi il ne distingue pas un vert et un gris de même luminosité.

Le sais-tu ? Un cheval « sur l'œil » est un cheval peureux.

Welsh

Les yeux grands et expressifs, il ressemble à un cheval arabe en miniature. Bourré d'énergie, il est très recherché en compétition.

Un rescapé

Les Romains ont été les premiers à s'intéresser à ces poneys originaires des montagnes du pays de Galles. Ils l'ont croisé avec des chevaux orientaux. Mais, au XVIe siècle, Henri VIII ordonna la destruction de tous les mâles de moins de 1,52 m et des juments de moins de 1,32 m. Il pensait qu'il fallait élever de grands chevaux plus aptes pour la guerre. Seuls les poneys errant dans les montagnes galloises échappèrent au massacre. Pendant 1 000 ans, le Welsh vécut en liberté dans la montagne. Voilà ce qui explique sa résistance et sa rusticité.

Doué pour le saut

C'est le poney de sport par excellence. Ponygames, dressage, polo, attelage, complet, randonnée et surtout CSO, il dispose d'un immense potentiel. Très vif, il est un peu délicat à monter pour des débutants. Généreux et intelligent, il comprend vite ce que l'on attend de lui.

La bande des quatre

Il en existe quatre types : le Welsh A ne dépasse pas 1,22 m, le B est compris entre 1,22 m et 1,37 m. Le C non plus ne doit pas dépasser 1,37 m mais il est plus trapu. Enfin le D correspond au Welsh cob dont la taille est comprise entre 1,37 m et 1,54 m.

VOIR AUSSI
Charlotte Dujardin

Werth (Isabell)

Six fois championne du monde, l'Allemande a également obtenu six médailles d'or aux Jeux Olympiques et douze titres de championne d'Europe. Une star du dressage !

Quinze ans après son premier titre de championne du monde, Isabell Werth a remporté la Coupe du monde à Las Vegas. Après avoir dominé les carrés de dressage mondiaux sur son célèbre cheval blanc Gigolo, elle revient avec d'autres chevaux.

Un nom : une selle !

Isabell Werth a donné son nom à une fameuse selle de dressage en synthétique.

Dresseuse pas ennuyeuse

La cavalière allemande parvient à rendre le dressage de plus en plus populaire. Elle n'a pas son pareil pour commenter en direct et avec humour les figures qu'elle réalise. Douée du sens des affaires, elle commercialise des jeux vidéo et une ligne de vêtements.

SUPRÉMATIE ALLEMANDE

Les Allemands dominent le dressage mondial pour plusieurs raisons. Ils ont des entraîneurs formés pour coacher en compétition. Leurs chevaux sont très bien dressés et suivent un cursus précis : tant qu'ils ne franchissent pas une étape, ils ne passent pas à la suivante. Idem pour les cavaliers qui suivent un apprentissage rigoureux. Dans tous les manèges, des miroirs permettent de corriger sa position. Enfin, le dressage est plus populaire en Allemagne que chez nous. Des compétitions de tous niveaux sont organisées tous les week-ends. Côté élevage, la sélection est impitoyable et le caractère du cheval pris en compte.

Le sais-tu ? Les autres grandes nations du dressage sont l'Angleterre, la Hollande et le Danemark.

Western

VOIR AUSSI
Disciplines, Éthologie

Il souffle, il souffle le vent du Far West ! L'équitation western fait chaque année de nouveaux adeptes, séduits par cette autre façon de monter, fondée sur le plaisir et la sécurité.

La monte des cow-boys

L'équitation western est née au XVIIe siècle dans les gigantesques plaines du Nouveau Monde. Les cow-boys passaient toutes leurs journées à cheval pour contrôler les troupeaux, les capturer, les rassembler... Il leur fallait des selles ultraconfortables, une position décontractée et des chevaux dociles et réactifs.

La French attitude

Plus de 5000 cavaliers pratiquent l'équitation western en France. On peut même passer ses Galops® d'équitation western (de 1 à 9). L'équitation western se pratique sur des chevaux très bien éduqués, gentils, calmes et très réceptifs aux demandes de leur cavalier. Pas question de faire tomber leur cavalier !

La méthode

Le dos est droit, l'assiette profonde, les étriers chaussés longs. Le cavalier dirige sa monture d'une seule main. Celle-ci maintient son allure d'elle-même. Elle évolue dans un équilibre horizontal, le bout du nez vers le bas sur des rênes longues. Les allures sont rasantes et confortables.

La compétition

L'équitation western comporte 13 disciplines telles que le « cutting » (tri du bétail), le « battle racing » (course autour de tonneaux), le « reining » (figures imposées comme l'arrêt glissé)...

Les chevaux

L'équitation western se pratique en priorité sur des quarter horses, petits chevaux rapides et maniables. D'autres races américaines comme l'appaloosa et le paint horse conviennent également très bien. Mais on peut s'initier à la monte western sur n'importe quel cheval, plutôt calme, petit et réactif.

Le style western

Madonna le porte sacrément bien ! Veste en daim frangée et élimée sur jean usé, ceinturon à boucle, stetson (chapeau) et chemise à manches longues, voire chemise mexicaine bariolée.

TU AIMERAS L'ÉQUITATION WESTERN SI :

- tu aimes les grands espaces ;
- tu privilégies la sécurité ;
- tu préfères les chevaux calmes et tranquilles.

Le sais-tu ? « Le cheval est un danseur. Il faut se servir de l'énergie du cheval et se son rythme » Adamo Walti, westerner.

Crédits photographiques

Pour l'intérieur :

P.7 : © Nicola Sagnet ; P.13 : © Prest edit-B. Langrish ; P.19 : © Prest edit-C. Slawik ; P.20 : © Prest edit-S. Stuewer ; P.24-25 : © Antoinette Delylle ; P.28-29 : © Antoinette Delylle ; P.30 : © Nabil Boutros ; P.31 : © A. Poupeney ; P.32 : © Antoinette Delylle ; P.33 : © Antoinette Delylle ; P.37 : © Ekkia ; P.40 : © Antoinette Delylle ; P.41 : © Antoinette Delylle ; P.43 : © Prest edit-F. Chéhu ; P.49 : © Prest edit-I. Strager ; P.49 : © Antoinette Delylle ; P.52 : © Horsemen - stock.adobe.com ; P.53 : © Antoinette Delylle ; P.55 : © Nicola Sagnet ; P.57 : © Prest edit-C. Slawik ; P.61 © Prest edit-C. Slawik ; P.62 : © Prest edit-I. Strager ; P. 65 : © Prest edit-F. Chéhu ; P.67 : © Prest edit-C. Slawik ; P.68 : Marlenka – istockphoto.com ; P.70 : © Antoinette Delylle ; P.72 : © Maria Kondratyeva - stock.adobe.com ; P.73 : © Antoinette Delylle ; P.76 : © Prest edit-A. Laurioux ; P.77 : © Antoinette Delylle ; P.80 : © DR ; P.84 : © Cheryl Ogilvie - www.thinkstock.com ; P.87 : © Equestrian ; P.89 : © Antoinette Delylle ; P.90 : © Prest edit-G. Buthaud ; P.92-93 : © Ekkia ; P.94 : © Zuzana Buráňová - www.thinkstock.com ; P.95 : © Antoinette Delylle ; P.97 : © Thierry Poussard ; P.98-99 : © Antoinette Delylle ; P.100 : © Antoinette Delylle ; P.102 : © Antoinette Delylle ; P.104 : © Prest edit-E. Stuewer ; P.107 : © Zuzule - www.thinkstock.com ; P. 110 : © La Sala ; P.113 : © J.L. Dugast/Jacana/Eyedea ; P.114 : © Antoinette Delylle ; P.115 : © Prest edit-I. Strager ; P.118 : © Prest edit-A. Laurioux ; P.121 : © Sabrina Isoulet ; P.122 : © Prest edit-C. Slawik ; P.123 : © Prest edit-C. Slawik ; P.126 : © Prest edit-C. Slawik ; P.130 : © Prest edit-F. Chéhu ; P.131 : Acajou Films ; P.133 : © Vicuschka - stock.adobe.com ; P.134-135 : © Antoinette Delylle ; P.140 : © Pénélope Leprevost collection personnelle ; P.143 : © Prest edit-A. Strüwer ; P.149 : © Lorenzoshowinternational ; P.153 : © Antoinette Delylle ; P.158 : © Antoinette Delylle ; P.161 : © Antoinette Delylle ; P.167 : © RB Presse ; P.167 : © Prest edit-B. Langrish ; P.173 : © Prest edit-A. Soumillard ; P.174 : © Antoinette Delylle ; P.175 : © Antoinette Delylle ; P.178 haut : © Prest edit-C. Slawik ; P.178 bas : © Prest edit-S. Stuewer ; P.181 : © Prest edit-C. Bricot ; P.185 : © Antoinette Delylle ; P.186 : © Prest edit-S. Stuewer ; P.189 : © Prest edit-S. Stuewer ; P.190 : © Antoinette Delylle ; P.195 : © Ekkia ; P.199 : © Prest edit-C. Slawik ; P.200 : © Prest edit-C. Slawik ; P.203 : © Antoinette Delylle ; P.206 : © Prest edit-I.Strager ; P.207 : © DR ; P.209 : © Prest edit-F. Chéhu ; P.211 : © Prest edit-F. Chéhu ; P.213 : © Antoinette Delylle ; P.218 : © Antoinette Delylle ; P.225 © Prest edit-S. Stuewer ; P.226-227 : © Antoinette Delylle ; P.229 : © Antoinette Delylle ; P.230 : © www.pixelsevents.com ; P.231 : © Equiline ; P.235 : © Prest edit-F. Chéhu ; P.237 : © Prest edit-F. Chéhu ; P.239 : © Antoinette Delylle ; P.240 : © Prest edit-G. Buthaud ; P.242 : © Antoinette Delylle ; P.244 : © Prest edit-C. Slawik ; P.246 : © Prest edit-C. Bricot ; P.248 : © Prest edit-C. Slawik ; P.249 : © Prest edit-C. Bricot ; P.251 : © Prest edit-S. Sarfati.

Pour la couverture :

4e de couverture : © Antoinette Delylle ; © Catel

Remerciements à :

Les marques PADD (www.padd.fr) et Ekkia (www.ekkia.com) pour le prêt des articles d'équitation reproduits dans l'ouvrage et les éditions Belin et les éditions Vigot pour la couverture du livre *Mon cheval me dit*.

Carnet de reprises

DATE	PONEY OU CHEVAL	TU L'AIMES...				HUMEUR DE TA MONTURE	
		♥	♥♥	♥♥♥	♥♥♥♥		
19/07	Haribo	X				nerveux	
20/07	quipour			X		doux	
21/07	punky		X			nerveux	
22/07	gomar				X	doux	
29/07							
01er/08							
2/08							
3/08							
4/08							

OBJET DE LA REPRISE	CE QUE TU EN RETIRES
mise en selle	de mieux serrer les jambes
CSO	préparer mieux les obstacles
balade	mieux serrer les jambes
CSO	prendre plus de vitesse

Retrouvez Antoinette Delylle sur :
Son blog : monchevalmedit.com

Sa page Facebook : @monchevalmedit
Sa chaîne YouTube : Monchevalmedit

Retrouvez Catel sur :
Son site Internet : catel-m.com
Sa page Instagram : @catelbd
Sa page Facebook : @catelbd
Son compte Twitter : @CatelBd

Éditions Gründ, un département d'Édi8, 92 avenue de France, 75013 Paris
Loi N° 49-956 du 16 juillet 1949 sur les publications destinées à la jeunesse, modifiée par la loi N°2011-525 du 17 mai 2011.
ISBN : 978-2-3240-2717-8
Dépôt légal : octobre 2020
Imprimé en Espagne par Macrolibros – Achevé d'imprimer : août 2020.